Imprint and Dialogue:

印记与对话

民间记忆中的山东邹平乡村建设运动

Rural Construction Movement in Zouping in Folk Memory

李亚妮 著

中国社会科学出版社

图书在版编目(CIP)数据

印记与对话:民间记忆中的山东邹平乡村建设运动/李亚妮著.
—北京:中国社会科学出版社,2023.8
ISBN 978-7-5227-2023-4

Ⅰ.①印…　Ⅱ.①李…　Ⅲ.①城乡建设—概况—邹平县
Ⅳ.①F299.275.24

中国国家版本馆 CIP 数据核字(2023)第 106593 号

出 版 人	赵剑英
责任编辑	吴丽平
责任校对	王佳玉
责任印制	李寡寡

出　　版	中国社会科学出版社
社　　址	北京鼓楼西大街甲 158 号
邮　　编	100720
网　　址	http://www.csspw.cn
发 行 部	010-84083685
门 市 部	010-84029450
经　　销	新华书店及其他书店

印　　刷	北京君升印刷有限公司
装　　订	廊坊市广阳区广增装订厂
版　　次	2023 年 8 月第 1 版
印　　次	2023 年 8 月第 1 次印刷

开　　本	880×1230　1/32
印　　张	10.75
字　　数	261 千字
定　　价	88.00 元

凡购买中国社会科学出版社图书,如有质量问题请与本社营销中心联系调换
电话:010-84083683
版权所有　侵权必究

目　录

导　论 …………………………………………………（1）

第一章　山东邹平地理社会及民俗特点 ……………（39）
　第一节　邹平自然地理特征 ……………………（40）
　　一　地理区位与境域面积 ………………………（40）
　　二　交通运输 ……………………………………（45）
　　三　农业种植 ……………………………………（51）
　第二节　邹平乡村社会特征 ……………………（55）
　　一　人口结构与婚姻家庭 ………………………（56）
　　二　自然经济组织 ………………………………（63）
　　三　传统社会组织 ………………………………（73）
　第三节　邹平民俗传承特征 ……………………（85）
　　一　民间互助民俗 ………………………………（85）
　　二　棉纺织民俗 …………………………………（94）
　　三　性别民俗 ……………………………………（108）
　小　结 …………………………………………（113）

第二章　民众教育 ……………………………………（115）
　第一节　梁漱溟的民众教育理论 ………………（115）

一　民众教育的理论基础 …………………………（116）
　　二　民众教育思想的核心内容 ……………………（128）
第二节　民众教育实践 …………………………………（136）
　　一　民众教育组织形式的平民化 …………………（136）
　　二　民众教育内容的日常化 ………………………（149）
　　三　民众教育方式的民俗化 ………………………（160）
第三节　民众教育的影响 ………………………………（178）
　　一　对本地乡村社会的影响 ………………………（178）
　　二　对外县乡村社会的影响 ………………………（184）
　　小　结 ………………………………………………（187）

第三章　乡村经济合作 ……………………………………（190）
第一节　梁漱溟的乡村经济合作思想 …………………（191）
　　一　乡村经济合作的理论基础 ……………………（191）
　　二　乡村经济合作的核心思想 ……………………（197）
第二节　乡村经济合作的实践 …………………………（201）
　　一　梁邹美棉运销合作社个案 ……………………（202）
　　二　邹平机织合作社个案 …………………………（216）
第三节　后乡建时期的乡村经济合作 …………………（228）
　　一　农业集体化时期的农业生产合作 ……………（229）
　　二　农业集体化时期的副业生产合作 ……………（242）
　　三　改革开放后传统行业的经济合作 ……………（246）
　　小　结 ………………………………………………（253）

第四章　农民角色 …………………………………………（254）
第一节　梁漱溟乡村建设思想中的农民角色 …………（254）

一　农民角色的理论基础 …………………………（254）
　　二　农民角色的核心内容 …………………………（257）
第二节　邹平乡村建设运动中的农民角色 …………（261）
　　一　农民群体的社会分层 …………………………（261）
　　二　女性农民群体的角色 …………………………（264）
第三节　后乡建时期的农民角色 ……………………（273）
　　一　木匠行业农民角色 ……………………………（273）
　　二　棉纺织行业农民角色 …………………………（290）
　小　结 …………………………………………………（305）

结　论 ………………………………………………（307）

附录　山东邹平田野调查被访谈人信息 ……………（311）

参考文献 ……………………………………………（321）

后　记 ………………………………………………（333）

图表目录

图1-1 邹平地理位置示意(2020年) …………… (42)
图1-2 邹平、长山、齐东县行政区划(1937年) ……… (43)
图1-3 邹平政区(2020年) …………………… (44)
图1-4 1932年山东邹平特区印台乡五村地理形势 …… (70)

表1-1 1914—2020年邹平县人口统计 …………… (57)
表1-2 山东旧济南道属27县乡村传统合作形态分类
(1932年) ………………………………… (87)
表1-3 2015—2018年CAL织布馈赠亲友统计 ……… (105)
表3-1 邹平机织合作社分布情况 ………………… (217)

导　　论

20世纪30年代的乡村建设运动是中国现代史上的重要历史事件。梁漱溟领导的山东邹平乡村建设运动（1931—1937）是颇有影响的运动之一。1935年，梁漱溟谈到邹平乡村建设运动的"两大难处"，其一是"号称乡村运动而乡村不动"的事实，[①] 也就是"与农民应合而合不来"的状况。对此，我们需要重新审视这一重要的乡村建设运动。民俗学学科提供了一个新的视角，探讨梁漱溟所说的"乡村不动"的原因及文化内涵，阐释乡村建设运动中组织者与民众的关系，以及社会运动与邹平民间文化之间的关联，为当代乡村振兴中"坚持农民主体性"[②] 提供思考。

一　主题阐述

本书以发生于20世纪30年代的山东邹平乡村建设运动为

[①] 梁漱溟：《我们的两大难处》，载中国文化书院学术委员会编《梁漱溟全集》第2卷，山东人民出版社1992年版，第574页。

[②] 2021年4月29日颁布通过的《中华人民共和国乡村振兴促进法》中提出"坚持农民主体地位，充分尊重农民意愿，保障农民民主权利和其他合法权益，调动农民的积极性、主动性、创造性，维护农民根本利益"。

起点，涉及此后 90 年的邹平乡村社会变迁，既是乡村社会改造的现实问题，又是关于传统儒家文化与中国社会现代化进程关系的学术命题。

（一）为什么要在中国现代化进程中回顾山东邹平乡村建设运动

中国现代化进程中伴随着乡村建设与发展的不断探索。近代以来，特别是 20 世纪 30 年代，在国际社会风云变幻、国内民族危机重重的时刻，中国面临着第一次现代化转型的挑战。一批知识分子和社会有志之士逐渐形成共识，即"求治必于乡村"，认为中国的问题主要在于乡村，欲以"社会运动"谋求乡村复兴，而后在全国范围内掀起一场声势浩大的乡村建设运动。比较有影响的有晏阳初领导的河北定县中华平民教育促进会、梁漱溟领导的山东邹平乡村建设研究院、陶行知创办的南京晓庄师范学校等，涉及兴办教育、农业改良、经济合作、地方自卫、公共卫生保健、移风易俗等方方面面。虞和平认为，20 世纪 30 年代的乡村建设运动是一种"比较系统的具有一定现代化意义的农村建设模式"[①]。

梁漱溟领导的山东邹平乡村建设运动是对以工业化和都市化为导向的西方现代化的反思。他认为，工业化并不能解决中国农村当前的问题。中国乡村的问题不仅是政治经济教育问题，更是受到西方文化影响下的乡村文化失调问题。李善峰指出，山东邹平乡村建设运动是基于中国传统文化复兴对社会现代化的实践，在很大程度上表现了 20 世纪以来现代化进程的

[①] 虞和平：《民国时期乡村建设运动的农村改造模式》，《近代史研究》2006 年第 4 期。

一些新动向。①

传统与现代的关系不仅是20世纪30年代乡村建设运动面对的问题，也是21世纪乡村振兴要面临的问题。如何处理传统儒家文化与现代社会发展之间的复杂关系，如何在当代农业农村现代化中实现乡村文化的现代化，这些都是当代乡村振兴中需要解决的问题。因此，回顾20世纪30年代山东邹平乡村建设运动的理论与实践有助于为当代的乡村振兴提供借鉴。

（二）为什么以民俗学视角为主切入研究

以往有关梁漱溟乡村建设思想及山东邹平乡村建设运动的研究以历史学、社会学和政治学为多，更多关注社会运动或历史事件对地方社会结构和制度等的宏观影响，而缺乏从民俗学角度对邹平当地农民的记忆进行描述和分析，缺乏从民众视角分析这场社会改造运动的文化价值，对乡村建设运动与邹平民俗文化之间的关联较少涉及。

梁漱溟的乡村建设运动理论推行"政教合一"的教育理念和社会化的全民教育模式。在邹平，乡村建设研究院通过"乡学村学"组织，将邹平乡、村的全体民众纳入乡村教育的对象中来。研究院对民众的教育除了识字教育之外，还结合民众的生产生活民俗及精神民俗活动展开。以往的研究更多关注教育的组织形式和内容，对山东乡村建设运动中民众教育模式与民俗事象的结合方面较少阐释。

梁漱溟认为，中国文化的失调或旧文化的欠缺之处有两点：一是缺乏团体组织精神；二是缺乏科学精神。这两点表现在乡村经济的发展方面。引进科学技术和建立经济合作社是邹平乡

---

① 李善峰：《梁漱溟现代化思想初探》，《东岳论丛》1996年第4期。

村建设运动在经济方面的两大措施。以往对梁漱溟乡村经济建设思想及邹平乡村经济建设运动的研究更多关注各类合作社的成立、运作及局限性等，但对合作社与传统民间互助组织的关联关注不够，对引进新的科学技术与传统生产民俗之间的关联研究不够，对乡村合作思想与民俗文化基础之间的关联阐释不足。

"坚持农民主体地位"是当代乡村振兴战略贯彻的原则之一，但如何发挥农民主体性是一个长期存在的现实问题。梁漱溟的乡村建设理论注重人的自觉，他提出乡村建设最要紧的事情是农民自觉和乡村组织。虽然梁漱溟的乡村建设理论带有一定的理想主义和局限性，但重视农民自觉的意识是明确的。邹平乡村建设研究院在改造乡村社会中的陋俗时，并非完全依赖行政强制手段，而是以引导教化的形式，让农民自觉意识到旧文化的危害，特别是意识到旧有的民风民俗在社会变迁中不合时宜和对人与社会的危害。以往的研究更多关注乡村建设运动中移风易俗的举措，而对民俗的主体承担者"民"的研究关注不多，对乡村建设运动中农民角色的研究不足。

因此，本书从民俗学视角切入，聚焦于邹平民众对乡村建设运动的历史记忆与体验，为乡村建设运动研究提供新的视角和成果，试图进一步深入挖掘乡村建设运动的历史价值。

（三）为什么将农业集体化时期和改革开放后的邹平与梁漱溟乡村建设运动时期相联系

近百年来，"农业、农村和农民"的"三农"问题一直是国家发展和乡村建设长期探索的重要议题。在不同历史时期，"三农"问题背后的文化表征既有差异又有延续。邹平农村因20世纪30年代梁漱溟领导的乡村建设运动而具有特殊的历史意义和价值，是华北村落乃至全国农村发展的一个缩影。此后，邹平乡村经历了20世纪50年代的农业集体化和改革开放的变迁。这些社会变迁中常常彰显民俗文化的延续。对此区域90年发展的主要阶段性变迁进行研究，有助于总结历史、丰富思考、吸取教训、提供借鉴。

以往的研究中多将邹平乡村建设运动放在20世纪30年代的具体语境中去分析，而较少放到乡村建设运动之后的长时段语境中去分析。有些研究将乡村建设运动与农业集体化时期进行对比，或者将乡村建设运动与改革开放后或21世纪的乡村振兴相对比，但较少进行三个时期的历时性研究。

民俗学是一门独立学科，但民俗事象并不是孤立存在的，而是受到社会制度、社会运行和社会结构等影响的。民俗学是一门"现代学"[1]，关注民俗在当代社会良性运行中的功能。20世纪30年代的燕大社会学系就很重视民俗研究。民俗学者黄石曾参与定县乡村建设运动时期的礼俗和社会组织调查。[2] 2019年《民间文化论坛》设立"民俗学视野中的乡村振兴"前沿话题专栏，[3] 重在讨论如何利用传统文化资源重建地方社会、重振地区文化经济，为乡村振兴作贡献。但总的来说，以往的研究中对传统民俗事象的具体研究较多，而对社会运动或社会事件本身的特点关注不多。

---

[1] 钟敬文：《民俗学的历史、问题和今后的工作》，原为1983年5月中国民俗学会成立期间的讲稿，收入《钟敬文文集·民俗学卷》，安徽教育出版社1999年版。

[2] 吴丽平：《黄石与民俗社会学》，《民俗研究》2020年第6期。

[3] 《民间文化论坛》2019年第6期专设栏目"民俗学视野中的乡村振兴"前沿话题下共有三篇文章：《中国民俗学乡村社会治理研究七十年》（孙英芳、萧放）、《乡村振兴中民俗文化资源的创新性发展》（段友文等）、《韩国的新村运动和生活变迁》（［韩］南根祐）。

本书关注乡村建设运动的整体性,在乡村建设运动的框架下,从乡村社会组织改造和社会角色转换等方面,拓展民俗研究的范畴,丰富民俗社会学研究个案。为了更好地阐释邹平民俗文化在不同历史时期和社会运动中的传承与延续,本书的研究时间段不局限于20世纪30年代的乡村建设运动时期,而是延伸至20世纪50年代农业集体化时期和20世纪80年代改革开放后,并观照21世纪的当代乡村振兴时期。

二 相关研究的学术史

本书所参考的前人相关研究主要集中在以下几个方面:一是20世纪30年代乡村建设运动专题研究;二是民俗学对民众教育的研究;三是社会人类学与历史学对民间互助的研究;四是社会性别视角下的农民角色研究;五是美国学者对邹平农村社会变迁的研究。

(一) 20世纪30年代乡村建设运动的专题研究

20世纪90年代国内人文社会科学学术重建之后,历史学、社会学和政治学等学科掀起对乡村建设运动研究的热潮,涌现了一批重要成果。[1] 下面将重点综述乡村建设运动中民间文艺作品的搜集与研究、对乡村建设运动中风俗改良的研究以及对山东邹平乡村建设运动的专题研究。

---

[1] 比较有代表性的研究成果有:郑大华:《民国乡村建设运动》,社会科学文献出版社2000年版;温铁军、熊景明、黄平、于建嵘:《中国大陆乡村建设运动》,《开放时代》2003年第2期;张海英:《"县政改革"与乡村建设运动的演进》,《河北师范大学学报》2004年第3期;王先明、李伟中:《20世纪30年代的县政建设与乡村社会变迁——以五个县政建设实验县为基本分析样本》,《史学月刊》2003年第4期;李国忠:《苏维埃运动、乡村建设运动与中国农村的社会变迁比较》,《赣南师范学院学报》2002年第5期;等等。

1. 乡村建设运动中民间文艺作品的搜集及研究

一是乡村建设运动中民间文艺作品的搜集整理。

晏阳初、梁漱溟和陶行知领导的乡村建设运动对当地民间文艺和民俗文化都开展了不同形式的搜集整理工作。如定县中华平民教育会时期李景汉、张世文搜集整理的《定县秧歌选》[①]；山东邹平乡村建设运动中薛建吾搜集整理的《邹平民间文艺集》[②]，南京晓庄师范学院陶行知与陆静山搜集改编的《晓庄歌曲集》[③]。

《邹平民间文艺集》的搜集时间是1935年。当时薛建吾是山东邹平乡村建设研究院教师，他带领教育组学员到邹平十三乡实习。实习期间，他指导35位学员分头搜集民间歌谣，共搜到数千首。《邹平民间文艺集》是1941年整理删减后，于1948年出版的。薛建吾作为20世纪30年代乡村建设运动的亲历者，将北大歌谣征集运动的思想带进邹平乡村建设运动中，搜集整理《邹平民间文艺集》，挖掘邹平民间文艺的价值，具有一定的历史意义和社会意义。

《邹平民间文艺集》将搜集到的邹平民间文艺作品分为四类，分别是民歌、儿歌、格言、农谚，共438则，其中民歌30则；儿歌71则，分为"家庭""工作""卫生""游戏""其他"五类；格言140则，分为"持家""立身""涉世""其他"四类；农谚197则，分为"天气""时令""农事""其他"四类。《邹平民间文艺集》采用作品文本与编者辑注

[①] 李景汉、张世文编：《定县秧歌选》，中华平民教育促进会1933年版。
[②] 薛建吾：《邹平民间文艺集》，台北茂育出版社1948年版。
[③] 陶行知主编，陆静山编：《晓庄歌曲集》，儿童书局1933年版。

同框的结构形式,一方面保持了歌谣、格言等的原汁原味,但同时又有编者的简单提要,分析了歌谣的主旨内容,便于读者理解。欧达伟评价"有的谚语集本身带有附注(虽然这些注释不够圆满),这就给研究者带来更大的方便"①。《邹平民间文艺集》为民间文学资料的搜集整理和编撰提供了很好的样本,也是一部有关民间文学与乡村建设运动研究的重要资料。

二是对乡村建设运动时期民间文艺资料的研究。

1985 年,洪长泰(Chang-tai Hung)在著作《到民间去:中国知识分子与民间文学,1918—1937》中,从文化思想史的角度探讨五四运动前后至抗战前的民间文化运动,特别强调了乡村建设运动时期,民间文艺和民俗文化资料的搜集与整理对知识分子的思想产生了一定影响。洪长泰以《定县秧歌选》和《邹平民间文艺集》为例,说明了晏阳初和梁漱溟在乡村建设运动中对民间文学资料的重视和利用。"在河北定县的中华平民教育会也搜集了一大批民间文学资料,特别是那本《定县秧歌选》。此外,20 世纪 30 年代中期,梁漱溟在山东省邹平县主持了乡村改革委员会,下辖邹平民俗学会,也做过一些民间文学的工作。"②虽然洪长泰认为这些是乡村建设运动的附带成果,但在乡村建设运动时期也是难能可贵的资料。③

---

① [美]欧达伟:《中国民众思想史论:20 世纪初期—1949 年华北地区的民间文献及其思想观念研究》,董晓萍译,中央民族大学出版社 1995 年版,第 57 页。
② [美]洪长泰:《到民间去:中国知识分子与民间文学,1918—1937》(新译本),董晓萍译,中国人民大学出版社 2015 年版,第 194 页。
③ [美]洪长泰:《到民间去:中国知识分子与民间文学,1918—1937》(新译本),董晓萍译,中国人民大学出版社 2015 年版,第 194 页。

1987年，美国历史学家欧达伟（R. David Arkush）对《定县秧歌选》进行研究，通过研究20世纪二三十年代的定县秧歌，运用法国年鉴学派的研究方法，反映社会变迁对中国民众思想的影响，于1995年出版中译本著作《中国民众思想史论：20世纪初期—1949年华北地区的民间文献及其思想观念研究》①。钟敬文认为，该书"在中国民众思想史（或者说精神史）的研究上，是一种新颖而又有效的方法；对我们民间文艺学或民俗学的研究来看，也是一种可供参考的治学角度"②。

自1992年起，欧达伟与董晓萍合作，继续以《定县秧歌选》为研究对象，并对《定县秧歌选》做了回访调查，从民众观念的角度，对定县秧歌及其表演者、表演环境和地方老人的记忆等进行调查，反映社会变迁对民众思想的影响，出版著作《乡村戏曲表演与中国现代民众》③。

欧达伟在《中国民众思想史论：20世纪初期—1949年华北地区的民间文献及其思想观念研究》中强调了"农谚的重要性"④，将《邹平民间文艺集》中搜集的197则农谚作为个案，作为"确切地声明来自农民"⑤的农谚作品个案之一，认

---

① ［美］欧达伟：《中国民众思想史论：20世纪初期—1949年华北地区的民间文献及其思想观念研究》，董晓萍译，中央民族大学出版社1995年版。
② 钟敬文：《序》，［美］欧达伟：《中国民众思想史论：20世纪初期—1949年华北地区的民间文献及其思想观念研究》，董晓萍译，中央民族大学出版社1995年版，第3页。
③ 董晓萍、［美］欧达伟：《乡村戏曲表演与中国现代民众》，北京师范大学出版社2000年版。
④ ［美］欧达伟：《中国民众思想史论：20世纪初期—1949年华北地区的民间文献及其思想观念研究》，董晓萍译，中央民族大学出版社1995年版，第49页。
⑤ ［美］欧达伟：《中国民众思想史论：20世纪初期—1949年华北地区的民间文献及其思想观念研究》，董晓萍译，中央民族大学出版社1995年版，第51页。

为是20世纪30年代乡村建设运动的参与者在民间文学工作方面的体现。欧达伟的研究重点反映了中国民众思想在中国农谚中的体现，对《邹平民间文艺集》中"农谚"的内容进行分析并引用，其中涉及"耕织自足的农业社会意识"①"若即若离的血亲和姻亲家族意识"②"庄稼为王的农民自我意识"③"贫穷的话题和严肃的社会生活思索"，以及农民的靠天吃饭的担忧和对自然天气变换的安全感缺失、对拥有土地的渴望以及"地近是个宝"的现实观念，同时欧达伟也分析了《邹平民间文艺集》中收录的关于道德教育中的孝道文化、夫妻关系不平等或歧视妇女的谚语等。

2. 对乡村建设运动中风俗改良的研究

风俗改良一直是社会变革中不可缺少的内容。20世纪30年代，曾参与或关注定县乡村建设运动的民俗学者黄石（原名黄华节）发表文章《礼俗改良与民族复兴》，强调了礼俗（或风俗）的重要地位，以及礼俗改良与民族复兴的关系。④

---

① ［美］欧达伟：《中国民众思想史论：20世纪初期—1949年华北地区的民间文献及其思想观念研究》，董晓萍译，中央民族大学出版社1995年版，第58页。

② ［美］欧达伟：《中国民众思想史论：20世纪初期—1949年华北地区的民间文献及其思想观念研究》，董晓萍译，中央民族大学出版社1995年版，第63—66页。

③ ［美］欧达伟：《中国民众思想史论：20世纪初期—1949年华北地区的民间文献及其思想观念研究》，董晓萍译，中央民族大学出版社1995年版，第67页。

④ 有关黄石是否参与定县乡村建设运动未有明确的记载，但黄石在定县做过礼俗和社会组织的调研，可以从他的文章中看出。黄石有四篇文章收录在《社会研究》（周刊）中，分别为《从歌谣窥察定县家庭妇女的生活》（1934年第59期），《祁州药王考略》（1934年第64期），《流行旧定州属的汉光武传说》（1935年第95期），《定县巫婆的降神舞》（1935年第105期），以及《端午礼俗史》（香港泰兴书局1963年版）中有使用定县调查资料。转引自吴丽平《黄石与民俗社会学》，《民俗研究》2020年第6期。

但黄石也强调了礼俗改良的复杂性和规律性,"这种工作要切实做起来,也不是十年八年所能见效的"。①而且,礼俗的发生、消亡都有自身的规律,礼俗的改良也需顺应发展的规律。黄石阐释了礼俗改良对民族复兴的重要意义,强调了文化复兴中礼俗研究具有与政治、经济、社会和自然科学研究同等的重要性。

在20世纪30年代的乡村建设运动中,风俗改良也是其文化改良的重点,邹平乡村建设运动也不例外。

严昌洪的《20世纪30年代国民政府风俗调查与改良活动述论》综述了民国时期关于风俗调查与改良活动的总体情况。②

伍野春、阮荣的《民国时期的移风易俗》梳理了民国时期各届政府移风易俗的一些政策措施和做法,主要包括历法改革、强制剪辫、劝禁缠足、衣食住行的改造、婚嫁礼俗改革、丧葬礼俗改革、节日和纪念日的改革与创新七个方面。同时对民国时期的移风易俗制度加以分析。作者认为,"民国时期的移风易俗有许多失败之处是我们应引以为戒的。从总体而言,内政部系列始终沿袭着传统礼制的思路,致力于礼的制定,试图在传统礼制与民国社会之间找到结合点,并以此作为规范民众行为的准则,但终因不合时宜而彻底失败"。③

朱冬梅的《乡村建设运动与女子和风俗改良》,重点研究山东邹平的乡村建设运动与妇女问题。该研究认为,"在一系列的建设运动举措中,与妇女进步有关的也仅体现在风俗改良和教育等有限的范围内,可以说无论是数量上还是内容和形式

---

① 黄华节:《礼俗改良与民族复兴》,《黄钟》1935年第6卷第1期。
② 严昌洪:《20世纪30年代国民政府风俗调查与改良活动述论》,《华中师范大学学报》(人文社会科学版)2002年第6期。
③ 伍野春、阮荣:《民国时期的移风易俗》,《民俗研究》2000年第2期。

上对山东妇女的影响都是微小的。但是，从乡村建设运动对妇女问题的观点和解决方法来看，它代表了当时的一股潮流"。①

成学炎的《三十年代梁漱溟对邹平风俗的改善》一文，梳理了山东邹平乡村建设运动中的风俗改良，主要包括取缔婚姻陋俗、禁止女子缠足、禁止吸毒、禁止赌博、反对奢侈浪费、禁止男子留辫子、禁止上演粉戏、调解息讼等。②

这些研究关注风俗改良的具体内容，主要是对乡建运动内容的追溯和还原的解析，尚缺乏从民俗学的视角深入探讨乡建运动中民俗方式与民俗力量，也未涉及对乡建运动中民间记忆的讨论。

3. 对山东邹平乡村建设运动的专题研究

对梁漱溟乡村建设理论及山东邹平乡村建设运动的研究成果很多，主要集中于梁漱溟乡村建设的理论阐释、山东邹平乡村建设运动的具体内容以及对梁漱溟乡村建设理论与实践的评述等。

一是20世纪30年代乡村建设运动开展之初，学术研究者和社会运动者们对各地乡村建设运动的调研分析。

《青岛邹平定县乡村建设考察记》是20世纪30年代袁植群先生在邹平乡建运动期间的考察所记，主要内容包括设立实验县之源起、邹平县概况、山东乡村建设研究院、邹平县政府、农事试验场、邹平之合作事业、村学与乡学、简易乡村师范学校及其附属实验小学、乡农学校。③

---

① 朱冬梅：《乡村建设运动与女子和风俗改良》，《山东女子学院学报》2008年第5期。
② 成学炎：《三十年代梁漱溟对邹平风俗的改善》，《民俗研究》1986年第2期。
③ 袁植群：《青岛邹平定县乡村建设考察记》，开明书店1936年版。

1932年年初，当时正在燕京大学攻读社会学的杨庆堃与同学周振光在导师杨开道带领下对邹平进行社会调查。杨开道曾在山东邹平乡村建设运动期间参与乡建活动。杨庆堃与周振光将市集作为研究对象，对邹平的10个市集进行初步调查，并在乡村建设研究院的刊物《乡村建设》上介绍此次调查工作的情况。[①] 1934年，杨庆堃运用美国芝加哥学派社会学家帕克（Robert Park）的"社区"研究法继续对"市集"进行研究。他于3月和5月两次对邹平城关、明家集、刘聚桥集三个集市进行深入调查，完成硕士学位论文《邹平市集之研究》。[②] 后在美国纽约，于1944年出版了英文著作《华北地方市场经济——山东邹平周期性市场的个案研究》。杨庆堃将邹平的市场系统分为基层市场、中间市场和中心市场三种基本类型，并从贸易区域、内部组织、交通运输、集期安排与商人流动等多个侧面，描述了以赶集为中心的中国乡村经济生活模式。研究发现，定期集市不仅是一个严格履行经济功能的场所，还是一个实现各种社会功能的重要场域，信息和思想由此传播到周围的村庄。集市实际上成为调剂农民单调乏味的生活、使之了解村外世界的重要途径。从这个意义上说，周期性市场可以被视为一个集体机制，通过这个机制推动了群体行动和社会变迁。[③] 杨庆堃的研究是对当时中国农村社会前景的思考，即要回答中

---

① 杨庆堃、周振光：《邹平社会调查工作报告》，《乡村建设》1932年第1卷第11—12期合刊。
② 杨庆堃：《邹平市集之研究》，硕士学位论文，燕京大学，1934年。
③ 转引自孙庆忠《杨庆堃的社会学研究及对中国社会学发展的贡献》，《河北学刊》2012年第6期。Yang, Ching-kin, *A North China Local Market Economy; A Summary of a Study of Periodic Markets in Chowping Hsien*, Shantung, New York, Institute of Pacific Relations, 1944, p. 37.

国农村发展与世界经济的关系及中国农村是否仍在维持自给自足局面的问题。

二是20世纪80年代山东邹平地方文化工作者和研究者对梁漱溟及山东乡村建设研究院的档案整理、资料收集和研究分析等。1987年，山东大学社会学系、山东省社会科学院社会学研究所、山东省邹平县政协联合发起"梁漱溟乡村建设运动"学术讨论会，全国26家单位的60余位专家学者参加会议，掀起了一次关于乡村建设运动的学术研讨热潮，会后由梁漱溟乡村建设理论研究会编辑出版《乡村：中国文化之本》①，收录了18位专家学者关于梁漱溟乡村建设运动的研究文章，涉及从政治学、历史学、文化学、社会学、经济学等不同角度对邹平乡建运动的评述。

三是20世纪90年代后对梁漱溟思想及山东邹平乡村建设运动研究成果的集中出版。

这批研究成果内容涵盖梁漱溟乡村建设理论及乡建理论中的哲学思想，也包括对邹平乡村建设运动实践的分析。代表性成果有《梁漱溟社会改造构想研究》《梁漱溟乡村建设研究》《梁漱溟哲学思想研究》《梁漱溟的乡村建设运动与中国现代化之路的探索》《试论梁漱溟乡村建设的文化哲学基础》《梁漱溟在山东》《梁漱溟乡村建设实践的文化分析》②等。这些

---

① 梁漱溟乡村建设理论研究会编：《乡村：中国文化之本》，山东大学出版社1989年版。

② 李善峰：《梁漱溟社会改造构想研究》，山东大学出版社1996年版；朱汉国：《梁漱溟乡村建设研究》，山西教育出版社1996年版；郭齐勇、龚建平：《梁漱溟哲学思想研究》，湖北人民出版社1996年版；陈宪光：《梁漱溟的乡村建设运动与中国现代化之路的探索》，《华侨大学学报》1999年第2期；郑黔玉：《试论梁漱溟乡村建设的文化哲学基础》，《贵州大学学报》2000年第4期；马（转下页）

成果从社会学、历史学、哲学等不同学科、不同视角分析梁漱溟乡村建设理论中的社会改造思想、哲学思想,涉及与中国儒家思想的关联等。

其中,郭蒸晨主编的《梁漱溟在山东》一书,对梁漱溟在山东邹平的活动进行整理,并增加了对邹平民众访谈的口述轶事和回忆文章,也收录了部分研究梁漱溟思想及乡村建设运动的研究文章,立体化呈现了梁漱溟与山东邹平乡村建设运动的概貌。俞可平和徐秀丽的论文《中国农村治理的历史与现状——以定县、邹平和江宁为例的比较分析》,运用治理、善治和比较历史分析方法,以定县、邹平和江宁为例,对中国农村治理的历史和现状做了比较系统的个案研究。①

美国历史学者艾恺(Guy Alitto)多年研究梁漱溟思想及山东邹平乡村建设运动。艾恺称梁漱溟为"最后的儒家"。他于1979年出版的《最后的儒家:梁漱溟与中国现代的两难》一书从跨文化的视角,对梁漱溟的儒家思想和乡建运动实践进行剖析。艾恺认为,梁漱溟的乡村建设理论有着不容变通的"农本主义哲学(Agrarianism)"②。面对中国的现代化的两难,梁漱溟选择的道路是在"文化复兴过程中实现现代化③",而

(接上页)瑞:《梁漱溟儒家政治人格及其乡村建设实践》,《河南大学学报》2000年第6期;熊吕茂:《梁漱溟的文化思想与中国现代化》,湖南教育出版社2000年版;郭蒸晨:《梁漱溟在山东》,人民日报出版社2002年版;贾可卿:《梁漱溟乡村建设实践的文化分析》,《北京大学学报》2003年第1期。

① 俞可平、徐秀丽:《中国农村治理的历史与现状——以定县、邹平和江宁为例的比较分析》,《经济社会体制比较》2004年第2期。

② [美]艾恺:《最后的儒家:梁漱溟与中国现代化的两难》,王宗昱、冀建中译,江苏人民出版社2004年版,第150页。

③ [美]艾恺:《最后的儒家:梁漱溟与中国现代化的两难》,王宗昱、冀建中译,江苏人民出版社2004年版,第188页。

不是反对现代化的保守主义者的思想。

以上从宏观角度为本书的研究提供了思路和基础资料，对本书框架的构建和分析视角的确立具有重要的参考作用。但是，从现有的对20世纪30年代乡村建设运动研究来看，学者更多从政治学、社会学和历史学等视角对梁漱溟乡建运动的评价，如批评梁漱溟乡村建设运动"片面地以'伦理本位'与'职业分立'取代和否认了社会阶级矛盾和阶级斗争，要求经济包容在人生问题上解决，忽视了农村的根本问题是土地问题"，[1] 而从民俗学视角的研究不多，更少有对乡村建设运动发生地的民众记忆的实地调查研究。

（二）民俗学对民众教育的研究

民俗学界对民众教育的关注，可以追溯至1918年的北大"歌谣学运动"。《歌谣》搜集"文艺的"目标就是期望通过编辑"国民心声"引起未来"民族的诗"的发展。[2] 顾颉刚、董作宾、周作人、江绍原等都曾不同程度地强调民俗研究的应用性与社会功能，但大多出于"认识民众"的立场[3]，对民俗研究与民众教育的论述还不十分明确。

较早阐述民俗学与民众教育关系的文章是钟敬文的《民间文学和民众教育》。该文发表于1933年，虽然带着文学创作的形式，但钟敬文在该文中已经比较清晰地阐明了民间文学对

---

[1] 宋恩荣、毕诚：《文化的民族性与人的主体性重建——梁漱溟的乡村教育理论》，载梁漱溟乡村建设理论研究会编《乡村：中国文化之本》，山东大学出版社1989年版，第25页。
[2] 常惠：《回忆〈歌谣〉周刊》，《民间文学》1962年第6期。
[3] 赵世瑜：《钟敬文、民俗学与民众教育》，《北京师范大学学报》2002年第2期。

于民众教育的作用。他指出，"在文化未开或半开的民众当中，民间文学所尽的社会教育之功能是使人惊异的！现在从事于民众教育工作的人，倘若能够多明了些此种民间原有的教育工具，于实施新教育上决不是没有相当利益的"。① 这一时期，钟敬文在浙江省立民众教育实验学校授课，通过讲授民间文学来培养民众教育的师资和行政人员。他在该校《民众教育》上先后编辑《民间风俗文化专号》《民间艺术专号》，对民间图画等民间艺术的关注都能反映出，他将民俗研究致力于凸显其民众教育的功能。②

1937 年，钟敬文在《民众文艺之教育的意义》《民众生活模式和民众教育》中，进一步论述了民间文艺、生活模式与民众教育的关系。他分析了谚语、歌谣、传说、谜语等多种民间文艺体裁对培养民众道德伦理和智慧知识的作用，指出不同社会不同族群存在明显的教育差异，只有在特定社会和族群语境中才能发现民间文艺符合特定社会生活需要的教育功能，新民间文艺的创作必须在充分了解旧有的民间文艺教育功能的基础上进行。③ 与此同时，他还将民众教育视为改造民众生活的重要力量。④

梁漱溟的乡村建设理论高度重视民众教育，并在邹平乡村建设运动的实践中推行"政教合一"的教育理念和全民化的

---

① 钟敬文：《民间文学和民众教育》，《民众教育》（季刊）1933 年第 2 卷第 1 号。
② 钟敬文：《前奏曲——〈人类学、考古学、民族学、民俗学专辑〉前言》，载《钟敬文文集·民俗学卷》，安徽教育出版社 1999 年版，第 499 页。
③ 钟敬文：《民众文艺之教育的意义》，《民间图画展览会特刊》，1937 年。
④ 钟敬文：《民众生活模式和民众教育》，《民众教育》第 5 卷第 9、10 合期《民间民俗文化专号》，1937 年。

社会教育模式。以往的研究更多关注教育的组织形式和内容,但并未将民众教育作为对地方社会组织改革的途径来分析,也并未充分阐释乡村建设运动中民众教育与民俗事象的结合。

(三) 社会人类学与历史学对民间互助的研究

民间互助指乡村社会中农民之间基于血缘、地缘等关系建立起来的互相帮助的行为和习俗,常常表现为经济互助、生产互助和情感互助等。从互助的组织形式来看,既有自发的、无固定组织的互助形式;也有明确规则与组织形式的互助,还有一种是礼物交换形式的互助。

1. 无固定组织的民间互助

费孝通在《江村经济》中阐述了邻里之间的互助基础,比如基于地缘关系的邻里之间在应对自然灾害、外力入侵时需要合作;在生产、运输、贸易中都需要合作。"乡邻"之间互相承担着社会义务。日常的互助民俗是邻里之间在人生仪礼和生产生活方面的一种亲密关系的表达。[1] 费孝通认为,这种日常的互助虽然没有严格的组织,但有不成文的礼仪,有道德约束或评判,而且自成团体,遵守约定俗成的规则。

杨懋春(Martin C. Yang)的《一个中国村庄:山东台头》一书,也曾谈到山东台头村农民之间的各种互助行为。与费孝通提到的一样,在人生仪礼婚丧嫁娶的仪式中,在日常生产生活中也都有互助行为,"这些帮助都是自发的……这种帮助绝对是相互的,这样就形成了家庭间的特殊关系"。[2] 台头村的

---

[1] 费孝通:《江村经济》,北京大学出版社2012年版,第90页。
[2] [美]杨懋春:《一个中国村庄:山东台头》,张雄、沈炜、秦美珠译,江苏人民出版社2012年版,第147页。

农民在耕地劳作中有互助行为。"拥有土地不足 10 亩的家庭买不起任何牲口,田间劳作要么不用牲口,要么与较富裕的邻居合作,用劳力去交换邻居家的牲口。"① 杨懋春强调,台头村家族内的互助是以德为先的内部规则,"也不是每个人都能得到帮助。只有那些不是由自己的过失引起贫穷的家庭才能得到帮助。懒懒散散或赌光钱的人是不可能指望家族帮助的"。②虽然看似没有明文规定的互助形式,实则有着严格的规约。

历史学家马若孟(Ramon H. Myers)在使用 20 世纪上半叶日本满铁的农村调查资料研究中国农村经济时也提到过民间互助的形式,即"搭套"和"合犋"。"搭套"是河北顺义县沙井村的说法;"合犋"是山东省历城县冷水沟村的说法。③马若孟从村落资本的角度观察农户之间的生产互助。这种互助一般包括农业生产的工具、耕畜、种子、肥料等,也包括劳动力的合作。马若孟认为,"这种合作只在很少的情况下依血缘关系形成,大部分是在朋友和邻居之间合作。这些合作的时间持续 2—3 年,在某些情况下长达 10 年之久。这一习俗在鲁中广泛实行,看来已存在了一个世纪以上"。④ 可见,生产互助是农户之间依据血缘或地缘关系产生的最基本的合作方式。

杜赞奇(Prasenjit Duara)在著作《文化、权力与国家——

---

① [美]杨懋春:《一个中国村庄:山东台头》,张雄、沈炜、秦美珠译,江苏人民出版社 2012 年版,第 28 页。
② [美]杨懋春:《一个中国村庄:山东台头》,张雄、沈炜、秦美珠译,江苏人民出版社 2012 年版,第 134 页。
③ [美]马若孟:《中国农民经济——河北和山东的农民发展(1890—1949)》,史建云译,江苏人民出版社 1999 年版,第 48 页。
④ [美]马若孟:《中国农民经济——河北和山东的农民发展(1890—1949)》,史建云译,江苏人民出版社 1999 年版,第 100—101 页。

1900—1942年的华北农村》中将乡村社会中的各种组织称为"文化网络",其中也包括"自愿组成的联合体,如水会和商会"。① 宗族是民间互助的首选组织。"尽管宗族并不是一明确的合作集团,但人们告急之时往往先求助于同族成员。"② 杜赞奇提出"权力的文化网络"概念,系统分析了近代国家政权的建立过程给地方社会带来的影响。其中,宗族在传统的文化网络中发挥着重要作用,也影响到宗族内互助和跨族界的互助组织。

2. 有组织的民间互助形式

《江村经济》中的民间互助组织被称为"互助会",是当地民间的一种储蓄制度。互助会最基本的原则是"互利互惠",而且"互助会的核心总是亲属关系群体"。这种互助会也常常与生产活动密切结合。比如最流行的"摇会",每年开会的时间有两次,第一次是在蚕丝生产完成的七八月份,第二次是在水稻收割完毕的十一二月。③

在杨懋春笔下的山东台头村,全村性质的互助组织是集体看护庄稼。这种看护庄稼的互助组织是在村庄集团内部的一种合作形式,有时也是合作借助外力,比如共同雇用他人看护。④

马若孟认为,看护庄稼的组织有利于华北村庄的农民形成"村庄共同体"的概念,"直到守护庄稼的组织于本世纪初或

---

① [美]杜赞奇:《文化、权力与国家——1900—1942年的华北农村》,王福明译,江苏人民出版社1996年版,第13页。
② [美]杜赞奇:《文化、权力与国家——1900—1942年的华北农村》,王福明译,江苏人民出版社1996年版,第87页。
③ 费孝通:《江村经济》,北京大学出版社2012年版,第236—238页。
④ [美]杨懋春:《一个中国村庄:山东台头》,张雄、沈炜、秦美珠译,江苏人民出版社2012年版,第144—145页。

那以后建立时起,村庄才有了明确的村界,村庄不断由于收成的波动和村庄的债务而获得或失去土地,农民缺乏强烈的村庄认同观念。在守护庄稼的组织建立之后,农民逐渐习惯于把这些组织守护的土地所在区域看作就是这个村庄本身"。[1]

3. 礼物交换形式的互助

美国传教士明恩溥(Arthur Henderson Smith)于1899年出版的《中国乡村生活》中记载了中国乡村的多种互助形式,如宗教仪式的互助、市场及集会的合作、贷款团体的合作、看护农作物的合作及婚丧嫁娶的合作等。其中"请会"习俗与"凑份子"就是一种礼物交换形式的互助。[2]

马塞尔·莫斯(Marcel Mauss)的《礼物——古代社会中交换的形式与理由》一书,从礼物交换的角度分析人与人之间的合作模式。他从古老部落的礼物交换制度(夸富宴)和习俗到后来的经济制度、法律等,逐步分析其中的关系,得出结论礼物交换一直是贯彻社会运行的一大制度,而且在维系着个人与群体之间的关系。莫斯提出礼物交换的社会性意义。[3]他认为,个人之间的礼物交换其社会意义有三层意思:一是这种交换不是简单的个人交换,而是其集体之间的义务、交换和契约,比如同一氏族、家族或部落之间有契约的关系;二是他们之间所交换的并不只是物质的,而包括仪式、礼节、宴会、

---

[1] [美]马若孟:《中国农民经济——河北和山东的农民发展(1890—1949)》,史建云译,江苏人民出版社1999年版,第138页。

[2] [美]明恩溥:《中国乡村生活》,午晴、唐军译,时事出版社1998年版,第191—192页。

[3] [法]马塞尔·莫斯:《礼物——古代社会中交换的形式与理由》,汲喆译,陈瑞桦校,上海人民出版社2002年版,第56页。

军事、妇女、市场等,市场只是这种交换的一种;三是这种馈赠与回赠是互相之间的义务,往往以馈赠礼物的自愿的形式完成。① 如他举例分析的法国家庭自主基金就是一种满足物质利益和道德利益的民间互助组织。②

莫斯认为,合作社、互助组的建立是这种群体道德的体现。从这个角度去看合作社,能发现在经济合作之外的一种情感积蓄和互助。③ 莫斯所谈到的群体道德与杨懋春所提及的以德为先的互助原则是基本一致的。信任、情感、道德都是互助合作的基本原则。

阎云翔进一步分析了在关系紧密的村落共同体中礼物交换与互助需求之间的关系。他将礼物交换分为表达性的"随礼"和工具性的"送礼"两种。表达性的礼物交换有互助需要的文化基础。"在一个关系紧密的乡村社会,私人网络在许多情况下比物质或金钱更珍贵;互助的需要强化了随礼的习俗和关系网络的培养。"④ 阎云翔也分析了"农村互助"与"城里雇工"的不同。在农村,雇工并不是一件很划算的事情,并不只是经济的问题,而更多的是声望、关系等问题。⑤ 表达性的

---

① [法]马塞尔·莫斯:《礼物——古代社会中交换的形式与理由》,汲喆译、陈瑞桦校,上海人民出版社2002年版,第8页。
② [法]马塞尔·莫斯:《礼物——古代社会中交换的形式与理由》,汲喆译、陈瑞桦校,上海人民出版社2002年版,第159页。
③ [法]马塞尔·莫斯:《礼物——古代社会中交换的形式与理由》,汲喆译、陈瑞桦校,上海人民出版社2002年版,第163页。
④ [美]阎云翔:《礼物的流动——一个中国村庄中的互惠原则与社会网络》,李放春、刘瑜译,上海人民出版社2000年版,第86页。
⑤ [美]阎云翔:《礼物的流动——一个中国村庄中的互惠原则与社会网络》,李放春、刘瑜译,上海人民出版社2000年版,第86页。

礼物交换在一定意义上发挥了经济互助或生活互助的功能。这些对本书研究梁漱溟乡村建设运动时期的乡村经济合作很有启发意义。

（四）社会性别视角下的农民角色研究①

农民是乡村社会文化生活中的主体，他们的角色身份和地位以及角色身份所带来的责任、义务都在随着社会变迁而有所调整。先赋性的角色身份会对自身角色产生影响，也会对地方民俗文化的传承和记忆产生影响。目前所搜集的文献资料中，研究农民角色，尤其是对女性农民角色的研究较多，国家与女性农民角色之间的关系也是讨论的重点之一。

在民俗学领域，自现代民俗学发端，女性与性别研究就一直是中国民俗学关注的议题。深受五四新文化运动的影响，当妇女解放作为社会革命的一部分，有关妇女的民俗运动也成为早期女性民俗研究关注的内容。早期的民俗学家刘经庵、顾颉刚、江绍原、黄石等搜集整理记录有关妇女受压迫的民俗风情和民间文学，进行历史考据与文化描述，以反对旧俗，解放妇女。顾颉刚明确提出要重视民间社会的妇女等问题②；1953年钟敬文撰写《歌谣与妇女婚姻问题》一文，通过对民间歌谣的内容展示来解释旧社会女性在婚姻问题上的悲惨遭遇，同时引用数量颇多的新创编的民间歌谣来赞扬新社会，强调从文化

---

① 在本书中，"农民"与"民众"的概念中所包含的群体是一致的，都是指在农村从事农业生产生活的人民群众。"农民"一词是相对于梁漱溟的乡村建设运动中的"农民自觉"而言，"民众"一词是民俗学科对研究对象的术语，本书的民众主要指邹平农村的民众，即邹平的农民。但在各自的学术对话中，为了更为流畅，分别使用各语境下的词汇表达。

② 顾颉刚：《吴歌甲集》，《顾颉刚民俗论文集》（卷一），中华书局2011年版，第72页。

史和文化学视角对女性生存的关注[1]。此后，女性问题研究在民俗学领域被更多学者所关注，问题研究逐渐转向对民间社会思想观念的研究。

在对中国民众思想文化的研究中，性别观念和女性角色是绕不过的话题。其中，前文提到的洪长泰的《到民间去：中国知识分子与民间文学运动，1918—1937》一书，从民间歌谣的角度，分析了关于妇女遭遇的歌谣中反映的妇女的真实生活状况，充分诠释了五四新文化运动中妇女解放的民间思想基础。[2] 欧达伟的《中国民众思想史论：20 世纪初期—1949 年华北地区的民间文献及其思想观念研究》一书，涉及定县秧歌中的婚恋观和家庭观，是历史文献与口头资料结合研究的良好范例。

在中国的妇女与性别研究学界，女性农民的角色研究主要在讨论集体化时期妇女的社会地位与家庭地位时提及。关于抗战时期、"大跃进"、集体化时期妇女参与农村经济发展的研究成为一大热点。一方面认为女性农民走出家门走向社会参加农业生产活动是一种解放；另一方面认为在国家动员下，女性的解放背后付出了健康的代价。郭于华在《心灵的集体化：陕北骥村农业合作化的女性记忆》一文中[3]，以陕北骥村女性口述的农业合作化经历、感受和记忆为主要分析对象，探讨了

---

[1] 钟敬文：《歌谣与妇女婚姻问题》，收入《钟敬文民俗学论集》，上海文艺出版社 1982 年版，第 63 页。

[2] ［美］洪长泰：《到民间去：中国知识分子与民间文学，1918—1937》（新译本），董晓萍译，中国人民大学出版社 2015 年版。

[3] 郭于华：《心灵的集体化：陕北骥村农业合作化的女性记忆》，《中国社会科学》2003 年第 4 期。

女性农民在集体化时期参与集体劳动的过程中，承受身体的苦难，又获得精神上的快乐。高小贤的《"银花赛"：20世纪50年代农村妇女的性别分工》一文，以陕西关中地区规模最大的劳动竞赛——"银花赛"为研究对象，通过口述史访谈和文献资料，反映国家的政策动员与女性农民参与之间的关系。① 金一虹的《"铁姑娘"再思考——中国文化大革命期间的社会性别与劳动》一文，通过对20世纪50年代至80年代"去性别化"的典型劳动者的描述，分析新的女性劳动者角色的形成。② 美国女性主义学者贺萧（Gail Hershatter）的《记忆的性别：农村妇女和中国集体化历史》一书中，描述了陕西关中72位老年女性农民在20世纪五六十年代的生活变迁史，分析国家政策对女性农民个体的影响。③ 综合来看，这些研究从两方面反映了妇女地位和角色的变化，一方面是妇女走出家门参与社会劳动，其经济贡献可视化；另一方面则又反映了在自上而下的社会革命或生产运动中对女性健康的影响。

英国人类学者白馥兰（Francesca Bray）在她的农业科技史的研究中从技术与性别的视角重新审视中国男耕女织的生产模式，重点讨论宋代至清代女性的社会角色与国家之间的关系。白馥兰认为，妇女的纺织工作长期以来被经济史家和女性主义者所忽视，这既与中国妇女研究的理论思想、研究方法有

---

① 高小贤：《"银花赛"：20世纪50年代农村妇女的性别分工》，《社会学研究》2005年第4期。
② 金一虹：《"铁姑娘"再思考——中国文化大革命期间的社会性别与劳动》，《社会学研究》2006年第1期。
③ ［美］贺萧：《记忆的性别：农村妇女和中国集体化历史》，张赟译，人民出版社2017年版。

关，也与"女性劳作的意义被家庭生产在中国的持久的重要性所遮蔽，这是一个总是被提到但并未得到充分探究的事实"有关。① 作者将纺织生产放在国家的财政体系中去考察，明晰了织物及妇女劳作对于国家运作机制的基础性重要价值。她讨论了从宋代至清代的纺织业商业化、扩大化、专门化的复杂进程，以及所导致的新的劳动分工中，男女两性的参与及其背后的价值和意义。作者研究发现，"自宋代以来，城里作坊大部分织布工作是由男人完成的。总之，在商业和家内的劳动分工中，妇女被限制在报酬最小、技术含量最少的工作上"。② 而且，妇女逐步丧失其在技能和知识领域的控制，是与儒家伦理和父权制的回应相关联的。③ 与一般对传统女性的认识不同，白馥兰认为，妇女并非父权、夫权的被动牺牲品，而是中国传统文化形态与社会秩序的积极有力参与者。

与其他社会史的研究一样，妇女的声音或身影往往是很难寻觅的。中国妇女史研究专家杜芳琴曾关注河北定县平民教育改革中的性别议题，特别是妇女的参与以及改革对妇女生活状况的改变。研究发现，定县平民教育会在原有的翟城村治的基础上，无论从教育宗旨、目标来看，还是从内容、形式及方法来看，都与妇女相关。在平民教育会的蓝图设计中，妇女与男性一样，是作为"新国民"来接受教育的。如晏阳初所说，

---

① ［英］白馥兰：《技术与性别——晚清帝制中国的权力经纬》，江湄、邓京力译，江苏人民出版社2010年版，第142页。
② ［英］白馥兰：《技术与性别——晚清帝制中国的权力经纬》，江湄、邓京力译，江苏人民出版社2010年版，第185页。
③ ［英］白馥兰：《技术、性别、历史——重新审视抵制中国的大转型》，吴秀杰、白岚玲译，江苏人民出版社2017年版，第140页。

"凡是中华民国的国民，无论男女贫富，只要他是在应受教育期限内未受教育的，或受过教育而缺乏公民常识的，都在平民教育的范围之内"。①

从社会性别视角分析女性农民在乡村社会变迁与改革中角色地位的诸多研究，为本书提供了理论探讨的空间。

三 资料系统说明

本书使用的资料主要包括文献资料和田野调查资料两大类。文献资料以20世纪30年代以来有关梁漱溟乡建理论及邹平乡建运动实践为主；田野调查资料以笔者2015—2021年在邹平进行的田野调查获得的第一手资料为主。

（一）文献资料

本书使用的文献资料包括六类：一是梁漱溟的乡村建设理论著作；二是20世纪30年代山东邹平乡村建设研究院出版发行的各类书籍和报刊；三是20世纪30年代邹平乡村建设运动时期搜集的民间文艺资料；四是20世纪30年代邹平乡村建设运动期间的各类调查报告；五是邹平地方史志记载和档案；六是20世纪八九十年代有关邹平乡村建设运动的口述资料。

第一类，梁漱溟的乡村建设理论著作。本书主要使用中国文化书院学术委员会整理出版的《梁漱溟全集》②，共8卷，收录了梁漱溟的乡村建设理论及梁漱溟在1931—1937年邹平乡村建设运动期间的演讲、讲习班授课及与其他乡村建设运动

---

① 杜芳琴：《农村现代化运动中的妇女与性别议题——以定县为例（1912—1937）》，载李银河、刘伯红主编《女性主义论坛》，未出版，第169页。

② 梁漱溟：《乡村建设理论》，载中国文化书院学术委员会编《梁漱溟全集》，山东人民出版社1992年版。

领导者或人员的书信交流等内容。本书所引用的梁漱溟乡村建设理论均来自于此。

第二类，20世纪30年代山东邹平乡村建设研究院出版发行的各类书籍和报刊。自1931年至1937年山东乡村建设研究院发行《乡村建设》刊物，共7卷，183期。该刊物前四卷为旬刊（1931年8月至1935年6月），计138期；第五、六、七卷改为半月刊（1935年8月至1937年10月），第五、六卷各20卷，第七卷因战争原因只发行5期，计45期。这部分内容成为了解民国乡村建设运动时期邹平社会状况的重要资料。乡村建设运动期间，研究院还编著各类教材，如杨效春编的《乡农的书》，山东乡村建设研究院编写的《识字明理》等。①

第三类，20世纪30年代邹平乡村建设运动时期搜集的民间文艺资料。1935年，当时山东邹平乡建研究院的教师薛建吾带领35位学员分头搜集民间歌谣，后整理出版《邹平民间文艺集》。此外，《乡村建设》旬刊中也偶有搜集记录的邹平民间文学作品。

第四类，20世纪30年代邹平乡村建设运动期间的各类调查报告。为了更好地了解邹平，乡村建设研究院在邹平开展了一系列社会调查。这些调查报告的内容有的发表在《乡村建设》期刊上，有的单独成册出版，为本书的写作提供了直接参考资料。其中包括人口调查、家庭调查、农村经济调查、风俗习惯调查和妇女生活专项调查等。

---

① 杨效春编：《乡农的书》，邹平乡村书店1934年版；山东乡村建设研究院编：《乡农教育》，山东乡村建设研究院出版股1935年版；山东乡村建设研究院编：《识字明理》（甲集），山东乡村建设研究院出版股1934年版；萧克木编：《邹平的村学乡学》，邹平乡村书店1936年版。

一是人口调查。1932年3月，邹平县政府举行清乡，由山东乡村建设研究院全体师生300余人，协同各村长对全县进行户口调查。调查表格为鲁豫清乡督办公署颁布，因其中项目注重清乡，对研究人口问题不尽相宜。[1] 后于1935年1月8日，县政府实施邹平户口调查。此次调查由研究院训练部学生120余人，连同邹平县立师范学生40余人协同邹平实验县政府完成，调查对象涉及普通户、厂铺户和寺庙户，调查内容包括人口、年龄、性别、教育、田亩分配、宗教信仰、身体废疾等。此次调查的组织者、邹平实验县户籍科主任吴顾毓认为此次调查"其认真程度可说已经至顶"。[2]

二是家庭调查。1932年，研究院开展邹平家庭调查，内容涉及家庭婚姻状态（结婚年龄、子女数、子女性别）；家庭财产（地亩、作物、各类收入、房屋、牲畜、车辆等）；家庭消费与支出；家人状况（是否有残疾、缠足或天足妇女人数、子女受教育状况、家中有童养媳否，自家女儿给他人做童养媳否等）。[3]

三是农村经济调查。1935年，邹平农村金融流通处对邹平农村经济概况进行工作调查，包括农村经济和农村金融。[4]

---

[1] 张玉山：《山东乡村建设研究院社会调查工作简述》，《乡村建设》1935年第5卷第4期。

[2] 吴顾毓：《邹平人口问题之分析》，《乡村建设》1935年第5卷第6期；吴顾毓：《邹平人口问题之分析（续）》，《乡村建设》1935年第5卷第7期；吴顾毓：《邹平第一年生命统计之分析》，《乡村建设》1936年第6卷第1期；吴顾毓：《邹平实验县户口调查报告》，中华书局1937年版。

[3] 山东乡村建设研究院：《家庭调查表》，《乡村建设》1932年第1卷第11—12期。

[4] 山东乡村建设研究院：《邹平农村经济概况——邹平农村金融流通处二十四年度工作实验报告之第二、三章》，《乡村建设》1935年第6卷第5期。

四是风俗习惯调查。1933年研究院工作人员刘健飞（邹平本地人）对邹平风俗习惯做了专项调查。调查内容涉及生活状况（职业、物价、服饰、饮食、居室、家族制度、钱币及度量衡现状、气候及雨量情形、农产品、制造品、救恤制度、保卫情形、卫生情形）、社会习尚（起居、交际惯例、宗教情形、迷信状况、盗贼、娼妓、奴婢制度、农佃制度、娱乐、赛会）、婚嫁情形（订婚办法、婚约形式、聘礼种类、选期手续、迎娶仪式、结婚仪式、成婚后之各种礼节、结婚年龄、续娶习惯、改嫁习惯、赘夫习惯、多夫或多妻习惯、童养媳习惯、婚姻之特殊情形）、丧葬情形（始丧情形、遗嘱形式、继承关系、入殓手续、成服礼节、丧服差等、讣告情形、吊奠礼节、安葬仪式、服丧期间、居丧制度、祭祀礼节、女子之地位）。①

五是妇女生活专项调查。1936年夏季，山东省立十二校的师范女生来山东乡村建设研究院受训期间，对邹平县城方圆半里至十里的十个村庄的448名妇女进行专题调查。调查内容包括妇女自身（姓名、年龄、结婚年龄、劳动内容、健康、责任感等）、子女方面（孩子数量、上学状况、教育费用、女孩缠足等）、丈夫方面（年龄、结婚年龄、职业、夫妻关系）、亲属方面（家族姓氏、家庭规模、婆媳关系、妯娌关系等）、田产方面（田亩数、价值、收成等）、衣食方面（织布情况、饮食习惯等）、储蓄及副业（储蓄状况、养蚕及其他副业等）等内容。②

---

① 刘健飞：《邹平县风俗调查纲要》，《乡村建设》1933年第3卷第7、8、11期。

② 张玉山：《邹平农家妇女访问的尝试——山东省立十二校师范女生下乡实习工作之一》，《乡村建设》1936年第6卷第7—8期。

第五类，邹平地方史志记载和档案。这类记载以《山东省志·民俗志》《邹平县志》《邹平文史资料》等官方编撰为主，内容包括人口、劳动人事、文化、民政、教育、风俗等。1992年版的《邹平县志》将"乡村建设运动"作为附录单列，主要内容包括三部分，序言、山东乡村建设研究院和乡村建设实验。其中《序言》部分主要介绍乡建的背景；山东乡村建设研究院部分介绍研究院的建立、组织机构、招生与教学、教学实践、重大事件、撤离与结束；乡村建设实验部分介绍实验县的确立、县政改革、乡村教育、乡村自卫体系、农林改良、公共卫生实验等。此外，本书还使用了山东省档案馆、邹平县档案馆有关邹平乡村建设运动的档案文献。

第六类，20世纪八九十年代有关邹平乡村建设运动的口述资料。本书参考使用前文提及的1987年山东大学哲学系毕业生关于梁漱溟及其乡村建设专题的回访资料。1991年山东省政协文史资料委员会和邹平县政协文史资料委员会联合编撰出版的《梁漱溟与山东乡村建设》，该书汇集了四十多位邹平乡村建设研究院亲历者们的"三亲"回忆资料，既有60年前乡村建设运动的实际经过的回忆，又有对乡村建设运动的反思。这次回访没有涉及对民众的访谈，但也是邹平乡村建设运动研究的记忆研究的重要资料，是本书田野调查资料的民众记忆部分的重要补充。

（二）田野调查资料

本书使用笔者2015—2021年赴邹平进行的5次田野调查资料，包括田野观察日记、访谈资料、调查报告及调查照片等。

本书调查的地点涉及山东邹平县城及22个乡镇和村，分别为孙镇、孙镇冯家村、孙镇党里村、孙镇王伍村、孙镇辉里村、西董镇贺家村、西董镇聚仙村、西董镇会仙村、码头镇李坡村、码头镇小田村、城关镇东关村、邹平镇、黄山街道崔家村、黄山街道郎君村、黄山街道抱印村、黄山街道贺家庄、黛溪街道郭庄村、高新街道东范村、明集镇[①]西闸村、魏桥镇魏桥村、韩店镇西王新村及高青县花沟镇前石门村（20世纪30年代梁漱溟乡村建设运动时期第十三乡），其中笔者重点调查的有孙镇冯家村和黄山街道崔家村（具体地址详见附录）。

在所有的103个访谈对象中，年龄分布于20世纪邹平社会变迁的各个历史阶段，包括20世纪30年代梁漱溟乡村建设运动时期、新中国成立农业集体化时期和改革开放以后。其中出生于20世纪30年代梁漱溟乡村建设运动前后的访谈对象有32人，其中有12人对梁漱溟乡村建设运动时期的片段、细节有记忆，至1937年乡建运动被迫结束时，年龄最大的20岁左右，年龄最小的5岁左右。出生于1938—1960年的访谈对象有41个，与1937年以前出生的访谈对象一道，共同经历了新中国成立后农业集体化时期。他们对20世纪50年代农业生产互助组、合作社有亲身经历和回忆。其中，有7人担任过社长、书记、会计等职务，参与新中国成立后农业集体化时期的生产队或农业合作社管理工作。出生于20世纪60年代至90年代的被访个案30人。他们是改革开放的直接参与者，也是见证人。其中有3人参与改革开放后邹平县棉纺织企业筹建与

[①] 后文会用到明家集，是民国时期的称呼，明集镇是现在称呼，论述过程中不同时段，称呼有区别。

发展；有2人成立了传统老粗布工作坊，传承手工织布技艺；有12人有曾经在村镇或县棉纺厂工作的经历。所有调查个案中，男性49人，占47.6%；女性54人，占52.4%。

本书在使用个案访谈资料时，面对两个问题：一是个人回忆与客观史实之间的关系；二是个人回忆与评论之间的复杂关系。需要在承认个案资料中个人回忆的不完整性与不确定性的同时，运用地方文献资料和其他人的相关回忆进行补充、补遗、修正或解释，拓展文献资料与访谈资料之间未被阐释的空间。同时本书使用多个个案拓展研究方法，单个个案有助于从微观上深入分析，但多个个案有助于补充单个个案研究的局限性，丰富个案的普遍性，也便于个案对比研究，进而反映乡土社会的复杂性。

四 对本书使用的主要概念、术语的说明

本书使用的主要概念、术语和民间用语，依据梁漱溟乡村建设运动文献资料、学者研究成果及田野调查资料等，提取其中的关键性概念、术语和民间用语汇编而成。这些词条的撰写仅为本书写作使用，还有待于进一步完善。

（一）概念

乡村建设。"乡村建设"一词在梁漱溟领导的山东邹平乡村建设研究院成立时使用[①]，指代致力于乡村各项事业的发展，如乡村教育、乡村经济、乡村自治、农业改良、乡村工业、乡村自卫等。梁漱溟认为，乡村建设运动的目的是"中

[①] 梁漱溟：《乡村建设大意》，载中国文化书院学术委员会编《梁漱溟全集》第1卷，山东人民出版社1992年版，第602页。

国社会组织构造之运动"①,就是"创造新文化,救活旧农村"②。广义的"乡村建设"是指中国现代化进程中乡村发展的所有探索活动,自20世纪30年代延续至21世纪,经历了20世纪50年代农业集体化、20世纪80年代的改革开放等不同时期。本书具体使用的"乡村建设运动"特指20世纪30年代前后由知识分子、地方绅士等在全国各地发起的不同学派的乡村建设运动。本书的"梁漱溟乡村建设运动"或"山东邹平乡村建设运动"(简称"邹平乡建")特指1931—1937年梁漱溟等知识分子群体,在山东省政府的支持下,创建山东乡村建设研究院,选择邹平县作为实验基地,进行的一系列乡村建设实验活动。本书的"后乡建时期"特指没有"乡建运动派"的乡村建设,即20世纪50年代农业集体化时期和20世纪80年代改革开放时期的乡村发展。

民众教育。本书的民众教育主要指梁漱溟乡村建设运动中对民众开展的各类教育活动,包括农业生产知识教育、礼俗教育和思想文化教育等。

乡村经济合作。乡村经济合作是梁漱溟乡村建设理论中的核心概念之一,与梁漱溟的哲学思想以及他对中西社会差异的认识有密切关系。梁漱溟乡村经济合作思想的目标是要从经济入手来改造社会,也是邹平乡村建设运动实践中的重要举措,是发动农民自治、自救的重要手段。在邹平乡建运动时期,乡村经济合作的主要形式是各类经济合作社。在后乡建时期,乡

---

① 梁漱溟:《乡村建设理论》,载中国文化书院学术委员会编《梁漱溟全集》第2卷,山东人民出版社1992年版,第161页。
② 梁漱溟:《乡村建设大意》,载中国文化书院学术委员会编《梁漱溟全集》第1卷,山东人民出版社1992年版,第615页。

村经济合作呈现多种组织形式，20世纪50年代的乡村经济合作以农业集体化合作、副业生产合作为主要形式；20世纪80年代的乡村经济合作以乡镇企业、作坊或小型合作社等为主要形式。本书的乡村经济合作个案涵盖上述几类合作形式。

民间互助。本书的民间互助是指基于民众自身意愿而形成的各类生产生活互助形式。乡村生产生活中有很多事项仅凭个人和一家一户难以完成，而传统乡村常常又缺少能够为民众提供团队服务力量的组织机构，或者即使有这样的机构，村民也常常无力或不愿购买此类服务。因此，以血缘、地缘关系为基础，以自发、自愿、自由组合为特征的民间互助成为中国乡村常见的合作形式。民间互助所涉范围非常广泛，包括婚丧嫁娶、生产劳动、经济活动和日常生活中的各个方面。

农民角色。本书借用社会学中"角色"概念，即农民角色主要是指农民在乡村社会中被赋予的身份地位。根据角色获得方式的不同，社会角色被分为先赋角色（ascriptive role）和自致角色（achieving role）。农民的先赋角色是基于先天的血缘、地缘关系的农民身份，其自致角色则是后天的努力、机会与参与活动而获得的社会身份。农民的自致角色体现农民的自主性。梁漱溟在其乡村建设理论中提出了"农民自觉"的概念，并始终强调"农民自觉"对乡村建设具有重要意义，也就是强调农民的自致角色在乡村建设中的重要性。本书探讨的农民角色既包括先赋角色也包括自致角色，主要围绕梁漱溟在乡村建设运动时期对农民自觉的角色期待与角色实践，以及后乡建运动时期农民角色转换的空间与实践展开讨论。

（二）术语

乡学村学。乡学村学是梁漱溟山东邹平乡村建设运动中的基本组织。一个村庄为一个村学，在乡一级，一个乡就是一个乡学。借助这个基本组织，乡村建设研究院对全体民众实施教育，唤醒农民自觉，引导他们组织合作社、发展经济、改良陋俗等。

乡农学校。乡农学校是山东邹平乡村建设研究院在乡村中根据各方面条件设立的教育机构，是乡学村学中主要承担教育任务的实体。乡农学校分普通部和高级部两种，也有一些乡村根据自身特点设妇女部、儿童部、自新习艺所等专门分部，形式比较灵活多样。

共学处。共学处是指山东邹平乡村建设运动时期，研究院与邹平县立师范借用陶行知的"小先生制度"，为各村失学儿童设立的组织，利用每日午饭后的时间教失学儿童识字。教师是从乡学和村学里选出的比较优秀的学生来担任，被称为"导友"。凡6岁至14岁失学儿童均可进入共学处学习，互相称为"学友"。

梁邹美棉运销合作社。1932年9月，梁漱溟开展的乡村建设运动倡导农业合作，成立邹平棉业史上颇有影响的"梁邹美棉运销合作社"，引入美国"脱里斯"棉种，提高棉花产量和品质，并实行自产自轧自运，减少了中间商人的盘剥，提高了农民的收入和植棉的积极性。梁邹美棉运销合作社是邹平最大的合作社，也是覆盖面最广、参与人数最多的合作社。美棉运销合作社数由1932年的15社发展到1936年的156社，遍布邹平全县的乡镇。乡村建设运动后期，由于各种原因，加之日本侵华战争的爆发和日商纱厂的压榨，美棉运销合作社遭受挫折，1937年停办。

机织合作社。机织合作社是在梁漱溟乡村建设运动时期从事手工棉纺织的家户组织的合作社。合作社为社员购买改良的织机，研究院提供技术指导，并提供销售渠道，社员根据所织的产品出售的情况获得收入。自1933年至1935年三年间，邹平共成立机织合作社4处，社员105人，有改良织机六十多架。

五　本书的结构安排

本书以20世纪30年代山东邹平乡村建设运动为研究对象，从民俗学的视角切入，阐释乡村建设运动与地方民俗文化之间的关联。本书使用的研究资料包括梁漱溟乡村建设理论著作、山东邹平乡村建设运动的地方文献资料和历史档案以及作者6年来实地调查山东邹平乡村建设运动的第一手资料（2015—2021）。为了更好地阐释邹平民俗文化在不同历史时期和社会运动中的延续性，本书的研究时间段不局限于20世纪30年代的乡村建设运动时期，而是延伸至20世纪50年代农业集体化时期和20世纪80年代改革开放后，并观照21世纪的当代乡村振兴时期。

本书结构分为三部分，包括绪论、正文和附录。正文共四章。

梁漱溟的乡村建设不是以乡村为最终目的，而是以国家建设为目的，因此乡村建设实验区的选址必定具有全国乡土社会的一定代表性。第一章描述山东邹平的地理、社会及民俗文化特征，阐释梁漱溟将乡村建设运动实验区选定邹平的缘由，以及邹平乡土社会的代表性与梁漱溟乡村建设理论之间的关联。

民众教育是山东邹平乡村建设运动中的核心内容，也是梁漱溟改造社会理论的实践之一。第二章阐述乡村建设运动中民众教育的理论与实践，分析民众教育在组织形式、教育内容和教育方式方面与民俗的关系，以及对邹平民间文化的借鉴与吸收。

乡村经济合作是山东邹平乡村建设运动中乡村自治的入口，也是梁漱溟改造社会理论的实践之二。第三章以邹平棉纺织为个案，阐述邹平乡村建设运动中发展乡村经济合作的理论与实践，分析乡村经济合作与邹平传统民间互助民俗之间的关联。此外，进一步结合新中国农业集体化时期和改革开放后的乡村经济合作个案，阐释民间互助民俗在不同时期的生命力。

农民是乡村民俗事象的主体承担者，也是乡村建设的主体承担者。梁漱溟始终强调乡村建设中农民自觉的重要性。第四章阐释梁漱溟乡村建设理论中的农民自觉，分析乡村建设运动中农民群体的社会角色以及主体性的发挥，兼论 20 世纪 50 年代农业集体化时期和改革开放后传统行业农民角色的转换，挖掘其对当今乡村振兴战略中坚持农民主体性的价值与意义。

本书的核心观点是：20 世纪 30 年代的山东邹平乡村建设运动，是一场由知识分子发起的社会改造运动。从民俗学视角分析，梁漱溟将山东邹平作为乡村建设运动的实验区，是基于邹平的地理、社会和民俗特征，表明邹平乡村既有代表中国的普遍性，又有便于实验的特殊性。邹平乡村建设运动的实践通过民众教育、乡村经济合作等方式来启发或推动农民自觉。但是，从民众的视角分析，由于梁漱溟乡村建设理论和邹平乡村建设运动的实践带有一定的局限性，造成了"乡村运动而乡村不动"的两难境地。

第一章

山东邹平地理社会及民俗特点

1930年,在当时山东省政府的支持下,梁漱溟在山东全省境域选择乡村建设的实验区,欲选择能实践自己乡村建设理论的乡村,从而实现社会改造理想。梁漱溟并不是因为"乡土情结"或"家乡情结"而搞乡村建设运动的,而是出于对国家、民族救亡与发展的理想而扎根于乡村建设。"我不是生长乡村,乡村自救之意,在我身上不会亲切,而是对于这个社会的组织构造问题在我心目中以为顶大。所以乡村建设,实非乡村建设,而意在整个中国社会之建设,或可云一种建国运动。"[①] 最终梁漱溟将乡村建设实验区选定邹平,将其作为全国乡村的代表。

本章将重点分析邹平作为代表中国乡土社会的基本特征,从自然环境、乡村社会类型与民俗传承三个方面,阐释邹平的代表性与梁漱溟乡村建设理论之间的契合。

[①] 梁漱溟:《乡村建设理论》,载中国文化书院学术委员会编《梁漱溟全集》第2卷,山东人民出版社1992年版,第161页。

第一节　邹平自然地理特征

梁漱溟之所以最终将全国实验区的地址定在邹平，既有政治上的支持，又有地理资源的天然禀赋。从自然地理方面来说，主要是基于邹平地理位置适中和交通条件便利等因素。即"一、在山东全省为比较适中地点，不偏于一隅；二、交通不为不便，但又非要路行繁"。[①] 本节通过描述邹平的地理位置、交通状况及传统农业状况，反映邹平作为乡土社会的一般性和作为梁漱溟乡村建设实验区的特殊性，以便更好地理解梁漱溟的"乡村"概念及"乡村建设运动"的概念。

一　地理区位与境域面积

邹平，古称"梁邹"。周代为齐国之地，自西汉时设置邹平县，此名一直沿用至今，明清时期均属济南府。据顺治十七年（1660）《邹平县志》记载，"梁邹之名今不存尔，相传以为孙家镇是其遗址。自宋以前所谓邹平者当在今之高苑新城界，而今县境乃唐宋之长山地遗碑可据也"。[②] 20世纪30年代梁漱溟领导的乡村建设运动中成立的棉业合作社就曾取名"梁邹美棉运销合作社"。"梁邹"之名至今在一些史志记载或与邹平传统文化相关的资料或宣传文字中仍可见到。

梁漱溟选择一个县作为乡村建设实验区，目的是"以此

[①] 山东乡村建设研究院编：《山东乡村建设研究院概览》，山东乡村建设研究院出版股1935年版，第2—3页。

[②] 《邹平县志》卷1《疆域》，顺治十七年（1660）刻本，第18页。

为各县乡村建设的示范，以此为本省乡村建设的起点"。① 在选择乡村建设实验区时，梁漱溟考虑到地理位置要居中，不能太偏僻。这一方面能作为山东乃至中国的一般性乡村的代表；另一方面是便于开展工作，即"此实验县区的条件，要以地点比较适中，县份不过大，不甚苦而亦非富庶，不太冲繁而交通又非甚不便者为合适"。②

从地理位置看，邹平县位于山东中北部泰沂山区与鲁北黄泛平原的叠交地带，地理坐标为北纬36°41′至37°08′，东经117°18′至117°57′。③ 邹平东接淄博市，西邻省会济南，距济南67公里，南依胶济铁路，距胶济铁路之周村站35里，北濒黄河，距北京550公里④（见图1-1）。这与梁漱溟乡村建设运动实验区的设定条件基本相符。

自1930年梁漱溟将乡村建设研究院选址定于邹平至今，邹平县的行政区划和境域面积几经变动。今天邹平县的境域面积与梁漱溟乡村建设运动时期的邹平县境域面积有很大差异，需要对此特别说明，才有助于理解梁漱溟所说的"小县易治"。1933年，邹平划为县政建设实验县，改7个区为14个乡。

---

① 梁漱溟：《山东乡村建设研究院设立旨趣及办法概要》，载中国文化书院学术委员会编《梁漱溟全集》第5卷，山东人民出版社2005年版，第237页。
② 梁漱溟：《山东乡村建设研究院设立旨趣及办法概要》，载中国文化书院学术委员会编《梁漱溟全集》第5卷，山东人民出版社2005年版，第237页。
③ 2018年，邹平县撤县设市。但为了行文统一，本书继续沿用邹平县。《山东省人民政府关于撤销邹平县设立邹平市的通知》（鲁政字〔2018〕175号），山东省人民政府网站，网址：http://www.shandong.gov.cn/art/2018/10/16/art_2522_17369.html，下载时间：2019年5月30日。
④ 山东省邹平县地方史志编纂委员会编：《邹平县志》，中华书局1992年版，第1、37页。

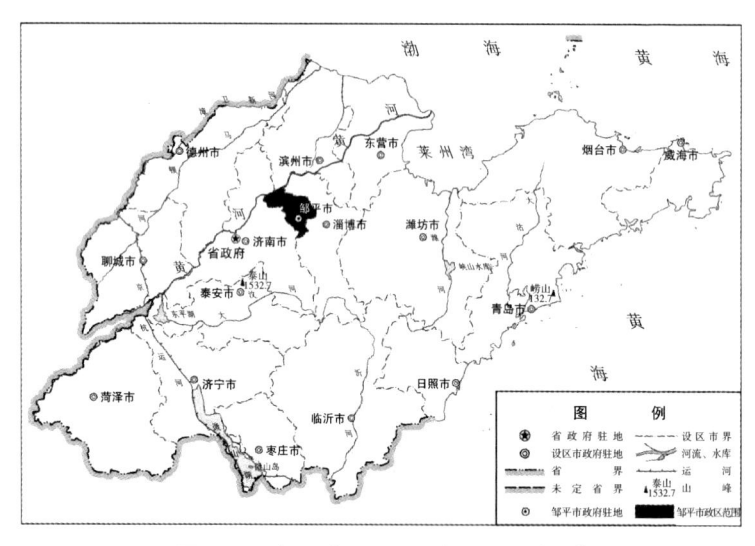

图 1-1　邹平地理位置示意（2020 年）①

除城里四关为首善乡外，其余为数字序列：第一乡韩坊，第二乡青阳，第三乡三官庙，第四乡逯家庄（今新民村），第五乡黄山，第六乡小店，第七乡韩店，第八乡明集，第九乡吴家，第十乡崖镇，第十一乡王伍，第十二乡辉里庄，第十三乡花沟（今归属高青县）。②

1935 年，山东乡村建设研究院开展的户籍调查结果显示，邹平全县县境南北长约 40 公里，东西宽约 21.5 公里，境域面

---

① 底图来源：山东省自然资源厅标准地图服务，http://dnr.shandong.gov.cn/tplj_30790/sdsgtzytbzdtfw/sddt/202011/t20201106_3439893.html，下载时间：2022 年 3 月 22 日，编绘人：吕红峰。特此致谢。

② 山东省邹平县地方史志编纂委员会编：《邹平县志》，中华书局 1992 年版，第 41 页。

积 536.25 平方公里（见图 1-2）。①

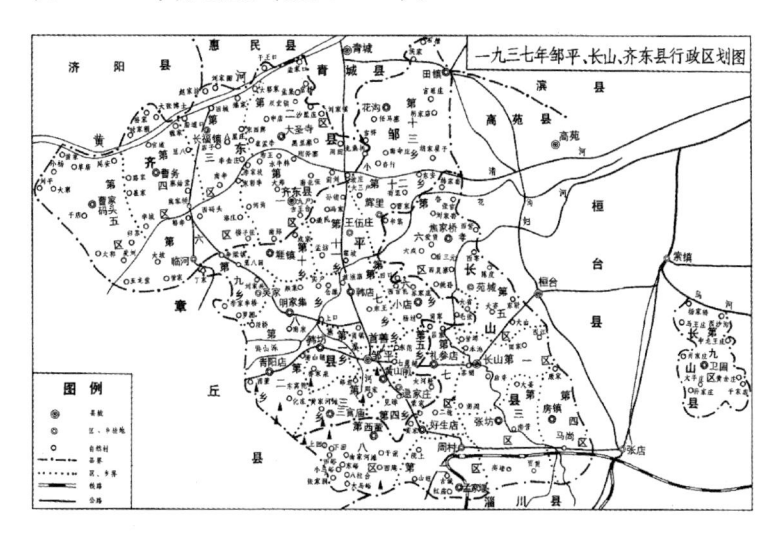

图 1-2 邹平、长山、齐东县行政区划（1937 年）②

新中国成立后，邹平县的行政区划几经调整。1956 年，原邹平县和原长山县合并称为邹平县，1958 年，原齐东县（部分）再继并入邹平县，成为今日之邹平县。③ 据 2020 年统

---

① 吴顾毓：《邹平人口问题之分析》，《乡村建设》1935 年第 5 卷第 6 期；《邹平农村经济概况》，《乡村建设》1936 年第 6 卷第 5 期；张玉山：《山东乡村建设研究院社会调查工作简述》，《乡村建设》1935 年第 5 卷第 4 期。

② 山东省邹平县地方史志编纂委员会编：《邹平县志》，中华书局 1992 年版，第 46 页。

③ 新中国成立初期，邹平县、耀南县（即长山县）、齐东县属渤海行署第三专区，1950 年 4 月，渤海行署及所辖专区撤销，设惠民专员公署，齐东县属惠民专区，邹平县、耀南县划属淄博专区。同时，耀南县复名长山县。1953 年 6 月，邹平、长山二县复划属惠民专区。1956 年 3 月，邹平、长山合并称邹平县，齐东县与高青县并称齐东县，同属惠民专区。1958 年 9 月，惠民专区与淄博（转下页）

44　/　印记与对话

计，邹平现辖5个街道、11个镇和1个国家级经济技术开发区，共有858个行政村，常住人口80.82万人，户籍人口72.67万人，总面积1252平方公里。①（见图1-3）

图1-3　邹平政区（2020年）②

（接上页）市合并，称淄博专区。同年11月，齐东县撤销，并入邹平县，隶属淄博专区。1961年，恢复惠民专区。同年10月，复置高青县，邹平青城、花沟、黑里寨三区划入高青县。邹平县划属惠民专区。至此，邹平县境行政区划基本稳定。山东省邹平县地方史志编纂委员会编：《邹平县志》，中华书局1992年版，第40—43页。

①　邹平市地方史志办公室：《市情概况》，2019年5月13日，邹平市人民政府网站，http：//www.zouping.gov.cn/xqgk/html/？23079.html，2019年5月30日。

②　底图来源：山东省自然资源厅标准地图服务，http：//dnr.shandong.gov.cn/was5/web/search？channelid=295056，2022年3月22日，编绘人：吕红峰。

乡村建设运动时期的邹平县境域面积仅占现在邹平境域面积的42.8%。梁漱溟也曾在对山东乡村建设运动的回忆时谈到邹平的变化，"因为当时的邹平跟今天的邹平不一样。今天邹平比当初我们去的时候大了许多"。[1] 梁漱溟乡村建设运动实验区则主要指原20世纪30年代邹平县所属的乡镇，包括现辖区的黛西街道、黄山街道、高新街道、西董街道、韩店镇、青阳镇、孙镇、明集镇和花沟（现属高青县），不含现辖的好生街道、长山镇、魏桥镇、临池镇、焦桥镇、九户镇、台子镇和码头镇。20世纪80年代邹平向美国学者开放的10个村镇[2]中，属于梁漱溟乡村建设运动时期的有孙镇、孙镇冯家村、邹平镇、邹平镇东关村，其他的6个不属于梁漱溟乡村建设运动时期的村镇，即临池镇柏家村、好生街道东黛代家村、好生街道石河村、魏桥镇小田村、码头镇赵家村和李坡村。

二 交通运输

梁漱溟将乡村建设运动实验区选址邹平的另一个原因是邹平的交通便利，即"交通不为不便，但又非要路行繁"。1985年梁漱溟在回忆当年的乡村建设运动时仍然谈到了这一点。

再一点，我们跟省政府常常要联系，如果离济南太

---

[1] 成学炎：《梁漱溟先生谈山东乡村建设》，载山东省政协文史资料委员会、邹平县政协文史资料委员编《梁漱溟与山东乡村建设》，山东人民出版社1991年版，第81页。

[2] 这10个村镇分别是：柏家村、东黛代家村、石河村、小田村、孙镇、冯家村、赵家村、李坡村、东关村和邹平镇。姚东方：《邹平县冯家村对外开放调查点的设立过程》，载王兆成《乡土中国的变迁：美国学者在山东邹平的社会研究》，山东人民出版社2008年版，第29页。

远，不太方便。邹平刚好靠近胶济铁路线，离周村很近。在交通上处于便与不便之间。太方便靠铁路线，热闹繁杂；太远又不方便。刚好邹平又不太大，离周村又不远，去济南不是太不方便。觉得邹平比较合适，当时就是这么个想法。①

20世纪邹平的交通分为陆路和水路两条系统。陆路系统既有铁路，又有汽车路。铁路方面，1904年建成并投入运营的胶济铁路全程394.6公里，东起青岛，西至济南，经即墨、邹平等16县。胶济铁路很快成为棉纱、棉织品、机器、纸张、火柴、染料等日用品运输的主要通道，距离邹平最近的站是周村站。1925年3月1日，胶济铁路与津浦铁路开办货物联运，周村是其中15个车站之一。

距离邹平县城25里的周村，因其地理位置的特殊性，处于从济南沿鲁中通往胶东半岛的交通要道，早在清光绪三十年（1904）已开辟商埠，在乾隆年间已成为山东中部最繁荣的商业城镇，曾被称为与汉口、佛山、景德镇、朱仙镇可相提并论的码头，因其"不通水路，无巨舰飞帆波浪翻风之概，故别之曰旱码头"②。清代中叶至民国初年，周村曾是山东中部地区土布、生丝、茧绸的集散中心，设有土布业、丝绸业商号数十家，济南府章丘、齐东、邹平、长山等县所产大布、小布等

---

① 成学炎：《梁漱溟先生谈山东乡村建设》，载山东省政协文史资料委员会、邹平县政协文史资料委员会编《梁漱溟与山东乡村建设》，山东人民出版社1991年版，第81页。

② 吴炳乾：《"旱码头"周村的地名来历与兴起》，《中国地名》2010年第9期。

棉织品和鲁中山区泰安、莱芜、莒州、费县所产的生丝汇聚于此。周村有专门的布街，因批发色布而称蓝布市街。2016年笔者在周村，还看到有"瑞祥布行""日本株式会社东棉洋行""东来升绸布庄""庆和永绸布庄""硕翔粗布""大富洋行"等经营过棉纱、人造丝、布匹的商行旧址。

在胶济铁路开通之后和津浦路筑成之前，周村是车船水路交汇的地方，沿着小清河的船只可从邹平直通周村，也可坐车沿胶济路线达到周村，大部分货物是运到周村去周转。1912年津浦路开通之后，周村在山东省的经济地位迅速下降。济南成为全省贯穿南北的重要地段，同时青岛也发展成为全省重要的货物港口。[1]

> 从邹平到了周村之后，就可以充分地利用胶济路西达济南，计程共91.45公里，行车时间两时三十九分。沿铁道东溯可达全省土布业中心的潍县。计程198.20公里，行车三时零三十一分。若再往东就到了全省门户青岛了。从周村到青岛，途程共304.79公里，行车五时四十一分。[2]

从山东乡村建设运动的实践内容来看，靠近周村和胶济铁路，不仅是为了与上级联络方便，更是在经济发展中便于农产

---

[1] 杨庆堃：《邹平市集之研究》，硕士学位论文，燕京大学，1934年，第20—30页；蒋迪先：《山东省棉纺织品产销调查报告》（二），全国经济委员会棉业统制委员会《棉业月刊》1937年第1卷第2期。

[2] 杨庆堃：《邹平市集之研究》，硕士学位论文，燕京大学，1934年，第20页。

品的销售运输。1931年山东乡村建设研究院对邹平的交通运输是这样描述的：

> 邹平位居山东之中，西距济南百七十里，东南距胶济路之周村站三十五里，城北四十里孙家镇经小清河可西达济南，又周青汽车路（周村至青城）道经县城；是以水陆交通，尚称便利（来本院者乘胶济路车到周村换乘人力车或汽车即达）。①

在水路交通方面，虽然邹平境内境外有多条河流经过，但只有孙镇以北附近的小清河可以通船，成为邹平北部重要运输通道，特别是棉花运输。

> 小清河的水源为济南七十二泉所汇，它经章丘、齐东、青城、桓台、高苑、博兴、广饶和本县，直入渤海，长凡五百余里。济南和渤海间的联络多靠这河道。羊角沟的鱼类和济南的工业品都可以从此输入邹平的市集上，邹平的粮食和棉花也可以从此输出。小清河的南北两岸上，每隔四五里就有一个码头，以供船运货物的上落和两岸间的彼此交通……渡船上，人畜和大车、汽车都可以载在上面，运至对岸。渡船约有二十英尺宽，三十英尺长，是用人撑的，汽车可横置其上，人客搭渡，每人付价二铜元……②

---

① 山东乡村建设研究院编：《山东乡村建设研究院概览》，山东乡村建设研究院出版股1935年版，第2页。
② 杨庆堃：《邹平市集之研究》，硕士学位论文，燕京大学，1934年，第26页。

小清河的运输一直持续到20世纪五六十年代,深深地留在了当地民众的记忆里。1925年生的邹平郭庄村村民WZS就曾清晰记得当年小清河通船的场景,但当时主要是货船,没有客船。

> 小清河水不大,两米来深,四米来宽,只能行小帆船。大的船有十来米长,两三米宽,木头做的,有帆,借风力航行。把东来的船是运虾酱的,运粮食的,上济南送。寿光那边有个羊角沟,把那边起船的话,到济南得花两天时间。寿光出虾酱。邹平出小麦。沿海一带货物,从小清河,往济南送。①

对于行人来说,从邹平去往周村、济南、青岛、潍坊也很方便,可以乘坐火车也可以乘坐长途汽车。1933年,杨庆堃调查了邹平的交通状况。周村依然是中转站。

> 邹平县城离胶济路的周村车站只二十五里的大车道或五十里的长途汽车道,人若坐洋车从大车道上走,则约三小时就能到,需费约一元二角(大洋)。若来长途汽车的话,从县城到周村只需一小时即达,车费大洋一元,还可以免费带十八斤半的行李。②

---

① 笔者于2015年8月7日与郭庄村村民WZS的访谈资料。
② 杨庆堃:《邹平市集之研究》,硕士学位论文,燕京大学,1934年,第13页。

此外，邹平境内除了铁路系统外，还有两条长途汽车线路，一条是青潍路（青岛到潍县），但通过邹平境内的仅五里；另一条是周清路，"起点是周村，经过长山县县城，入邹平县县境，经过县城，往北经孙家镇达小清河，全长一百四十里，在本县县境的约六十里……只载客不载运货物"①。这些都是邹平人去往外县市的便利交通方式。

据杨庆堃调查，20世纪30年代，除了外部交通系统外，邹平县境内的县道交通系统共有五条干路，也称"大车道"。

> 其一（以县城作中心）往正北直通孙家镇由小清河码头借着渡过河，继续往北直通田镇，计长七十里；其二西达小店、长山县，长二十五里；其三往东北经明家集入齐东县境，在邹平县境内共长四十五里；其四往东南入长山县境通周村，在邹平县境内有十八里；其五往西经青阳镇入章丘县境，长三十五里……共长一百九十三里。每个村庄都有大车道接连附近的干线。②

当时的大车道都是土路，平均宽度约为6.5英尺，最宽的地方大约8英尺，可以有两辆大车同时通过。可见当时邹平乡民不仅外出方便，而且境内的运输也比较便利。各乡镇、村镇之间也有土路联通，自行车也已比较普遍。

1933年在乡村建设研究院工作的邹平本籍人刘健飞在其

---

① 杨庆堃：《邹平市集之研究》，硕士学位论文，燕京大学，1934年，第24—25页。

② 杨庆堃：《邹平市集之研究》，硕士学位论文，燕京大学，1934年，第23页。

邹平风俗调查中记录了邹平的交通民俗。他发现邹平的交通工具既有自行车这样的现代工具，也有牛车、马车、人力车等传统的交通工具。

> 所修乡镇道，已成者如乡道之邹周道、邹长道、邹齐道、邹章道，镇道之邹辛道、邹小道、接段道、接见道、孙花道、花田道、孙小道；邹齐道之支路，及邹周道之支路……至于四乡之交通，多以牛车、小车、人力车，及驴马等任之。现以自行车价值低落，铺户商店乡村小康家购置骑用者，亦属不少。①

2018年12月，济青高铁邹平站开通运营，全长20.8公里，该线穿越邹平市境内西董、好生、长山三个镇，共占地960亩。济青高铁在西董街道办事处沟西村北设邹平站，距市政府7.5公里，站房建筑面积23700平方米，是济青高铁沿线最大的县级站。② 从邹平去往青岛、济南、北京、上海等地更加便捷。

三 农业种植

20世纪30年代的乡村建设运动是在西方入侵的内忧外患背景下开展的。梁漱溟认为当时中国的建设问题核心应当是乡村建设，因为"中国原来是一个大的农业社会"③，只有乡村

---

① 刘健飞：《邹平县风俗调查纲要（续）》，《乡村建设》1933年第3卷第8期。
② 张峰、李汝社：《济青高铁邹平站基本完工，你看出它像个"平"字吗？》，齐鲁壹点，http：//baijiahao.baidu.com，2018年12月3日。
③ 梁漱溟：《山东乡村建设研究院设立旨趣及办法概要》，载中国文化书院学术委员会编《梁漱溟全集》第5卷，山东人民出版社2005年版，第222页。

建设好了,中国才有希望。

> 今日的问题正为数十年来都在"乡村破坏"一大方向之下;此问题之解决唯有扭转这方向而从事于"乡村建设"——挽回民族生命的危机,要在于此。只有乡村安定,乃可以安辑流亡;只有乡村产业兴起,可以广收过剩的劳力;只有农产增加,可以增进国富;只有乡村自治当真树立,中国政治才算有基础;只有乡村一般的文化能提高,才算中国社会有进步。总之,只有乡村有办法,中国才算有办法,无论在政治上、经济上、教育上都是如此。[①]

梁漱溟在选择乡村建设实验区时,"乡土性"也是考虑的因素,即选择以传统农业为主的县域。邹平的农业特征表现在两个方面,一是土地性质与传统农业种植;二是职业特征。前者与邹平的自然资源相关,后者与邹平的社会人口特征相关。本节主要描述和分析邹平的耕地与农业种植,与"乡土性"相关的职业状况将在本章第二节中讨论。

邹平地势比较复杂,总体特征是北部狭南部广、南高北低、西高东低。邹平全县地形比较多样,既有平原也有山地,既有高地也有洼地。其农业种植种类根据土壤特性也呈现多样化。南部是中度切割的低山丘陵,东南部为山前冲积平原,西南部属于长白山脉,有会仙山、凤凰山、青龙山、黉堂岭、老

[①] 梁漱溟:《山东乡村建设研究院设立旨趣及办法概要》,载中国文化书院学术委员会编《梁漱溟全集》第5卷,山东人民出版社2005年版,第225页。

人峰、印台山、于兹山、万松山等，素有"泰山副岳"之称，为县内林果业、畜牧业和旅游业的重点开发区。北部与西北部是广阔的黄海平原，山前冲斜平原占全县总面积的29.09%，地势平缓，土层深厚，土壤肥沃，多为褐土与潮褐土，是本县粮棉高产区。北部与西北部黄海平原，地域宽广，约占全县总面积的55.25%，北部有小清河等多条河流穿过，但由于黄水冲积，形成了沙、壤、黏多样的土壤类型，多发育为潮褐土，极适宜于栽种棉花，且水利资源特别丰富，是全县以棉花为主的经济作物产区。[1]

乡村建设运动期间，研究院根据土壤的性质发展适宜于邹平各区的农业种植。如在适宜于种植棉业的北部地区，乡村建设研究院划分了北部孙镇一带七个乡作为棉业推广地区，进行大规模种植实验，后于1932年春划定邹平县第六区（孙镇）作为美棉推广试验区，翌年推广到23266亩。此后，邹平县城以北及小清河两岸全部划为棉业改进区，植棉业获得发展。[2] 至1935年，邹平县发展到180000亩，成为省内棉花主要产地。[3]

新中国成立初期，邹平县大抓传统优势，使棉花生产得到了稳定发展。1952年全县种植面积26.6万亩，收购量为56100担，到1958年发展到31.8万亩，收购量也猛增到166000担，

---

[1] 山东省邹平县地方史志编纂委员会编：《邹平县志》，中华书局1992年版，第139页；《邹平县棉花志》编写组编：《邹平县棉花志》，内部发行，1988年，第2页。

[2] 山东省地方史志编撰委员会编：《山东省志·纺织工业志》，山东人民出版社1995年版，第35页。

[3] 山东省邹平县地方史志编纂委员会编：《邹平县志》，中华书局1992年版，第401页。

棉花总收入占农业总收入的28.46%。[1] 党的十一届三中全会之后,国家棉花政策和农村经济体制的改革,调动了农民的积极性,棉花产量大幅提升,1984年全县总产量达70.3万担,占全县农业总收入的36.2%。[2] 1951年全县仅有小型棉花加工厂一处,1956—1958年,长山、齐东县并入邹平后,棉花加工厂增加到4处,后从轧花、剥绒到榨油全部实现了机械化、自动化,纺织车间也相继建立。1986年,邹平县被列为全省"优质棉基地县"和"棉花出口基地县"。21世纪之后,随着产业调整,农村就业多元化,特别是近十年来,农民不再以土地作为家庭的主要收入,同时在粮棉争地矛盾无法缓解的情况下,种棉本身又是比较费时费工的,再加之棉花虫病多,生产投入高,许多人放弃了种棉。2011年邹平县植棉面积明显减少,2013年邹平棉田受灾严重。[3] 在崔家村,由于靠近城区,人均耕地面积少,而且有一半山地,农户在城里或外地做工者多,目前已无植棉户,仅有个别人家为了家用絮棉等,在沟渠或田埂边种植小片或几株。即使在邹平最重要的植棉区——孙镇一带,现在种棉人也少了,农民开始去工厂打工挣钱。[4]

目前,邹平的种植业以粮棉为主,种植的农作物主要有玉米、绿豆、大豆、花生、棉花、葡萄等。统计年鉴显示,2020年按当年价格计算的邹平县农林牧渔业总产值为625873万元,

---

[1] 《邹平县棉花志》编写组编:《邹平县棉花志》,内部发行,1988年,第3页。

[2] 《邹平县棉花志》编写组编:《邹平县棉花志》前言,内部发行,1988年,第4页。

[3] 陈汝涌:《山东滨州市2010年棉花生产情况调查及分析》,《中国棉花》2011年第2期。

[4] 笔者于2015年8月3日与孙镇村民SYY的访谈资料。

其中农业总产值为 310783 万元，粮食作物的总产量达到 713567 吨，棉花作物的总产量为 925 吨。①

在邹平，村里的耕地与其他传统农村一样，是棋盘状的，被分割成一块块，这样看似均衡，每家都有好地和差地，主要是根据土质分的，也有根据远近分的。一个家庭的土地不在一起，会分隔在不同的地盘，但对于多样化种植，比如选择种棉花还是种小麦有便利之处。邹平各村的土地利用率很高，小块种植、多样化种植及套种的现象比较普遍，有利于提高农业生产率和农作物产量。

第二节　邹平乡村社会特征

梁漱溟选择邹平作为实验区，既考虑它的自然地理因素，又考虑其乡村社会的特点。梁漱溟认为中国社会是"伦理本位、职业分立"②的，因此他选择的乡村建设运动实验区也是符合这样特征的。从职业方面是"大体为农业社会，受工商业影响较小；不甚疾苦，亦非甚富庶，颇合于一般性；小县易治"③。这里的"农业社会"主要指邹平民众的职业种类及农业生产民俗；"不甚疾苦，亦非甚富庶"主要指其经济状况；"小县易治"主要指人口与家庭状况。

---

①　《滨州市统计年鉴 2021》，2021 年，第 318—319 页。
②　梁漱溟：《乡村建设理论》，载中国文化书院学术委员会编《梁漱溟全集》第 2 卷，山东人民出版社 1992 年版，第 167 页。
③　山东乡村建设研究院编：《山东乡村建设研究院概览》，山东乡村建设研究院出版股 1935 年版，第 2—3 页。

一　人口结构与婚姻家庭

1935年1月，山东乡村建设研究院在全县开展了邹平实验县户口调查（以下简称"邹平实验县户口调查"）。此次调查由邹平乡村建设研究院训练部学生120余人，连同邹平县立师范学生40余人一道完成，调查对象涉及普通户、厂铺户和寺庙户，调查内容包括人口、年龄、性别、教育、田亩分配、宗教信仰、身体状况等。这次调查也是当时社会科学工作者在全国进行县级人口调查的六县之一[①]，调查的组织者、邹平实验县户籍科主任吴顾毓认为此次调查"其认真程度可说已经至顶"。调查结果汇编成《邹平实验县户口调查报告》于1937年正式出版。

（一）人口与家庭

《邹平实验县户口调查报告》显示，1935年，邹平全县户籍人口中普通户总户数为32407户，总人口为165453人，其中男性为82524人，女性为82929人，性别比为99.5。[②] 2020年第七次全国人口普查数据显示，邹平全县常住人口为774517人，其中男性为392053人，占50.62%；女性为382464人，占49.38%。家庭户为247223户（见表1-1）。

[①] 这六个县分别是：江苏省句容县（1933年2月）、江苏省江宁县（1933年10月）、河北省定县（1934年9月）、山东省邹平县（1935年1月）、福建省长乐县（1935年4月）、浙江省兰溪县（1936年4月）。鹿立：《山东邹平50年人口变迁》，《中国人口科学》1989年第4期。

[②] 《邹平实验县户口调查报告》，中华书局1937年版，第106—117页。为简略起见，本书基本上采用百分比约数，下同。

第一章　山东邹平地理社会及民俗特点

表1-1　　　　1914—2020年邹平县人口统计①

年份	户数（户）	人口（人）	男性（人）	女性（人）	性别比
1914	—	174836	—	—	—
1919	—	142900	74300	68600	108.31
1930	31106	148065	76349	71716	106.46
1933	31012	155768	81366	74402	109.36
1935	32407	165453	82524	82929	99.51
1942	29317	145156	—	—	—
1947	—	174836	—	—	—
1950	—	148539	67558	80981	83.43
1953	36509	155125	72010	83115	86.64
1964	111590	487036	234076	252960	92.53
1982	143257	643663	321447	322216	99.76
1990	—	—	—	—	—
2000	—	686590	—	—	—
2010	—	778777	—	—	101.53
2017	209753	741529	370819	370710	100.03
2020	247223	774517	392053	382464	102.51

梁漱溟的乡村建设是从基层治理做起，涉及乡村社会的方方面面。作为实验县，"小县易治"的特点是必要的。20世纪

---

① 此统计表中的1964年前的邹平县只包括原邹平县，不包括长山和齐东部分人口数。除1935年的数据来源于乡村建设研究院调查之外，1982年及以前的数据均来自山东省邹平县地方史志编纂委员会编《邹平县志》，中华书局1992年版，第186—187页。1990年、2000年、2010年数据分别来源于全国第四次、第五次、第六次人口普查数据。2017年数据来源于《滨州统计年鉴2018》，滨州市统计局2018年版，第54页。2020年数据来源于全国第七次人口普查数据，《滨州统计年鉴2021》，滨州市统计局2021年版，第317页。

80年代梁漱溟回忆邹平乡村建设运动时谈到，当初邹平比较容易治理，主要是因为人口少，适合作乡村建设实验点。

> 我们搞乡村建设要在基层入手，如果这个县很大，我们的人力不够，照管不了。邹平当时人口不过18万，我们所以选择邹平这是一个原因。①

20世纪30年代，邹平有不少从外地流入的人口，以打工、逃荒和乞讨者为主。"1920年代后期，土匪刘黑七部祸鲁，鲁南一带惨遭兵祸，又加连年灾荒，新泰、莱芜、费县一带不少逃荒逃难农民流入县内安家落户。"②《邹平实验县户口调查报告》数据显示，1935年邹平县寄籍户共有253户，寄籍人口共有890人，其中男性475人，女性415人。③

从人口流出看，邹平去外地打工者也有不少。《邹平实验县户口调查报告》数据显示，1935年邹平本籍人中他住者共有5955人，其中男性5626人，女性329人。④ 这些他住者中，有不少是到外地谋生者。⑤ 另据路遇提供的民国时期山东移民东北的流动人口数据来看，"1912—1949年间，邹平县全县1944

---

① 成学炎：《梁漱溟先生谈山东乡村建设》，载山东省政协文史资料委员会、邹平县政协文史资料委员会编《梁漱溟与山东乡村建设》，山东人民出版社1991年版，第81页。

② 邹平地方史志编纂委员会编：《邹平县志》，中华书局1992年版，第192页。

③ 《邹平实验县户口调查报告》，中华书局1937年版，第117页。

④ 《邹平实验县户口调查报告》，中华书局1937年版，第117页。

⑤ 邹平地方史志编纂委员会编：《邹平县志》，中华书局1992年版，第192页。

人外出。孙镇全镇前往东北的有142户，144人，年龄最小者12岁，最长者38岁，其中1912—1933年迁出46人，占31.9%，1934—1949年迁出98人，占68.1%"[1]。

新中国成立后，邹平人口数量猛增，迁出者数量减少。到90年代以后，特别是进入21世纪以来，随着邹平经济的发展，邹平已成为吸纳省内外乃至国内外人才的地方。邹平政府相关部门出台了一系列加强流动人口管理与服务的政策与措施。[2] 2017年统计显示，邹平本年内迁入人口1135人。[3]

从家庭规模来看，20世纪30年代的邹平家庭户以中小家庭为主，大家庭和特大家庭较少。1935年实验县户口调查显示，邹平共有32154本籍户，平均每户5.12人，其中每家之人口数以四口为最多，共有5391户，占16.79%；其次是三口之家，占14.94%；五口之家占14.61%；七口及以上的家庭共占7.65%。[4] 2015—2018年的调查发现，邹平以核心家庭为主，复合家庭非常少，调查中偶遇的一家五世同堂家庭，门上挂匾"五世同堂"，但在实际生活照料中仅有一个儿媳照料。老人独居的现象也有存在。崔家村的崔允青则是在村中独居，由几个女儿轮流照料。

---

[1] 路遇：《清代和民国山东移民东北史略》，上海社会科学院出版社1987年版，第86页，转引自鹿立《山东邹平50年人口变迁》，《中国人口科学》1989年第4期。
[2] 《邹平推出流动人口居住登记"码上居住"便民举措》，齐鲁网，2019年3月4日，http://binzhou.iqilu.com/bzminsheng/2019/0304/4207559.shtml，2020年8月10日。
[3] 《滨州统计年鉴2018》，滨州市统计局2018年版，第56页。
[4] 吴顾毓：《邹平人口问题之分析》，《乡村建设》1935年第5卷第6期。

(二) 婚姻模式

邹平历史上存在过早婚习俗。《邹平县志》（八卷，清康熙三十四年刻本）记载，"女子十四岁以上即嫁，纳采、纳币、亲迎等礼视家丰啬为度"。①

20世纪30年代的邹平，传统上的早婚、女大男小的风俗依然存在。"男子到七、八岁，女子到十二、三岁时，就请媒宾介绍婚姻。"②"普通人家及一般的丰富人家，若其子弟在十一、二岁至十五、六岁的时候，不要娶媳妇，或未订婚，就是很耻辱的一件事，外人也都讥笑他。"③ 当时有句歌谣："十一十二该娶妻，十六无儿便绝户"④，这是对典型的早婚心理的写照。

1935年邹平实验县户口调查显示，在1266对夫妻中，平均结婚年龄为男性15岁，女性17岁，普遍存在女大男小的现象，有个别存在男性不到10岁的已婚者。

> 平均之结婚年龄为男早于女。男子以十五岁为最普遍，占12.4%，如把二十岁以前的结婚男子的百分数相加，总数占53.86%。女子方面，以十七岁为最多，占35.86%，如把二十岁以前的结婚女子的百分数相加，总数为72.2%……调查中有一对夫妻，男的六岁，女的十九岁，听说迎娶

---

① 康熙《邹平县志》卷五《风俗》，载丁世良、赵放主编《中国地方志民俗资料汇编·华东卷（上）》，书目文献出版社1992年版，第171页。
② 山东乡村建设研究院编：《乡村建设》1935年第4卷第16—17期合刊。
③ 山东乡村建设研究院编：《乡村建设》1934年第3卷第7期。
④ 成学炎：《三十年代梁漱溟对邹平风俗的改善》，《民俗研究》1986年第2期。

时，小孩子的父亲，买了一只糖瓜才骗上未上学校的儿子上轿。①

崔家村男性中结婚年龄最小的为 12 岁，有 3 人，年龄最大的在 30 岁以上，有 7 人，15—18 岁结婚者居多。② 女性中结婚年龄最小的是 15 岁，有 1 人，年龄最大的 31 岁，有 2 人，主要集中在 17—21 岁。③

这种女大男小的婚配模式，在邹平当地的民间歌谣中多有传唱。乡村建设研究院的期刊《乡村建设》中也曾搜集刊发过民歌《苦菜花》，表达了女性嫁给小丈夫的尴尬与不甘。兹摘录如下。

苦菜花，朵朵黄，十八的大姐九岁郎，说是郎来郎又小，说是儿来不叫娘，头一宿尿了花被褥，第二宿尿到绣鞋上，狠狠心，两巴掌，又叫姐姐又叫娘。④

薛建吾搜集整理的《邹平民间文艺集》中，收录了关于早婚和女大男小婚姻模式的歌谣共有 3 首。

第一首是民歌《做媳妇》，表达 15 岁结婚做媳妇的艰难。

青青荣，紫菰朵，打十五，做媳妇。公也骂，婆也

---

① 吴顾毓：《邹平第一年生命统计之分析》，《乡村建设》1936 年第 6 卷第 1 期。
② 《邹平实验县户口调查报告》，中华书局 1935 年版，第 304 页。
③ 《邹平实验县户口调查报告》，中华书局 1935 年版，第 321 页。
④ 山东乡村建设研究院编：《乡村建设》，1935 年第 4 卷第 30 期。

骂,小姑子过来揪头发,跳到黄河死了吧!

  辑注:此歌描写作媳之苦,既遭公婆凌虐,复受小姑侮,告诉无门,直欲一死了之。固见旧家庭之罪恶,尤见早婚之害。所谓打十五者,即从十五起也。①

第二首是儿歌《井里去》,将早婚之苦闷与恨忿集于小丈夫身上。

  一个大姐整十七,嫁个女婿才十一。二人井上去抬水,一头高来一头低。不看爹娘待俺好,一下推你到井里去。

  辑注:北方尚早婚,邹平尤甚,女大男小,生理发育不同,伉俪之情难见,其祸深矣!②

第三首是儿歌《泪汪汪》,表达女大男小的婚姻模式中女性的悲苦与尴尬。

  太阳出来照西墙,照得二姐泪汪汪。我说二姐哭什么?十八的大姐九岁的郎,待说郎来郎又小,待说是儿不叫娘,一更里尿了红绫被,二更里尿了象牙床。

  辑注:此亦描为早婚之害,女长男幼,且男子又有遗尿病,其伉俪之情如何?益可想见矣!③

---

① 薛建吾:《邹平民间文艺集》,台北茂育出版社1948年版,第4页。
② 薛建吾:《邹平民间文艺集》,台北茂育出版社1948年版,第10页。
③ 薛建吾:《邹平民间文艺集》,台北茂育出版社1948年版,第23页。

邹平民间也存在童养媳现象。据1992年《邹平县志》记载,"1897年(光绪二十三年),县内大旱,颗粒不收,贫苦农民抚养不起子女,多把女孩卖给人家当'童养媳'。民国期间,因躲匪患水灾而迁于邹平的逃难灾民亦多卖子卖女,加剧了这种'童养媳'的沿袭"。① 田野调查中的访谈个案蔡桂花就曾是童养媳。

新中国成立后,新婚姻法实施,明确规定婚姻自由和结婚年龄,男性为20岁,女性为18岁。1980年婚姻法修订,结婚年龄修改为男性22岁,女性20岁,提倡晚婚晚育。但是,在部分经济条件较好的家庭中,抱着"儿孙满堂""早生孩子早享福"的家庭观念,仍有早婚现象,十七八岁左右订婚,20岁结婚。21世纪以后,农村的恋爱观念和婚姻观念逐渐开放和理性,年轻人在恋爱婚姻方面更加自主,初婚登记平均年龄呈现上升趋势。

二 自然经济组织

20世纪30年代,邹平乡村社会以自给自足的农业经济组织为主,自耕农占全县人口的80%以上,其自然经济组织是在农业生产基础上发展起来的。

(一)传统农耕

梁漱溟在乡村建设实验区选址时,注重实验区的农业型特征,即"大体为农业社会,受工商业影响较小"。而20世纪30年代的邹平正属于以传统农耕为主的农业社会类型。

---

① 山东省邹平县地方史志编纂委员会编:《邹平县志》,中华书局1992年版,第201页。

> 邹平全县，以自耕农居多数，既乏大地主经营，而工商业贸易亦不发达。故一般人民生活之立场，多以生产自给为主。倘遇年景丰收，尚可足食足衣，年景歉收，则饥馑之象立现。中国农民每户耕地二十一亩，每人平均私募之水平线下，全县耕作农夫占全人口数百分之二五，约计为四二五七一人，其余老幼妇女，亦非为纯消费者，大半妇女在家缝衣做饭，看护小孩，帮助农夫主持内事。老年幼童则作用力较轻之工作；如看牲畜、摘棉花等皆属重要之事。①

1935年邹平实验县户口调查结果显示，在全县的32407户中，农户共有32154户，占99.2%；全县共有耕地面积为499037亩，平均每户15亩，每人3亩（官亩）②。其中，自耕农占86.36%，有50%以上的家庭户拥有耕田不到10亩，无田户占7.89%，无田者多为一、二口之家。③可见，邹平是一个以自耕农为主的农业社会，带有普通乡村社会的一般性特征。

---

① 山东乡村建设研究院：《邹平农村经济概况——邹平农村金融流通处二十四年度工作实验报告之第二、三章》，《乡村建设》1935年第6卷第5期。
② 民国时期沿用清代的土地面积计量单位。民间通行的耕地面积以"亩""分""厘"计算。在山东，亩俗称"大亩""旧亩""官亩"或"老亩"，相当于市亩（称为"小亩"或"新亩"）的3倍。1949年以后，逐渐统一称为市亩。民国人口及土地统计资料原文记载中所用均为"大亩""官亩"，本文除特殊情况外不再加注。吴顾毓：《邹平人口问题之分析》，《乡村建设》1935年第5卷第6期；山东省地方史志编纂委员会编：《山东省志·民俗志》，山东人民出版社1996年版，第16页。
③ 吴顾毓：《邹平人口问题之分析》，《乡村建设》1935年第5卷第6期；也见《邹平实验县户口调查报告》，中华书局1937年版，第139页。

而且，从占有的耕地面积来看，邹平没有大地主，这一点也符合梁漱溟的"易治"理想。

> 它没有大地主。各省不相同，不但山东同旁的省份不同，山东东边和西边也不同，鲁南鲁北也不大同。鲁东有个诸城县，诸城县的事不好办。诸城有大地主、大官僚，阶级悬殊大，有世世代代做大官的，事情不好办。邹平这个地方没有大地主，当然有谁家地多一些，谁家地少一些的情况，我们工作比较好做。①

从耕地面积来看，越靠近城区的农户家中人均土地面积越小。崔家村位于城区附近，耕地面积较少。从拥有田产的户数来看，崔家村有5户无田户，有20户拥有4亩以下，有33户拥有5—9亩，有4户拥有10—14亩，有8户拥有15—19亩，有1户拥有20—24亩。属于大户人家的只有1户，拥有80—99亩田产。②

> 百亩（二百四十步）以上之地主极少；唯城北较远之乡，地势洼下，土质沙碱，人口略稀，间有数百亩之农家。其距城较近，及西南山麓之村，每户平均不过三十亩，家有二三十亩地，即称小康。此间大家族，或数世同居者极少；父子分家，乃平常事。故每家人丁，六七口者

---

① 成学炎：《梁漱溟先生谈山东乡村建设》，载山东省政协文史资料委员会、邹平县政协文史资料委员会编《梁漱溟与山东乡村建设》，山东人民出版社1991年版，第81页。
② 《邹平实验县户口调查报告》，中华书局1935年版，第143页。

居多；以是每人分配，平均说不过二、三亩。其在城南一带之地与周村距离较近，则人烟更密，平均每家不过十亩，每人不过一、二亩。①

耕地面积的增减与战争、人口、自然灾害等密切相连。据1992年县志记载，1949年，全县耕地面积为142万亩，人均耕地3.45亩；1959年全县耕地面积为135.75万亩，人均耕地3.1亩。由于60年代的自然灾害及人为因素，1970年，全县耕地面积减少为124.7万亩，人均耕地2.21亩。1985年底，全县总耕地面积为118.71万亩，人均耕地仅1.84亩，靠近城区的邹平镇人均占有耕地仅有1.03亩。②

（二）副业状况

邹平民众除了传统农耕之外，还有兼业或副业的情况。1933年，前文提及的刘健飞对邹平的民风民俗做了调查，其中涉及民众的副业情况。调研结果显示，邹平农民根据各区的地势地形及生态环境等自然特点，以及交通条件等，依据"靠山吃山靠水吃水"的原则选择副业的种类，七个区形成七种不同的职业特点。

> 本县共分七个自治区域。七个自治区，形势不同，故农家副业，因之而异，县城和四关（东关、西关、南关、北关）是属第一区，居民除务农外，仅有少数的木瓦匠，

---

① 梁漱溟、王柄程、徐树人：《调查邹平土地状况》，《乡村建设》1934年第3卷第18—19期。

② 山东省邹平县地方史志编纂委员会编：《邹平县志》，中华书局1992年版，第169页。

没有什么别的副业可言。惟无产游民很多，所以在县政府和各科当差的，应役的，尽是第一区城关的人。县治西南，是属第二区。该区境内多山，故耕田无大片者，居民虽然务农，纯恃五谷之收入不抵消费，故各家多在山上栽种果树，如桃、梨、杏、山楂、柿子、软枣、酸果之类，每年输出他方，获利非浅。县治东南极正东属第三区，地系平原，居民务农，因靠近商业区域的周村，所以出外敬上和在周村机织工厂，需要蚕丝充作原料，又加胶济铁路筑成，交通便利，更利蚕丝销售，故第三区农家多以蚕桑为副业。县治东北及正北属第四区，地虽洼下，亦系平原，有机织带子，洋布之家庭工业。县治之西北属第五区，因邻章丘很多学习铁工手艺者，又分为大炉和小炉两种，近年来，小炉匠除在本地工作外，又有赴日本作工者。六七两区，居民均务农业，独第七区西北方面，毗连青城县境，出产桑条，该区北边居民，多于冬季在地窖内，以桑条编制筐类，亦为居民的一种副业。①

由这段描述可以看出，邹平的七个区中，不同区的农民从事不同的副业生产，也传承着不同的生产民俗。

第一区属于城区或靠近城区，耕地少，农民以做生意或在县政机关做事的为多。田野调查中的东关村至今仍然沿袭这样的商业民俗传统。20世纪30年代，东关村为山东邹平乡村建设实验县的首善乡，也是乡建研究院的办公地所在。当时乡建

---

① 刘健飞：《邹平县风俗调查纲要》，《乡村建设》1933年第3卷第7期。

研究院举办的农品展览会就在东关村门外的大礼堂。① 在交通方面,东关村是邹平县城通往商业埠口周村的必经要道。1935年邹平实验县户口调查报告显示,东关村共有 212 户,厂铺户 3 户。东关村所在的首善乡共有 1474 户,厂铺户 22 户。从户口的情况来看,东关村共有本地户口者 202 户,946 人,其中男性 451 人,女性 495 人;移民来的外地户口者 10 户,34 人,其中男性 17 人,女性 17 人。② 可见,东关村是一个有经商等外地户口者的村落,这些都为其后来的工业化发展奠定了基础。20 世纪 80 年代末美国学者赴邹平调研,东关村是重点调研的村落之一。美国学者们将东关村作为离县城最近的村落,与离县城较远的孙镇冯家村进行对比研究。艾恺就曾在东关村做过深入调研。他从历史学的视角重点关注东关村的社会历史变迁,认为"东关经济成功的第一个也是最明显的因素是它属于县城的郊区村庄"③。而且,东关村由于土地资源有限,因此更倾向于发展商业。④ 1986 年他初次到达邹平的时候,"从南面的黄山山顶可以看到邹平县城的全貌。1986 年山上没有植被也没有雾霾,建筑物出现在东边,就是东关"⑤。可见

---

① 笔者于 2015 年 8 月 4 日与郎君村村民 WWC 的访谈资料。
② 吴顾毓:《邹平实验县户口调查报告》,中华书局 1937 年版,第 118 页。
③ Guy Alitto, "Zouping in Historical Perspective", in Jean C. Oi & Steven M. Goldstein (eds.), *Zouping Revisited: Adaptive Governance in a Chinese County*, Stanford, California: Stanford University Press, 2018, p. 30.
④ Guy Alitto, "Zouping in Historical Perspective", in Jean C. Oi & Steven M. Goldstein (eds.), *Zouping Revisited: Adaptive Governance in a Chinese County*, Stanford, California: Stanford University Press, 2018, p. 53.
⑤ Guy Alitto, "Zouping in Historical Perspective", in Jean C. Oi & Steven M. Goldstein (eds.), *Zouping Revisited: Adaptive Governance in a Chinese County*, Stanford, California: Stanford University Press, 2018, p. 66.

当时东关村在整个邹平的发展是凸显的。

第二区是以农业和林业为主。崔家村隶属乡村建设运动实验县第二区，是典型的农业型社会，全村没有厂铺和寺庙户[1]，民众则多以农业生产和林业为主，建立过林业公会。"民国二十年冬，经本院竭力提倡，附近居民，组织林业公会，以资造林，十年大计，庶有企望。该区因系山地，居民多于春冬农暇，自由组合，赴山开凿石块，充作建筑材料，出售得价，以裕生计。"[2] 乡建时期，崔家村曾经成立过机织合作社、林业公会和蚕业合作社。当时在崔家村，加入林业公会的会员有41人，每家一人，实际代表41户，占整个崔家村的55%。崔家村林业公会的林场面积330亩，种植柏树200株，黑楸50株。[3] 崔家村的男性村民也常到附近山上去种树或推石。崔家村是梁漱溟乡建研究院选定的印台特区五村之一。这五村中郎君、抱印和崔家属于第二区，李家和景家属于第三区。该五村距研究院较近，研究院将其选为实验特区，试办乡农学校，推行乡村改革。[4]

---

[1] 《邹平实验县户口调查报告》，中华书局1935年版，第108页。
[2] 刘健飞：《邹平县风俗调查纲要》，《乡村建设》1933年第3卷第7期。
[3] 马资固、漆方如、孟晓阳、徐兴五、薛鸿涛：《特别区印台乡农学校工作报告》，《乡村建设》乡农学校专号，1932年第1卷第21—30期。
[4] 乡农学校校区选定之标准：A. 全区纵横须不过十里；B. 庄村在三个以上六个以下；C. 庄民人在三百户以上六百户以下；D. 环境复杂，能为各种试验（如附近有山可以造林）；E. 职业大致相同；F. 各庄间交通方便；G. 出产大致相同；H. 自然环境（如地势、土壤、旱涝等）大致相同；I. 社会、政治、经济，各方面之习惯大致相同；J. 各种领袖及居民间无仇隙。参见马资固、漆方如、孟晓阳《特别区印台乡农学校工作报告》，《乡村建设》1932年第1卷第21—30期。

特区者，乃郎君庄、抱印庄、崔家庄、李家庄、景家庄五庄是也，该五庄在邹平县城南，其在行政区上，属第三区者二，属第二区者三，我们以其据本院较近（六七里），而该五村相离亦不甚远（各村据中心庄至多不过二三里），以及其他种种便利，故得选为试验特区……抱印庄位居正中，郎君居其北，崔家居其南，李景二庄则住在东南。①

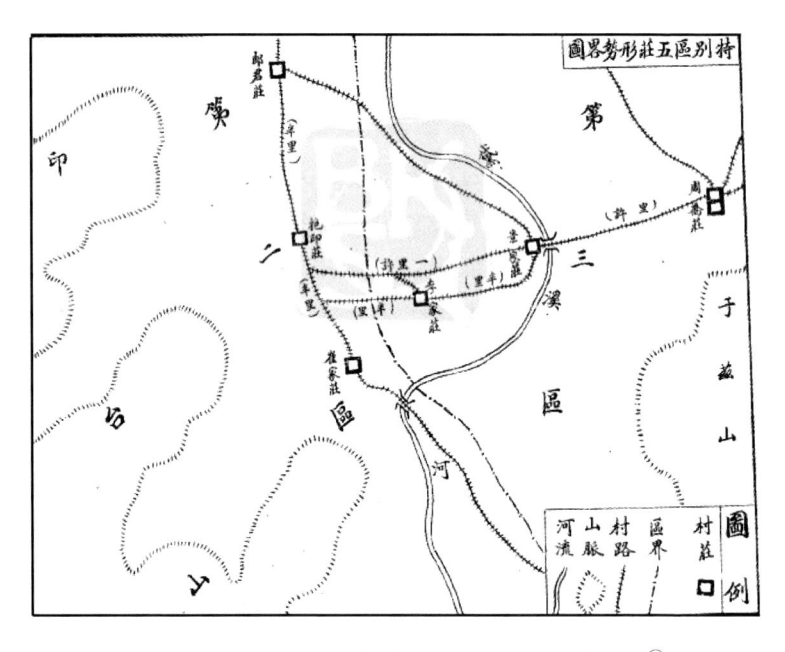

图1-4 1932年山东邹平特区印台乡五村地理形势①

---

① 马资固：《特区农民生活问题与我们的设计》，《乡村建设》乡农学校专号，1932年第1卷第21—30期。

② 马资固、漆方如、孟晓阳：《特别区印台乡农学校工作报告》，《乡村建设》1932年第1卷第21—30期。

印台特区成立了蚕业合作指导部，蚕师1人，指导员1人，各村下设伺育表证室、合作催青表证室。崔家村有大蚕饲育表证室和稚育合作表证室，指导员1人，干事2人。① 参加蚕业合作社的蚕户有28户，占所有农户的37%。② 各庄蚕户按居处接近者分为一段，数目不必一定。崔家村共有三段。③ 由于印台特区距离乡建研究院院址不远，研究院的养蚕实习常常安排到印台特区的几个村。距离崔家村不远的抱印村就曾接待过实习人员。

除了农业、蚕业和林业，第二区的村落也有农户从事其他手工艺的兼业，如木匠、铁匠、小炉匠等，但这些手艺人都是走街串巷或到外省（主要是东北）或到外国（主要是朝鲜、日本）打工。2015年我们在调查中有老人曾清晰讲述过当地手艺人的情况。

> 咱们这里有木匠、瓦匠、小炉匠，就这样的手艺。小炉匠就是"小箍炉子"（轱辘子）④，下乡给人锔盆子，锔碗。咱这庄里还不少。盆子、碗裂了缝，他给你锔锔。早年窑货⑤贵啊！就咱淄博出产窑货。别处没有。盆子、碗

---

① 马资固、漆方如、孟晓阳、徐兴五、薛鸿涛：《特别区印台乡农学校工作报告》，《乡村建设》乡农学校专号，1932年第1卷第21—30期。
② 马资固、漆方如、孟晓阳、徐兴五、薛鸿涛：《特别区印台乡农学校工作报告》，《乡村建设》乡农学校专号，1932年第1卷第21—30期。
③ 马资固、漆方如、孟晓阳、徐兴五、薛鸿涛：《特别区印台乡农学校工作报告》，《乡村建设》乡农学校专号，1932年第1卷第21—30期。
④ 在邹平方言中，"箍炉子"也被叫成"轱辘子"，可能是因为小炉匠大都推着一个小轱辘车作业而得名。
⑤ 窑货，邹平方言，对盆子、碗一类瓷器的统称。

打了，买新的买不起，就得锔。锔了给多少钱。学当小炉匠得请师傅，跟着师傅学。小炉匠都上东北去干活。东北买窑货远。①

据刘健飞调查，20世纪30年代邹平的小炉匠去日本工作的比较多，经济收益高。一般都是成年男性单独去打工，成年女性在家务农照顾家人。

一百户人家之庄村，即有在日本作工者百人，如惠家、新庄、东西二左家庄、段家桥等，为数最多。据他们赴日之炉匠说，"每人每年，大概所获工资，以中国银币计算，有五百元至一二千元不等之数"。②

第三区靠近周村，以发展桑蚕业和棉纺业为主，也有不少在周村机织工厂从事纺纱织布的农民。东范村隶属山东邹平乡村建设实验县第三区，曾建立过棉麦育种场和稚蚕饲育合作社。③东范村王英贤就曾在20世纪30年代邹平乡村建设运动期间发明手摇纺穗机而获得研究院的第一届农业展览会特等奖。

第四区和第五区都是以手工艺为主。明集镇隶属山东邹平乡村建设实验县第五区，曾设立过梁邹美棉运销合作社分社，有轧花厂。明集的传统市集一直是邹平重要的市集之一。20

---

① 笔者于2015年8月4日与郎君村村民WWC的访谈资料。
② 刘健飞：《邹平县风俗调查纲要》，《乡村建设》1933年第3卷第7期。
③ 于鲁溪：《山东乡村建设研究院农场四年来工作之回顾》，《乡村建设》1935年第5卷第4期。

世纪 50 年代，明集建立油棉厂，1964 年更名为明集油棉厂，1985 年改称为县第六油棉厂。田野调查中注意到明集有多家纺纱厂和织布厂，老高家和苗家就是两个传统棉纺织的工作坊。

第六区和第七区是植棉区，其副业也是以手工棉纺织为主。孙镇隶属山东邹平乡村建设研究实验县第六区，是邹平重要的植棉区域。此后，邹平县城以北及小清河两岸全部划为棉业改进区，植棉业获得发展。① 第六区也是梁邹美棉运销合作社总社所在地。田野调查中的孙镇冯家村、辉里村等就曾以棉纺织业为主。第七区曾于 1931 年成立过信义机织合作社。

改革开放以后，邹平利用自然资源优势和技术革新，在农业和工业方面突飞猛进，特别是在制造业方面。2017 年统计显示，邹平县共有从业人员 148392 人，其中从事制造业的从业人员有 110257 人，占所有从业人员的 74.3%，其人均年报酬为 57796 元②，在滨州市的所有县区中名列前茅。

三 传统社会组织

家族、集市和庙会是邹平乡村传统社会组织的主要形式，在民众日常生活中发挥着教育、社交、经济贸易等社会功能。

（一）家族

1933 年山东邹平乡村建设研究院对邹平 227 村的家族进行了调查统计，反映了邹平家族的基本状况。调查数据显示，邹平"各村在十户以上的家族共 909 族，计 20409 户、121

---

① 山东省地方史志编撰委员会编：《山东省志·纺织工业志》，山东人民出版社 1995 年版，第 35 页。
② 《滨州统计年鉴 2018》，滨州市统计局 2018 年版，第 60 页。

姓。其居住本庄代数（俗以三十年为一代）最久者为孔姓，计已 78 代，现住于第十乡之孔家庄。其次为 68 代，系伏姓及李姓，一住于第六乡之伏生祠，一住于第七乡之耿家庄。其余代数最多者为 20 代，计有 66 族，占所有族数的 7.26%"。①

邹平的家族有以下几大特点。

一是以中国大姓为主。邹平作为中国儒家文化特征明显的地区，其姓氏也与全国的总体姓氏占比基本一致。排在前五名的姓氏分别是：张姓（占全县大姓户的 16.71%）、王姓（占全县大姓户的 14.34%）、李姓、刘姓和孙姓。

二是家族组织结构中遵循"德者居位，能者在职"的模式。邹平各家族有族长，家族中德高望重的人为族长，族长以下有支派长，掌管各支派事务。族大者除族长外，还有族正。

> 族长之产生以尊辈之原因，盖以家族组织，当然是看中血统关系，而有尊卑长幼之自然顺序也。唯族正的产生，纯由实际上的需要而发生的；据闻家族最大、人口既多、年高有德的族长，不能胜任繁钜，遂以年富力强有才干者为族正。盖以不侵犯族长之尊严为原则，同时事实上能管理族中一切事务。于是就产生这种德。②

族正由各支派推选，主持全族一切公共事务，如族产的管理、祖坟的修葺，以及春秋祭祖时祭品的准备等。族长和族正

---

① 山东乡村建设研究院：《邹平之家族制度》，《乡村建设》1935 年第 5 卷第 1 期。

② 山东乡村建设研究院：《邹平之家族制度》，《乡村建设》1935 年第 5 卷第 1 期。

任职年限均无限制，且都为义务职。族正是族中事务的实际管理者，一般都是由年富力强、有才干者居之。

三是邹平家族组织活动主要是家族祭祀和婚丧嫁娶等人生仪礼。邹平家族的正式活动虽然只有一年两次的上坟祭祖，第一次是在清明节，第二次是在农历十月初一的寒衣节。但在日常生活中，家族内部的互助还是比较频繁的。如婚丧嫁娶的仪式活动中，家族内部人员之间的合作比较常见。从冯家村 FF 儿子的结婚礼单能看出，随礼的人中，以家族和姻亲关系为主。家族长辈随礼的额度明显高于其他人。

黄树民与美国学者斯图尔特·奥登豪（Stewart Odend'hal）曾讨论过邹平冯家村的家族与村落发展的关系。据冯家村村志记载，1985 年冯家村全村共有 273 户，1116 人，其中冯氏家族共有 181 户，717 人，占全村人口的 64%。[1] 黄树民认为，冯家村作为一个比较单纯的单一姓氏的村落，其单纯的血缘关系及冯氏家族的政治力量和文化力量是冯家村成功的最主要原因，也是冯家村文化的延续所在。

在冯家村未能全面实施改革的另一原因在于其独有的特征。作为一个依靠血缘关系与个人领导力相结合而主导的村庄，冯家村在与外部权力机关的合作中是成功的。在核心团队的支持下，村支书冯永喜成功地与各级政府官员建立了良好关系。冯家村想扮演"模范村"的意愿获得了政府的信任。于是，外部权力机构给予该村以丰厚的利

---

[1] 张林：《冯家村村志》（手抄本），1987 年 5 月，搜集人：李亚妮；搜集时间：2021 年 7 月 18 日；搜集地点：邹平孙镇冯家村村委办公室。

益回报。冯永喜的角色并非依靠强制力强迫村民服人的专权者角色，而是一个通过给予实际利益而让一些村民听从指挥的权威领导人形象。①

梁漱溟的乡建运动很注重团体组织，但并没有提及发挥宗族的内聚力。而且，研究院的调查认为，邹平的家族组织松懈，功能也仅限于一年两次的春秋祭祀，并未在经济生产活动或争取政治资源方面发挥作用。

（二）集市

集市是民众进行商贸交易活动的集中地，也是社交观光休闲娱乐的场所。市集有大有小，有专门集，也有混合集。邹平因位于胶济铁路沿线和小清河流域，属于商业比较发达的县城。邹平的市镇密度在全省内都属于高密度县城，密度达到每千平方公里15镇以上。20世纪二三十年代邹平重镇数分别是：20年代4个，30年代15个；商店数是20年代133个，30年代337个。②

1933年，杨庆堃对邹平市集做了规范细致的调查。他将市集的定量分析作为"中国农村经济与世界经济关系的一把标尺"③。杨庆堃认为，由于胶济铁路的开通，邹平已受到近

---

① Huang Shuming & Stewart Odend'hal, Feingjia: A Village in Transition, in Andrew Walder (eds.), *Zouping in Transition: The Process of Reform in Rural North China*, Cambridge Mass: Harvard University Press, 1998, p. 89.
② 从翰香主编：《近代冀鲁豫乡村》，中国社会科学出版社1995年版，第129页。
③ 杨庆堃对市集的概念界定是："所谓市集，就是在一定的地点上，每一定时间距离所举行的临时经济交换组织。"杨庆堃：《邹平市集之研究》，硕士学位论文，燕京大学，1934年，第4—5页。

代工业化的一些影响，但又仍保持着传统的农业经济。[①] 杨庆堃选取了邹平县境内"五天一集"的14个日常市集。[②] 他将市集分为基本集和辅助集两种类型。城关集、明家集和孙家镇集则是三个辅助集。基本集是为了满足民众日常生活消费和生产基本需求，因此货物的种类和数量都较少而且简单，赶集的活动半径也比较小，如青菜粮食等都会在基本集上出售；而辅助集则是既能满足日常生活的普通需要，也能满足部分特殊需要，包括较贵重的商品、特殊种类的商品或同一商品的不同种类等，来赶集者的活动半径也相对较大，如布匹则是多在辅助集上出售。基本集的活动范围一般在10里以内，平均供应人口数是5962人，辅助集的活动范围一般都在10里以上，平均供应人口数是22581人。[③]

杨庆堃的研究发现，在20世纪30年代的邹平集市上，既有当地农产品，也有外来的货品。从货品种类来看，来自周边自产（50里以内）的农产品占比最高，达58.6%，主要是粮食蔬菜、糕点、挂面、鸡蛋、猪肉、鸡肉等食品类货物和蚊香、台灯、木器、椰条和桑条器具等日用品，另有一些土布、鞋子、衣服、土制玩具、牲口、菜种等本地出产的货品等；第二多的是来自300里以外的外来货品，占24.9%，包括青岛、上海来的洋火、香烟、洋纱、洋布和别的机制品，从河南清化县来的竹器，从日本来的洋纱、布匹、洋铁等；第三多的则是

[①] 杨庆堃：《邹平市集之研究》，硕士学位论文，燕京大学，1934年，第4页。
[②] 这14个日常市集包括孙家镇集、王伍庄集、辉李庄集、花沟集、田家官庄集、腰庄集、田镇小集、小店集、韩家店集、段家庄集、颜家集、刘聚桥集、明家集、城关集。
[③] 杨庆堃：《邹平市集之研究》，硕士学位论文，燕京大学，1934年，第47页。

来自101—300里的货品,如临淄的陶器、蒙阴沂水的烟叶、济南的工艺品等;来自51—100里的货品最少,如章丘的篾席子,周村的洋袜子、镜子、首饰等。也就是说,食品类消费以地方产的农品为主,自给自足的程度还是挺高的,但也正在受到外来力量的侵入,比较明显的是手工棉纺织行业机制品的替代,服装用品的将近一半来自300里以外(占47.7%),101—300里的占27.7%,剩余的来自100里以内,也就是说本县或周村提供的洋纱、洋布已经占很低的比例了。①

从邹平市集的时间来看,基本上是"每五天举行一次,各市集的集期从五天中的第一天至第五天都有。算法是以十天计。如取第一天的叫一六集,第二天的是二七集,第三天的是三八集,第四天的是四九集,第五天的是逢五排十"。② 因靠近城区,崔家村人的基本活动是在距离村庄10里以内的城关集。③ 城关集是三八集,也就是农历逢三和逢八的当天为集。来城关集买东西者不乏城里的工作人员和有职业者等,因此,城关集所售货品也不完全同于农村集市④。但从洋纱洋布来看,城关集中洋布占比高,其中4568元的衣着原料中洋布占79%,土布占12%,洋纱占9%。⑤

---

① 杨庆堃:《邹平市集之研究》,硕士学位论文,燕京大学,1934年,第81页。
② 杨庆堃:《邹平市集之研究》,硕士学位论文,燕京大学,1934年,第63页。
③ 杨庆堃:《邹平市集之研究》,硕士学位论文,燕京大学,1934年,第16页。
④ 杨庆堃:《邹平市集之研究》,硕士学位论文,燕京大学,1934年,第65页。
⑤ 杨庆堃:《邹平市集之研究》,硕士学位论文,燕京大学,1934年,第111页。

可见，在 20 世纪 30 年代，机织布在当时已经很有市场了。一位出生于 1929 年的崔家村村民曾回忆过段家庄的布集。

> 段家庄有集，它是初五、初十是集，它那个村专门卖布。从这里顺着这个河向南走，过去这个河，它的村在这个河东边。离这五六里地，在南边。过去了就是，逢五排十就是段家庄集，那里去的人挺多。也在那里卖。打个比方，这条街，那边也有卖的，这边也有卖的，都摆着，赶集的就从中间走过。卷好了，卷起来，那个布是这么宽的，卷了以后，那些有车的，用车，坐着车去卖，没有车的，家庭妇女就卷起来用包袱一包就去集市了。论尺。有的织出布来很平整，挺好的，还有的织出来有些粗，价钱也不一样。①

在 20 世纪 30 年代的邹平集市中还有一个特别的市集，即棉花集。由于美棉推广的成功，邹平棉花种植面积大增，特别是邹平县北的孙家镇一带。杨庆堃曾描述过棉花的运销过程。

> 存贮地的大贩子收买了大宗棉花之后，或许就卖给该本集的洋行或工厂收买处，或自己包打，用大车装运至张店，卖给那儿的洋行或工厂收买处。但这种贩子的交易范围，最远只是去到张店为止。棉花到张店，就由洋行或工厂代理人装火车运至青岛，或在青岛自用，或是由青岛转运到更远的外地，也有从小清河运往济南的，再由津浦路

---

① 笔者于 2018 年 10 月 2 日与崔家村村民 CCS 的访谈资料。

火车运往上海的，但是为数甚少。1931年的重要的济南贩子，只有中国银行一家。①

每年棉花收获季节，棉花出运就成为一个大的集市系统，一般要经过三重：收集地、收集兼存储地、总集中点。收集地一般在各乡镇都有，这些地点只管收买，收买后要运往别的地方存储，收集兼存储地每20—25里就有一个，如田镇、孙家镇、颜家镇等。总集中点就是胶济路沿线的张店车站。每年农历七月中旬后，棉花收获，农民用大包袱把棉花背到就近的市集，卖给棉花贩子，贩子将棉籽压清，用麻袋包缝好，用牲口送到存储地，卖给工厂洋行的大棉贩，这些贩子可能是各纱厂洋行的代理人，租个房子，挂上招牌，说明是某字号或某洋行收买棉花处，直到过了十二月停止。②

此外，邹平县城有牲口集。牲口集上主要是牲口的买卖交易。一年两次，分别在春耕前的农历二月和夏收后的农历六月。这两个时间点牲口处于闲置状态，也是置换小牲口的时节。卖了牲口的人会拿出一部分收益集体请人唱戏助兴。贺家庄村的WYH，生于1923年，她曾经跟着父亲去牲口会上看过戏。

> 那个时候，它为啥唱戏呢？就是这个牲口会。牲口会，六月份一次，二月二一次，一年两季，那个时候。人

---

① 杨庆堃：《邹平市集之研究》，硕士学位论文，燕京大学，1934年，第108—109页。

② 杨庆堃：《邹平市集之研究》，硕士学位论文，燕京大学，1934年，第106—108页。

家嫌这个牲口老了，人家就卖了这个老的，去换个小的，换个能干的。年年两次牲口会。二月二还没太种地，还有点冷，刚开春了，还用不着它。六月里也用不着了，就那个时候换。平常没有。都是牲口闲着的时候，用着使的时候，人家不交易。那个时候牲口会才唱戏，不牲口会不唱戏，就是卖牲口，也有大的、也有小的。也有牛、也有马、也有骡子、也有驴，什么也有，全的。就是牲口会里抽的，他抽出钱来雇的戏。卖上一个牲口，比方说咱卖上100块钱，他抽上10块钱也好，20块钱，都抽钱，从他那里头抽钱雇戏。①

这些集市是民众日常生活和社会交往的自由空间。乡村建设研究院的人员曾利用市集的民俗空间对民众进行改良风俗的教育活动（详见第二章）。

1949年后，各乡镇都出现供销合作社或代销点，崔家村也曾有一个代销点，附近的郎君村有供销合作社。20世纪90年代以后，村里出现了超市。2018年调查，一进村口就看到超市，兼收发快递。因崔家村离县城比较近，老百姓大多时候去县城购物。但对于现在还手工织布的人来说想买到织布用的线，则必须到明集去，在县城是买不到的。2018年笔者观察过明集镇的集市。该集市也是邹平有名的集市，每月逢四和九开集。赶集的人告诉我，这好多年已经没有粗布市场了。我们看到集市的西边有一段布摊，一共有七八家，都是细布，跟城里商店售卖的几乎没有区别。购买棉线需要到明集镇村里的作

---

① 笔者于2016年10月5日与贺家庄村村民WYH的访谈资料。

坊那里去买，而不是在布摊或线摊。集市的交易货品多是工业化的商品，与其他集市没有太大差别。

（三）庙会

与其他农村地区一样，邹平的庙会文化也很丰富。邹平南部多山，山上的庙会被称为"山会"。据1992年版《邹平县志》记载，1949年前，县境内有庙会50余处。大型的庙会有黄山庙会、大云寺庙会、会仙山庙会、醴泉寺庙会、长山关帝庙会等。[1]

黄山庙会，在当地俗称"浴佛会"，农历四月初八是其会日，前后可持续半个月，热闹非凡。除了香客，还有邹平当地民间文艺的展演，是集中的商贸活动期，也是民俗活动展演期。从1992年版《邹平县志》中的记载可窥见黄山庙会曾经的盛况。

> 始自明代，1937年终止，历经500余年。西山顶有碧霞元君庙，俗称"泰山奶奶庙"。东山顶有玉皇庙。北坡软枣峪有清静姑姑庵，以北是王灵观。南坡有刘猛将军庙，俗谓"蚂蚱神庙"。在黄山上形成一个庞大的庙宇群。每年农历四月初一开庙门，香客开始进香，商贾云集，杂艺渐盛。四月初八为鼎盛时间，到四月十五日，渐次散去，前后约半月时间。东关村一带搭戏台，邀请外地戏班演出。山路两旁，民间艺人设摊卖艺，有鼓书、杂技、耍猴等。民国期间增加了"拉洋片"。各种画片置入

---

[1] 山东省邹平县地方史志编纂委员会编：《邹平县志》，中华书局1992年版，第550页。

箱内，箱前设孔七八个，孔上装置放大镜片，艺人拉线换动画片，并敲击锣鼓乐器，配以说唱。另外还有木偶戏，俗谓"玩撮傀儡"。各种文艺荟萃，颇为热闹。赶会者，远自湖广、四川、京津及东北三省，近者来自省内邻县，尤以黄河以北滨州、蒲台、惠民、阳信等县为最多。大车小辆，骑驴乘马，纷至沓来。俗谓"四月八日浴佛会，各路香客来赶山"。①

1919年出生的WWC曾回忆过黄山庙会的盛景。"黄山庙会是每年四月初八。从初一庙门开持续到初十结束。祭拜神灵有卧奶奶、泰安奶奶、菩萨爷爷、关爷庙等，场面非常盛大，解放后庙会就没有了。"② 田野调查中，邹平县城附近1935年之前出生的老年村民大都提到过黄山庙会，可见其在20世纪30年代是邹平民众精神信仰的圣地。

除了大型庙会之外，各村还有自己的村庙。比较有名的如碑楼村的菩萨庙。碑楼村是黄山街道办的一个行政村，位于县城西南2.3公里。1933年邹平县进行县政改革之后，邹平实验县撤区改乡，碑楼村归属第一乡，也称首善乡③，是乡村建设运动的核心区域。碑楼村的楼，即指菩萨庙，菩萨庙东楼是座二层楼，位于碑楼村东北处，村民称之为"文昌阁"。据邹平文博网记载，该庙是"明代工部尚书、左右都御使张延登

---

① 山东省邹平县地方史志编纂委员会编：《邹平县志》，中华书局1992年版，第719页。
② 笔者于2015年8月4日与郎君村村民WWC的访谈资料。
③ 乡村建设研究院：《本院县建设实验区邹平县实验计划》，《乡村建设》1933年第3卷第14—15期。

于万历年间所建"。① 据碑楼村村民 LNX 回忆,每年春节四月份的时候有庙会,自己小时候在那里开过锁。② 该庙于 2012 年 4 月被邹平县人民政府公布为第五批重点文物保护单位。2015 年笔者参观了菩萨庙。该庙目前仅存大殿、东侧庙屋。大殿坐北朝南,东侧庙屋为双层建筑,青砖青瓦。

WYH 还记得自己娘家(韦家庄)村头的大庙。父亲是庙里的主事者之一,曾参与村社每年一次的泰山奶奶巡游活动,即泰安会。每年固定日期,村里的成年男性要抬着庙里的泰山奶奶神像到各村组的大街上巡游,泰山奶奶的轿子要用编的柳条装饰。早晨抬出,上午巡游,中午再抬回庙里供奉。遇到天旱时,村里的善男信女会到泰安奶奶庙求雨。

> 那个时候村头上有个大庙,我没进去过,咱也不认识那些神。我母亲她不去,我爸爸去。爸爸还在那个庙里组织。有泰安会,泰安奶奶一年给它打一次轿,就像请请泰安奶奶似的,一年供养它一次。忘了是什么日子了。我见过。吃了早晨饭才搬、才抬,中午拜了以后,再送回去。平时没有拜的。有个泰安奶奶的像,把那个像夹到那个轿子里抬着。不转各家各户,就在大街上转转。转转,回去,有个泰安屋,再放到那个屋里。供养泰安奶奶一次,起轿起架,搞上一些柳树枝子编起来,抬着到各村去转

---

① 邹平文物保护中心:《菩萨庙》,邹平文博网,http://www.zpwbw.cn/bencandy.php?fid=69&id=1471,2021 年 10 月 23 日。
② 开锁是一种民间青春期过关仪式。小儿出生后由于多病体弱娇贵等原因,从附近庙里求回一把锁,象征得到保佑,等到 10 岁或 12 岁,再到庙里打开锁,以示长大。笔者于 2015 年 8 月 2 日与碑楼村村民 LNX 的访谈资料。

转，那是泰安奶奶起架。有时候，还有天旱的时候祈雨，就求泰安奶奶给下雨，起轿、起架，叫泰安会。还放炮、唢呐，挺热闹。①

20世纪30年代，梁漱溟的乡村建设运动没有干涉宗教和庙会活动。② 梁漱溟对邹平民俗中的精神信仰在一定程度上是接受或尊重的态度。

第三节　邹平民俗传承特征

本节描述邹平的民俗传承，主要分为民间互助民俗、棉纺业民俗、性别民俗三部分。民间互助民俗和棉纺业民俗侧重物质生产民俗，性别民俗则侧重物质生活民俗。

一　民间互助民俗

民间互助是农村社会古已有之的传统。《山东民俗》中记录了婚丧嫁娶互助、生产劳动互助、经济形式互助和日常生活中的互助等。在劳动分工的基础上，由于自然经济占主体的小农生产中，劳作本身需要的合作性以及为了增加生产效益，生产者之间也会形成多种合作协助的关系。生产劳动的互助体现在春种秋收的农耕生产活动中，也体现在建造、装饰、消费等活动中。

---

① 笔者于2016年10月5—6日与贺家庄村村民WYH的访谈资料。
② 田慕周：《我参加邹平实验县户籍工作的情况》，载山东省政协文史资料委员会、邹平县政协文史资料委员会编《梁漱溟与山东乡村建设》，山东人民出版社1991年版，第166页。

修房盖屋中的互助，包括备料当中的伐木、采石、运沙、运土、运砖瓦，开工以后，则和泥、挑水、来往递料诸事，统谓之"当小工""拉下脚"。这许多工作都是靠邻里"帮工"来做的。①

除了"帮工"的现象之外，还有家庭之间根据生产时节调整的"换工"或"变工"等形式。

生产劳动中的互助，也是千百年来的协力习俗，各地都有不同的形式。几家几户联合，这几日为此一家干活，那几日为彼一家干活，劳动量大体相当，名为"换工"或"变工"。一家有役畜，一家有车或有大农具，合在一起互相使用，名为"插犋"。几家几户常年互助劳动，名为"插伙"或"辩伙"。此外，如借驴推磨、压碾、走亲子、借车借船办急务等等，更是习以为常。②

1932年，邹平乡村建设研究院的学生蓝梦九曾对山东济南道27个县传统的各类合作社做过调查和介绍。他将调查过的合作社分为18类57种（见表1-2）③。其中，婚丧合作类9种，农业生产合作类8种，家具利用合作类4种，置产合作

---

① 山曼、李万鹏、姜文华、叶涛、王殿基：《山东民俗》，山东友谊书社1988年版，第261页。

② 山曼、李万鹏、姜文华、叶涛、王殿基：《山东民俗》，山东友谊书社1988年版，第261—262页。

③ 蓝梦九：《中国农村中固有合作雏形的记载（山东济南道属二十七县内之调查）》，《乡村建设》1932年第2卷第2期。

类 3 种, 信用合作类 1 种, 储蓄合作类 4 种, 购买合作类 2 种, 贩卖合作类 1 种, 劳动合作类 4 种, 娱乐合作类 4 种, 备荒合作类 1 种, 自卫合作类 4 种, 祭祀合作类 3 种, 教育合作类 2 种, 副业合作类 1 种, 工艺合作类 2 种, 商人合作类 1 种, 旅行合作类 3 种。

表 1-2 山东旧济南道属 27 县乡村传统合作形态分类（1932 年）[①]

序号	类别	名称	合作目的
1	婚丧合作类	老人会（又名亡人会、殡丧社、灯笼会、丧亲会、丧亡社、助桑会、架子社、杆子会、干抬会等）	遇丧事，自己不能办理，乃约全庄，共起一会社，协同办理
		殡差社	合作办理丧事之酒席
		棺椁社	预先办理棺材，并以积蓄放出生息
		板社	合作购买棺椁
		小饭社	专为筹备丧事之酒席
		棺罩社	合作购买棺罩
		红白社	合作办理红白喜事
		喜会	协助办理嫁娶喜事
		娶亲会（又名轿社）	购买迎亲用具，闲时可租赁
2	农业生产合作类	合伙租地	合伙租地耕种
		耕地会（又名耕地社）	共同购买牲畜共同饲养，共同使用
		括犋（又名伙犋）	购买耕畜、农具，交换使用

① 本表是笔者根据文字描述改绘，使用蓝梦九《中国农村中固有合作雏形的记载（山东济南道属二十七县内之调查)》，原刊《乡村建设》1932 年第 2 卷第 2 期。

续表

序号	类别	名称	合作目的
2	农业生产合作类	耕种合作	缺劳力农家与缺牲畜农家合作耕种
		灌溉纠合会（又名合伙水车、官井）	凿井买车，轮流灌溉
		合伙大车	合伙购买大车，共同使用
		罐社	联合购罐，共同利用
		铁锹社	合伙购买铁锹，用于春季翻地
3	家具利用合作类	器具社	合伙购买婚丧器具
		瓷器社（又名碗社）	合伙购买婚丧碗碟盘等瓷器
		毡被社	合伙制备婚丧用毡被
		木板会	合作储蓄，放款生息；购买墙板，可租赁
4	置产合作类	造屋社	合作轮流建房
		购地会	集资购地
		房屋会	联合建置公共房屋，供社员使用
5	信用合作类	钱社（又名钱会、拔会、请会、轮会、当社、积钱社等）	中小农家约同亲友集资，轮流使钱
6	储蓄合作类	放账社	农村高利贷组织
		小攒会	集资出贷生息
		储蓄社	有资产之富户入股集资，股金放出生息
		当会	买进卖出，赚取利润
7	购买合作类	年社（又名年会）	集资购买过年所用物品
		七月十五会	集资放款生息，以本息购买食材作七月十五之用

续表

序号	类别	名称	合作目的
8	贩卖合作类		手工业者调节市价,保护同行利益
9	劳动合作类	屋社	合作盖屋
		肩膀会(又名抬死抬活会)	婚丧事互相合作
		公议会	合作包办丧埋之事,获取报酬
		兴轿社	族长或村人为贫寒者设立,由贫寒者共同经营,于红白事时租赁收取报酬
10	娱乐合作类	灯社(又名乡傩会)	农家合作购买乐器等物娱乐
		乐器社	同村合作购置乐器,婚丧事时使用
		元宵社	家境稍微宽裕者集资筹备各种玩意、放灯
		同乐社(又名同乐会)	社员集资合作娱乐
11	备荒合作类	积粮会	合作积粮备荒
12	自卫合作类	枪炮会	全庄合作制造枪炮自卫
		公看义坡	全庄联合看守庄稼
		刀枪社	自制刀枪
		青苗会	合作看护庄稼
13	祭祀合作类	香社	合作集资购买烧香之物
		天灾会	全庄集资储蓄,以备天灾
		关爷会	合作积蓄购买祭祀关爷物品并宴饮
14	教育合作类	私塾	合作出资供子弟读书识字
		读书社	农村青年合作购书

续表

序号	类别	名称	合作目的
15	副业合作类	蚕业社	蚕家合作饲蚕、贩卖蚕丝
16	工艺合作类	工匠会	工匠合伙做工
		公共染坊	全庄合作染布
17	商人合作类	烘茧合作社	养蚕之家集资入股，合作烘茧运销
18	旅行合作类	府社	旅客合作游济南
		都市社	凑钱都市旅游
		泰山社	共同积蓄，同游泰山

从表1-2可以看出，山东乡村民间互助合作普遍存在，既存在于生产民俗中，也存在于生活民俗中。既有地缘关系的互助民俗，如全村性质的互助；也有血缘关系的互助形式，如全族互助。

梁漱溟在乡村建设运动中对邹平及山东全省的互助形式进行调研分析，应该是有意将其乡建合作的构想建立在邹平传统民间互助的基础上。山东乡村建设研究院在邹平组织的合作社类型也是基于邹平民众生产生活的需要，1931—1937年组织的合作社共6类，分别是棉业合作社、机织合作社、蚕业合作社、信用合作社、庄仓合作社、购买合作社。合作社是根据每个区的生产特色分设，比如第二区荒山多，发展林业，成立林业合作社（也叫林业公会）；第三区发展桑蚕业，成立蚕业合作社；第六区是植棉重区，成立了梁邹美棉运销合作社；第七区织布的多，成立了信义机织合作社。对梁漱溟乡村建设运动中的经济合作与民间互助将在第三章中重点讨论。

西董会仙村的LCY曾讲述过20世纪四五十年代与邻里互

助种地的情形。他出生于1931年，父亲是铁匠，平时常年外出到河北张家口一带打铁不在家，过年才回来。1944年，他13岁时父亲去世。1955年，24岁的LCY到云南当兵，家里只有哥哥和母亲是劳力。妹妹比LCY小13岁，父亲去世时妹妹才一个多月。

新中国成立前，各家各户的地有多有少，不平均，LCY家有两三大亩地，相当于市亩的八九亩地。因为靠山边，村里的地是梯田，一层一层的，地的面积都不大，像盒子一样摞起来。① LCY当兵以后，家里的生产劳动全部靠哥哥和母亲。耕地收割等重体力劳动全部靠哥哥，母亲也去地里帮忙，但因为缠足，主要是干除草之类的轻活儿。由于LCY家比较穷，喂不起耕牛，只能跟别人家合作喂牛。由于劳动力少，大部分农活需要邻里互助。

> 这里俺爸爸不在家，临时与我一块互相过伙。你给我耩，我给你耩，嘎伙②耩。咱穷吧，咱喂不起那个耕牛，使人家的耕牛。俺一般都是与我一块的多，村里嘎伙地挺好，关系搞得挺浓挺好，完了就帮帮忙。不给钱，你帮我，我帮你。做针线活呀，做衣裳咧，做鞋咧，一般也互相帮忙。有的人团结地很好，咱这些人团结地很好。有合伙喂一头牛的，三家、两家喂一头（牛），有个人有钱，人家喂得起的人家自己喂一头。你喂几天，我喂几天。买牛的时候个人凑齐钱来，你出多少，我出多少。有时

---

① 笔者于2016年8月13日与会仙村村民LCY的访谈资料。
② 嘎伙，邹平方言，指合作，相处。

候买老牛，买个母牛吧，生个小牛，喂大了卖吧，嘎伙着分钱。①

邻居间互助范围很广泛，既包括耕地、打场、合伙养耕牛这样的事，也包括一起做针线活之类女性之间的互助。民间互助建立在互相信任的基础上，也建立在村社共同体内部长期生活的情感上。民间互助没有权益较量，但有道德的约束。

邹平民间互助的另一种形式是"拉人情"，通过礼物或现金交换建立或维系人际关系。这种"拉人情"体现的是关系的亲疏远近。阎云翔对礼单的研究发现，"在一个关系紧密的乡村社会，私人网络在许多情况下比物质或金钱更珍贵；互助的需要强化了随礼的习俗和关系网络的培养"。② 很多随礼都是建立在互助的基础上，或者互助习俗的另一种呈现方式。

结合孙镇冯家村村民 FF 的儿子 2015 年结婚的礼单来看，邹平民众之间有各自建立的互助关系。如 FF 所说"钱多钱少都是根据关系"，也就是说，随礼的金额与礼品的轻重都是关系远近的体现。他的儿子结婚礼单显示，随礼的金额从最低 30 元到最高 1000 元不等，这并不是根据随礼者的经济状况，而是明确记载着这些亲朋好友与 FF 家的亲疏程度，是一本只有他家自己能看懂的"人情账"。

一是纯亲缘关系。即三姑六姨等亲缘关系比较近的亲戚随礼 300 元，至亲的叔叔伯伯等父系亲属类随礼 600 元。这些都

---

① 笔者于 2016 年 8 月 13 日与会仙村村民 LCY 的访谈资料。
② ［美］阎云翔：《礼物的流动——一个中国村庄中的互惠原则与社会网络》，李放春、刘瑜译，上海人民出版社 2000 年版，第 86 页。

是在父系或母系（或姻亲）的亲属关系之内的互助形式。

二是纯地缘关系。即同村比较远一些的乡亲（没有血缘关系，也非同族），而且近一些年家里可能不会办事，就给一份最低的随礼，30元；稍微近一些的邻居，比如同宗族的，礼金50元。大多情况下是一种全村性质的互助行为。

三是工具性关系。据FF介绍，礼单上的礼金礼品分为两类，一类是"人事钱"，另一类称为"贺喜"。"人事钱"是对方家里办任何事的时候都要还回去，相当于阎云翔所说的"工具性礼物"。"贺喜"则是专指长辈给孩子的贺礼，等送礼者家里孩子办喜事的时候受礼者才会还回去，则相当于阎云翔所说的"表达性礼物"。办事的主人家还要专门宴请送"贺喜"的人。表达性礼物和工具性礼物都有互助的性质。

礼单中的关系与费孝通提出的"差序格局"模式相吻合。费孝通提出的"差序格局"认为，中国社会是"以亲属关系所联系成的社会关系的网络，是个别的。每一个网络有个'己'作为中心，各个网络的中心都不同"[1]。不同于西方社会像一捆捆柴那样界限分明，中国乡土社会的关系格局是"好像把一块石头丢在水面上所发生的一圈圈推出去的波纹。每个人都是他社会影响所推出去的圈子的中心。被圈子的波纹所推及的就发生联系"。[2] 民间互助的形式和范围也体现了这种差序格局。关系离得近的，其随份子的额度大，关系远的，随份子的额度小。

而且，这种随份子的互助习俗在回礼中有明显的代际归

---

[1] 费孝通：《乡土中国 生育制度》，北京大学出版社1998年版，第26页。
[2] 费孝通：《乡土中国 生育制度》，北京大学出版社1998年版，第26页。

属。从FF父子来看,儿子结婚的礼单由父母保管,但需要分清是谁的关系随的礼,回礼的时候也需要各自回各自关系的礼。亲戚和乡邻送礼的账目,由父亲负责在对方办事的时候还礼。儿子的同学和朋友送的礼金和账单,让儿子自己去还礼。这种互助的性质在代际之间延续,而且也随着FF儿子外出工作而延伸出村落。

二 棉纺织民俗

邹平传统棉纺织民俗包括植棉民俗和用棉民俗。植棉民俗是生产民俗,用棉民俗是生活民俗。

(一) 民间文艺中的棉纺织生产民俗

农谚是农业传统的最简化记录,反映了民众在农业生产中积累的经验与智慧。洪长泰认为,"在农民眼中,农谚传达了他们眷顾家园的亲切感、依恋土地的草根情与勤劳耕作的自豪感"[①]。前文提到的乡村建设研究院教师薛建吾搜集整理的《邹平民间文艺集》中,有不少关于手工传统棉纺织生产民俗的民歌、儿歌和农谚。其内容主要包括以下三个方面。

一是关于棉纺织的生产工具。民歌《婆婆家》,是一首描写贫家女嫁入豪门的情形。歌中提到的"纺车"是作为一种家庭财产的表征。

> 小针楂,腊梅花,从小住在老娘家。老娘给俺好饭吃,妗母给俺好粉搽,就着说个婆婆家。哪里呢?说着城

---

① [美]洪长泰:《到民间去:中国知识分子与民间文学,1918—1937》(新译本),董晓萍译,中国人民大学出版社2015年版,第173页。

里大官家。也有楼，也有马，也有狮子配大门，也有荷花围小榭，也有大车庄稼，也有小车纺棉花，也有小使拿烟袋，也有了头抱娃娃。

辑注：此歌描写贫女嫁与富豪之情形。①

纺车是邹平妇女纺线织布的工具，也是家庭经济状况的体现。这首民歌中将纺棉花的车作为家庭状况良好的标准之一，与豪门家庭的大楼、大马、大门、大车等富贵象征相提并论，足见纺车在家庭中的重要性。

在邹平，纺车也常常是家庭经济条件好的女性结婚时的重要嫁妆或者经济条件好的婆家传家宝，承载着传承手工棉纺技术及家庭道德教育习俗。一般纺织的家庭每户基本有一辆纺车，或有的家庭条件好的，或儿媳妇多的，家里也会有两架纺车。也有的家庭条件好的会在女儿出嫁的时候陪嫁一辆纺车。有的家庭在结婚后婆婆就会给新媳妇一辆纺车，或是新的，或是祖传的，让其儿媳妇为家庭纺线织布。②

田野调查中，木匠 CCY 在 1974 年前后制作一辆手摇纺车可卖 3.5 元，而当时的猪肉价格是 0.72 元/斤，也就是说一辆纺车的价格相当于约 5 斤肉的价格（当年对普通农户家庭而言，吃肉已算是难得的高消费行为）。

纺线的棉花车子，那个销得不少，做起来背着去邹平集卖，卖多少钱呢？卖三块五毛钱，那种棉花车子，纺线

---

① 薛建吾：《邹平民间文艺集》，台北茂育出版社 1948 年版，第 5 页。
② 笔者于 2018 年 10 月 1 日与高青县花沟镇前石门村村民 ZCY 的访谈资料。

的棉花车子。那个我做了不少。①

但在邹平，大多数家庭会请木匠为家里制作纺车，曾经存在"家家有纺车，人人会纺线"的情形。

二是关于植棉的生产民俗。

植棉劳动是一项复杂的劳作，生产费时费工。据《山东省志·民俗志》记载，"植棉的农活有冬耕、春耕（转二犁）、耙涝、下粪、作丰产沟、晒种、选种、浸种、播种（有开沟摆播、水种包包、倒窝点种等）、间苗、培土、锄地、去叶枝、抹赘芽（又称抹耳子、抹毛耳朵）、打顶心、打边心（又称打群尖、打旁心）、打老叶、剪空枝（或称打杈子）、开沟排水、治虫治病、拾棉、晒棉等"。② 棉花的生长期一般比较长，从每年的4月底、5月初至10月。在华北地区，很多棉田采用一年一作的连作制方式。③ 充分利用土地，不让一块土地荒，有些农户会根据土地的质量和作物的性质，比如灌溉条件好的地方实行一年二作制，甚至会有二年三作制或三年四作制。据史料记载，民国时期，邹平"农作物系轮回种植，二年一周，平均每二年耕种三季，亦有一年二季者，极为寥寥"④。

邹平当地棉花播种是在小满以前，收获则是在农历九月初二前后。当地俗语"小满花，不归家"，意思就是过了小满之

---

① 笔者于2018年10月2日与崔家村村民CCY的访谈资料。
② 山东省地方史志编纂委员会编：《山东省志·民俗志》，山东人民出版社1996年版，第20页。
③ 徐秀丽：《近代华北平原的农业耕作制度》，《近代史研究》1995年第3期。
④ 《胶济铁路经济调查报告》分编"邹平"，转引自徐秀丽《近代华北平原的农业耕作制度》，《近代史研究》1995年第3期。

后播种棉花就不会有收获了。

> 棉花种,灰里拌。耩子耩,镘子镘。出来棉花似黄伞,长的桃子二指绽。大嫂去摘棉花,打着布伞。摘了几筐?摘了两筐,七领箔,八领单,晒的棉花焦巴干。照着灯,手搊拧,磨着棉花压成绒。枣木弓,羊皮弦,大嫂不弹二嫂弹,二嫂不弹俺就弹。弹的绒子似羊毛,搓的布车似金条,支起轴子两头尖,纺的穗子圆上圆。上机绕,梭子上缠,牵机娘子来回走,刷机娘子站一边。织的大布门来宽,拿到街上换铜钱,欢喜婆婆上了天。
>
> 辑注:箔与均晒棉之用具。此歌描写种楂以至织布换钱之经过,非常苦,甚矣一丝一缕之非易也。①

上面这首民歌《棉花种》中详细记述了从植棉到摘棉、纺纱、织布的整个流程,反映了手工棉纺织的辛劳。

关于植棉中的时令在农谚中最为常见。

> 小满花,不归家。②
> 小满以前种棉花,过了小满不结花。③
> 枣发芽,耩棉花。④

这三则都是关于种棉花的时节。这些农谚依然在民众口头

---

① 薛建吾:《邹平民间文艺集》,台北茂育出版社1948年版,第7页。
② 薛建吾:《邹平民间文艺集》,台北茂育出版社1948年版,第63页。
③ 薛建吾:《邹平民间文艺集》,台北茂育出版社1948年版,第65页。
④ 薛建吾:《邹平民间文艺集》,台北茂育出版社1948年版,第74页。

流传。在 2015 年的调查中,当地民众仍然会讲到"播种得在小满以前。过了小满就不收棉花"。"小满花,不归家",意思是说过了小满,你要种棉花,就不收了。①

农谚中有预测棉花收成的,如"收花不收花,但看正月二十八。注:旧历正月二十八日如无风雨,棉可丰收。"② 有关于棉花摘花时节的,如"棉花立了秋,就把头来揪。注:立秋以后,开始摘取棉花"。③ "棉花不害羞,漓漓拉拉出了秋。注:漓漓拉拉,土语绵延不断也。棉花自立秋时开摘,直至冬初始可摘尽。"④ 通过这些传承棉花从种植到收获的重要节点。此外,也有关于棉花种植及棉田耕种的农谚,如"二月里光光,四月里耧,五月里就带种金头,六月里开黄花,七月里拾棉花。注:此言棉自播种以至摘花之经过情形"。⑤ "花子落到缝里,秋秋打到囤里。注:囤为积秋之所。棉花枯落时,秋秋收获入囤也。"⑥ "二遍秋秋三遍谷,四遍棉花下铁锄。注:耕地次数,宜随植物之种类而不同,且棉花尤须勤锄。"⑦

这些农谚传承了棉花种植过程中种植、生长和收获等重要节点的时令,体现了植棉的民间智慧。

三是关于棉纺织的娱乐民俗。这类主要是体现在亲子游戏的儿歌中,把生产生活的场景融入亲子互动的交流中,既传递了知识,又增加了浓浓的生活趣味。兹摘录四首儿歌。

---

① 笔者于 2015 年 8 月 7 日与郭庄村村民 WZS 的访谈资料。
② 薛建吾:《邹平民间文艺集》,台北茂育出版社 1948 年版,第 62 页。
③ 薛建吾:《邹平民间文艺集》,台北茂育出版社 1948 年版,第 64 页。
④ 薛建吾:《邹平民间文艺集》,台北茂育出版社 1948 年版,第 65 页。
⑤ 薛建吾:《邹平民间文艺集》,台北茂育出版社 1948 年版,第 69 页。
⑥ 薛建吾:《邹平民间文艺集》,台北茂育出版社 1948 年版,第 72 页。
⑦ 薛建吾:《邹平民间文艺集》,台北茂育出版社 1948 年版,第 76 页。

《不打盹》

不小机楂,三根腿。纺棉纱,不打盹。秤猪肉,过新年,居家自在玩一玩。

注:此歌描写家庭中工作勤奋,稍有积余,新年时不得不稍稍享乐情形。①

儿歌《不打盹》是指纺棉花的辛劳,也是表达过新年的一种喜悦。在邹平,小姑娘从七八岁就开始学习纺棉花。而且,邹平妇女经常提到晚上纺棉花的情景。

《纺棉花》

嗡嗡纺棉花,一纺纺个大甜瓜。吃不了,过年了。

辑注:嗡嗡,棉花在纺车上弹纺之声音。②

《小甜瓜》

小屋内,轧棉花,一轧轧了个小甜瓜。爹一口,娘一口,一咬咬着小孩子的手。孩子孩子你别哭,我给你买个小货郎鼓,白天拿着顽,黑夜吓老虎。

辑注:轧,犹弹也。③

这两首儿歌带着与儿童嬉戏的场景,描述了轧棉花和纺棉花的场景,诙谐有趣,朗朗上口。

---

① 薛建吾:《邹平民间文艺集》,台北茂育出版社1948年版,第9页。
② 薛建吾:《邹平民间文艺集》,台北茂育出版社1948年版,第19页。
③ 薛建吾:《邹平民间文艺集》,台北茂育出版社1948年版,第20页。

《掉了牙》

枣树叶，枣树花，枣树旁边有一家。一个男孩会骑马，两个姑娘会蔕花。大姑娘蔕的槐树叶，二姑娘蔕的槐树花，只有三姑娘手不巧，关在家里纺棉花。一天纺了两个半，笑得她娘掉了牙。

辑注：此歌讥笑拙女也。凡人皆须有相当技能，始为人所重，否则虽至亲若慈母，亦将加以轻视也。①

上述这些民歌、儿歌和农谚体现了棉纺织的知识和精神生活，反映了邹平棉纺织的生产生活民俗和劳动价值观。

（二）人生仪礼中的用棉民俗

山东曾是产棉大省，其用棉文化也是非常丰富的。在各种地方史志资料中，都可见到用棉文化的记载。棉伴随着生命个体的人生仪礼，体现在生育民俗、婚礼民俗和丧葬民俗的过程中，有的习俗至今一直保留传承。

生育礼俗中的用棉习俗。据邹平乡村建设研究院的工作人员卢资平回忆，20 世纪 30 年代邹平的生育礼俗中有送布习俗。"一户生了子女，邻居们除送米、送面、送鸡蛋外，还各送一块小花布，用多数小块布做成一小杂布、杂花衣服，给小孩子穿上，相传小孩穿上百家子衣就能长命百岁。"②《礼记·内则》里有"悬弧""设帨"的记载。田野调查中，多位女性老年村民提到"悬弧""设帨"的习俗，即产妇生了男孩则在

---

① 薛建吾：《邹平民间文艺集》，台北茂育出版社1948年版，第20页。
② 卢资平：《邹平传统习俗见闻录》，载政协邹平县委员会文史资料办公室编《邹平文史资料选辑》第3辑，1986年，第240页。

门上挂弓箭,生了女孩则挂一块红布。"我们那时候时兴,生了孩子挂上忌人,忌人的时候,就在门上挂上个红布。"[1] "挂弓箭,人家说是,他那样的人不进产房屋,一月子就挂着弓箭,没敢摘。出了满月就不挂那个了。平常不乱的时候,是过了10日,那弓箭就拆了。生了男孩就挂弓箭。"[2] 除了邹平,山东的胶县、泰安、临朐等地的生育民俗中都有送棉布的习俗。"胶县在接到报喜的馒头后,即派人送给产妇20个花卷,有牛蹄卷、莲花卷等各种花样,还有鸡蛋、小米、四尺尿布、一条小被子、一个小棉袄。"[3] "泰安送粥米称作'吃面',娘家人要凑几抬食盒,食盒的上层放一蓝色长布作婴儿的尿布,生男蓝布两头都露在盒外,女孩只露一头。"[4] "临朐一带做百日,亲朋都送二尺花布,谓之'百岁裤袄',一般是姑姑送裤,姨姨送袄,舅舅妗子送鞋帽。"[5]

婚礼中的棉布习俗。在邹平当地,被子即称为"盖的",褥子即称为"铺的"。棉被和褥子中的絮物称为"胎"或"套"。女方订亲的彩礼中少不了"铺的"和"盖的",根据家庭经济状况来选择"几铺几盖"。最少的是两铺两盖,最多的有十二铺十二盖,不能有四铺四盖。在20世纪30年代的订婚仪式中,女方也会将棉花或粮食作为彩礼。一般是300—500

---

[1] 笔者于2016年8月12日与贺家村村民SXX的访谈资料。
[2] 笔者于2016年10月4日与西王新村村民CGH的访谈资料。
[3] 山东省地方史志编纂委员会:《山东省志·民俗志》,山东人民出版社1996年版,第273页。
[4] 山东省地方史志编纂委员会:《山东省志·民俗志》,山东人民出版社1996年版,第274页。
[5] 山东省地方史志编纂委员会:《山东省志·民俗志》,山东人民出版社1996年版,第278页。

斤棉花。①

> 那时候，大部分闺女出嫁，要多少棉花，就和彩礼似的。那些不要棉花的，就要粮食。一般就是300—500斤棉花。结婚的时候，女方陪嫁的嫁妆里面要有棉被子、褥子。要求多少床被子、多少床褥子。②

"棉"在婚礼中寓意"厚实"和温暖幸福。山东民俗中有新娘腰上缠着棉絮的习俗。"嫁衣要上下一身红，通常喜棉忌单，遇夏天出嫁也要在腰间缠一缕棉絮，据说是为了表示'儿女厚实'。"③

邹平民间结婚仪式有新朋好友"送帐子"的习俗。举行婚礼的当日，亲戚朋友送来布料，通常是一块六尺红布料，一个个挂上去，写上名字，俗称"送帐子""挂帐子"。谁家结婚收的帐子越多，就越有面子。前文提到FF的儿子2015年结婚的礼单上，仍有"布料一块"这样的记录。

> 他儿子结婚的时候，他那孩子早的时候都兴一块布，那时候叫帐子，咱也是给人家一块布。那时候不兴送钱。墙上扯上一趟铁丝，挂上一个一个地写上名，这叫送帐子。就是一个布，多了占不开了，就挂起来。那时候不兴钱。这都是他孩子大点，到了咱了，人家给个帐子，算还

---

① 这里指的是未去籽的皮棉。
② 笔者于2015年8月7日与郭庄村村民WZS的访谈资料。
③ 山东省地方史志编纂委员会编：《山东省志·民俗志》，山东人民出版社1996年版，第303页。

个账，不过比那时候的布好点。①

通常情况下，等婚礼结束后，这些布料由新郎的父母来处置，可能会送给亲朋好友，也可能会给新娘，也可能会留给家里的下一代做新衣服、被褥等。

葬礼中的用棉习俗。邹平当地，棉花除了有实用价值，还有对生子期待的象征意义。在老人的葬礼上，儿女要在入殓时在去世的亲人身上撒几朵带籽儿的棉花，象征子子孙孙的绵延，当地俗称"种棉花"。

> 人死了以后，入殓。放棺材里。闺女、儿子，扔在（死者）身上几朵（棉花）。这叫"种棉花"。带籽的棉花。不带籽的不行。不带籽的棉花没有生芽。它的目的是叫他（她）生芽啊！生后人。就这么一个盼望。②

人生仪礼中的用棉民俗寄托着邹平民众对新生命的期待和祝福。在20世纪30年代的乡村建设运动时期，这些民俗一直在延续。

（三）送床单的交往民俗

邹平当地一直保留着送床单的民俗。目前还在织布的被访者会提及自己在多种场合送布的情况。小孩出生、女儿出嫁、亲戚朋友结婚等伴随人们一生的各种礼仪中都有可能送出自己手工织的床单。下面将结合 CAL 个案来分析邹平送手工床单

---

① 笔者于2021年7月22日与冯家村村民 FF 的访谈资料。
② 笔者于2015年8月7日与郭庄村村民 WZS 的访谈资料。

的民俗传统。

CAL，女，出生于1955年，邹平黄山崔家村人。娘家在邹平崔家营村，距离崔家村不到10里。父亲曾在生产队当会计，后来一直在外干工程，母亲在家务农。娘家有兄弟姐妹7人，她排行老三，一个哥哥、一个姐姐、两个妹妹和两个弟弟。家庭关系和睦。

从CAL记事起，她的父亲就在生产队里担任会计，后来又当了两三年的出河工，相比于普通农民来说，家庭经济条件尚可。在CAL的记忆中，自己家基本生活用品都不缺，而且家里人口多，大家互相帮助的机会比较多。她的母亲很能干，纺线织布样样在行，织的布细致、质量高，崔爱莲至今还保留着母亲自己纺纱织的布。

根据CAL和其他还在手工织布的访谈对象的介绍，笔者了解到邹平现在仍然传承着人生仪礼或节日里送手工床单的习俗。

一是结婚送。在当地，晚辈结婚的时候长辈都会送去床单，以前多是自己手工织的，现在大多是买的。但在调查中发现，现在由长辈亲自手工织的床单更被珍惜，送的人也很有成就感，不再被当作不值钱的"土物"。2020年，CAL也为刚结婚的侄媳妇作为礼物送去自己织的新床单。

二是生育送。邹平当地一般是小孩满月或周岁时，有亲戚朋友送手工织的床单。一位县城工作的公务员，她在小孩满月的时候收到崔家村一位农妇手织的床单。据崔家村的SXY解释，一般是回礼的时候送布。"他们北乡里小孩子过满月的时候，时兴送布。人家小孩子过满月，随礼的送200块钱，回礼送一床布。相当于回礼。就买别人的，从别人家织布的那里买的。"① 不论是作为表达性的回礼还是工具性的送礼，床单都可以作为礼物来维系或建立人际关系。

三是日常送。除结婚、孩子出生等仪式送床单，邹平妇女之间日常也会送床单，在串亲戚的时候带条床单作为礼品或者在亲戚朋友来拜访的时候送条床单作为回礼：

> 过年串亲戚也有给的，像走姑姑家、走姨家的，去到那里，她没有什么给他，也一样给他床床单、给他床被子，也有那种的。就是说过年去看他姨或者看他姑姑的，年轻人拿着钱或者是拿着吃的去了，他姨或者他姑姑的觉着孩子们来看我，我没什么拿，我有个布条②来，我给你这个布条，是这么着。③

送亲友的圈子不断扩大。从直系亲属到姻亲亲属，再到没有血缘关系的朋友圈。下面的列表记录了 CAL 记忆中自己在 2015—2018 年织布馈赠的情况。

表 1-3　　2015—2018 年 CAL 织布馈赠亲友统计④

与送布人的关系	关系分类	布品	数量	是否支付线钱
外甥女	姻亲	凉席	1 弦子（相当于2床，约 15 米）	否
儿媳妇	族亲	凉席	1 弦子	否

---

① 笔者于 2018 年 10 月 2 日与崔家村村民 SXY 的访谈资料。
② 布条，指手工织的床单。
③ 笔者于 2018 年 10 月 1 日与高青县花沟镇前石门村村民 ZCY 的访谈资料。
④ 《2015—2018 年 CAL 织布送人统计》，制表人：李亚妮；制表时间：2022 年 3 月 16 日。

续表

与送布人的关系	关系分类	布品	数量	是否支付线钱
孙女	族亲	凉席	1弦子	否
婶子	族亲	普通床单	1弦子	否
姐姐	姻亲	普通床单	20床	否
妹妹	姻亲	普通床单	20床	支付1000元
外甥媳妇	姻亲	普通床单	4床	否
嫂子	姻亲	普通床单	2床	否
大弟媳	姻亲	普通床单	3床	否
二弟媳	姻亲	普通床单	2床	否
侄媳妇	姻亲	花布	若干	否

从表1-3可以看出，CAL织布送人的亲友包括姐姐、嫂子、弟媳妇、妹妹、侄媳妇、外甥闺女、孙女等，是以姻亲关系为主的女性亲友。大多数情况下，CAL是在没有即时现金交易的情况下以礼物的形式送给对方。很明显这是一种关系维护的方式。同村的WXR织的床单也经常送给女儿的好朋友，作为女儿积攒人脉的物品，"现在城里的这些人，还很喜欢粗布当床单。有人认为送苹果送点心，还不如送床单"。[①] 在流水线上的工业化产品随处可得的时代，这些带着温度的手工作品在一定程度上表达着真诚和情感，也延续着礼物交换的习俗。

美国学者任柯安曾分析过邹平婚礼仪式中送布料的习俗。他认为，送布料或床单就是女性之间建立关系的一种方式。"妇女之间，年长的妇女给年轻妇女的布料，布料就有了进一步的意义。布料需要妇女的劳动力才能变成有用。因此，布料

---

① 笔者于2018年10月2日与崔家村村民WXR的访谈资料。

对妇女之间劳动力交换和劳动义务是至关重要的。在很多方面,布料是一个关系建立的媒介,而且是几乎只由女性操纵。"① 他更加强调布料凝聚着女性的劳动,包括其情感劳动在内。

而且,任柯安认为,女性在民俗活动中通过自己的方式建立关系,掌握一定的决策权,与男性将女性隔离于公共空间的政治权力场域之外一样,女性也在自己的圈子里将男性隔离。②

从CAL的送布行为来看,这种交换以女性圈子为主,是女性自己建立关系的方式,送给谁,送多少,从来不需要征求男人的意见。而且从送的对象来看,主要也是在女性圈子内部,而非男性圈子。WXR的女儿、媳妇也常常用她织的土布维系自己的关系圈。

> 她们很稀罕。因为尤其是咱们自己织的这个,用的线是纯棉的,很舒服,五冬六夏的很舒服,我五冬六夏都铺着。像我妈织,我妈织得快,她几天就织好了。我弟媳妇

---

① Andrew B. Kipnis, *Producing Guanxi: Sentiment, Self, and Subculture in a North China Village*, Durham and London: Duke University Press, 1997, p. 72.

② "酒席上,男性喝白酒,女性喝红酒。酒席上男女两性喝酒习惯的差异被理解为传统的酒席座位性别隔离的原因。大多数村里的酒席上男女分桌的现象比较常见。一般都要根据酒量,能不能喝好。因此,性别分化的喝酒习惯会影响能不能喝好,如果男女混坐的话,由于男性主导公共场合的政治氛围,性别分化的喝酒模式就使女性再次被隔离出重要的政治位置。当然,至少在冯家村,不仅将女性隔离出男性的关系圈,同时也将男性隔离出女性的关系圈。妇女在冯家村内部或冯家村与其他村之间建立关系。" Andrew B. Kipnis, *Producing Guanxi: Sentiment, Self, and Subculture in a North China Village*, Durham and London: Duke University Press, 1997, p. 83.

在济南,她回去也是送人,包括给她姐姐、给她妹妹,人家都铺着挺好铺。她一些同事什么的都问我妈要那个。①

但是,任柯安研究中所强调的"权力",即"Power",是在西方权利(Right)和权力(Power)框架下来讨论,与民众的儒家文化环境不同。所以,笔者认为虽然女性也确实是在建立自己的关系,但这些关系背后的意义不在于女性要追求自己的独立或自己的生活圈子,而是在建立与其他亲属之间的关系。这种关系也不是个人之间的亲密关系,而是家庭与家庭之间的关系,这一点与儒家文化下女性追求和睦和谐的家庭观念相吻合,也与中国文化思想中注重"关系"有关。在儒家文化思想体系下,妇女用手工织布来建立和维系自己所在的家庭与其他亲属的关系,也有与其他朋友的关系。如崔家村的WXR给在县城工作的朋友送布,就是一种泛家庭关系。

三 性别民俗

清康熙三十四年(1695)《邹平县志》中记载了邹平妇女外出活动的节日,如元宵节、寒食节、清明节、黄山会等。此风俗一直沿用至民国乡村建设运动期间。

> 元宵:各户张灯,饮酒相乐,十四日至十六日止。户陷置灯二碗,用占岁之丰歉。尤重十六日,男罢市,女挈伴纷然于各寺庙行走,俗谓"走百病"。
>
> "寒食","冬至"后五日,"清明"前一日也,嫁出

---

① 笔者于2018年10月4日与崔家村村民CYH的访谈资料。

女是日皆归宁母家祀祖。

四月八日:"黄山会",初六日起,至初八日止。远近州邑士民男妇咸结队朝拜碧霞元君像,宫在山东峰虎头岩畔。是日,四方商贾赍百货,俱集东门贸易,自庙外至山脚搭棚卖香纸及各嬉物,累累不绝,农具、诸家居用物,溢路铺设里余,俗称"大集"。①

田野调查中,97岁高龄的黄山郎君村村民WWC讲述了农村女性"大门不出二门不迈"的习俗。

那时候闺女孩子不叫她出门啊!不和现在一样,(可以)赶集上坡。②(那时候)没有这样的事。女人们没有赶集的,也没有上坡的。(女人)就光在家纺棉花、做饭。女人们成年大门不出,不赶集上店,也不依她赶集上店。就是过年过节(能出门)。一年就是,过寒食那一天,清明日,(女人)出去看打秋千。(闺女孩子)出去玩玩行。过寒食(闺女孩子)就玩一天两天。正月十五,看扮玩,闺女孩子出门。一年就这么三个时候。"年三日,寒四日,正月十五玩二日。"③

在民众的日常生活中,农村妇女以主内者的身份参与。其特定的外出活动是结合了天时、地利、人和的因素。如元宵节

---

① 康熙《邹平县志》卷5《风俗》,载丁世良、赵放主编《中国地方志民俗资料汇编(华东卷)(上)》,书目文献出版社1992年版,第172页。
② 上坡,邹平方言,指去地里干农活。
③ 笔者于2015年8月4日与郎君村村民WWC的访谈资料。

期间妇女外出的民俗文化阐释是消病禳灾，是在冬春交际时期对外在阳气吸收和摒弃寒邪的一种自然调适方式。农历四月八日的黄山会是山东邹平境内的民间信仰活动，是地方社会构建的活动，也是妇女社会交往的活动。清明、寒食节妇女回娘家，有着祭祖的意义，是女性建立姻亲社会关系和维护关系的合理化行为。

当妇女出嫁后，她的内外界限发生了变化，"嫁出去的女儿泼出去的水"。出嫁后，婆家成了"内家"，而娘家成了"外家"。传统社会中，对出嫁的女儿回娘家的时间节点也有着很多禁忌约束。如在邹平，除夕和正月初一女儿不能回娘家，但正月初二是回娘家的约定日子；芒种不能回娘家，但夏收之后女儿有回娘家的习俗；生孩子之前的正月十五不能在娘家，但孩子出生后的第一个元宵节要在娘家过；等等。同时，邹平民俗文化中对女性外出的范围在不同的节点则不同。如寒食节回娘家则明确说明了活动范围，即娘家；而元宵节的"走百病"主要是在户外，可远可近，往往会借助其他的空间设施来完成，如走桥习俗，就是指人们要在元宵节这一天必须经过桥，才能过关。清明节的"踏青"则是围绕秋千进行的，所以其活动的空间设施主要是秋千。而在四月八日的黄山会上，举办庙会的场所是女性外出活动的主要范围。庙会的整个空间，包括祭拜点、商贸点等都是女性可以活动的范围。

"男外女内""男尊女卑"观念带来的性别民俗，也表现在物质生产方面，在一定程度上也会影响民俗主体的男女两性对自我角色空间的选择。在农村家庭的小农经济生产中，家庭劳动力的分配是以性别和年龄为基础的，形成男女分工、成年人与未成年人的劳动力分配基本原则。比如，妇女从事田间劳动在历史文献中也常常可以见到。金一虹曾对江南农村劳作分工调查研究发现，"男人生活"与"女人生活"本是两个明确标记的性别分工。"在一般的情况下，劳动的性别标记形成的是一种不得不遵循的压力，比如一个找不到合适工作的男人他不会到丝厂织丝，因为那样他会承受'男做女工，一世无功'的压力。"① 但是，在耕织领域，江南农村的男女分工则是有着极大弹性的。"苏南的农村妇女普遍下田，参与农耕，而男子亦参与织造，改写了'男子不耕而衣，妇人不耕而食'的模式。"②

在邹平，自乡村建设运动以来，随着社会政治经济的变迁，市场化、城镇化的加快，邹平农村家庭中男女两性参与社会劳动的方式都在变化。

20世纪30年代，邹平农村家庭是典型的男耕女织分工模式。"女子职业，在乡村社会中，可说人人一律，除管理家事、纺纱、织布外，农忙时亦去拾麦赶驴，制面拉草，凡小脚妇女人所能为之事，妇女均当为之。故女子职业一项从略。"③ 1936年山东省立十二校师范女生在乡村建设研究院受训期间下乡实习工作中，对448名农村妇女访谈，主要调查了家庭妇女的劳作情况，调查发现，邹平农村妇女的劳动负担是很繁重的，其劳作内容包括"做饭缝衣，织布纺花，

---

① 金一虹：《父权的式微——江南农村现代化进程中的性别研究》，四川人民出版社2000年版，第11—12页。
② 金一虹：《父权的式微——江南农村现代化进程中的性别研究》，四川人民出版社2000年版，第15页。
③ 吴顾毓：《邹平第一年生命统计之分析》，《乡村建设》1936年第6卷第1期。

洗洗浆浆，磨磨舂舂，连照顾儿女侍候公婆，以及帮助丈夫耕作汲水浇田收割庄家等等"①。这一点也与30年代全国其他地方的情况相似。如1929—1933年金陵大学农学院农业经济系对乡村人口的职业类别统计显示，被调查的42615名女性中28.6%从事农业劳动，几乎全部女性从事家务。② 在调查中也有老人回忆，"解放前那时候女人参加（田间劳动）的很少，女人差不多就是给送送饭。女人参加劳动那是解放以后的事了"。③

新中国成立后，《中华人民共和国婚姻法》颁布，广大妇女走出家门，与男性一起共同参与到社会劳动中。农业合作社时期，女性社会劳动的参与率很高，纳入社会劳动体系之内，承担了重要的生产活动。但同时，女性仍然需要承担家务劳动。女性在集体劳动时参加田间工作，田间工作休息时抽空做家务。大炼钢时期，进入工业化劳动的选择，性别分工更加明显，男工女农的现象出现。这一时期，农业上的性别分工界限被打破，内与外的界限不再是农田与家务的区别，而是工业与农业的区别。

20世纪80年代家庭联产承包责任制实施，邹平农村男女的劳动分工重新组合，男女共同完成家庭的生产生活。此时，内外的界限不是田间与家务，而是自家与他家的区别。因此，在家庭内部的生产生活中，虽然保留了男女个体的劳动差异，但文化上的差异已不再严格。

---

① 张玉山：《邹平农家妇女访问的尝试——山东省立十二校师范女生下乡实习工作之一（未完）》，《乡村建设》1936年第6卷第7期。
② 侯杨方：《中国人口史》（第六卷），复旦大学出版社2002年版，第535页。
③ 笔者于2015年8月2日与碑楼村村民LNX的访谈资料。

21世纪，随着城镇化、市场化的进程加快，男女两性外出务工的机会增加，也带来了家庭内部性别分工的变化，个体家庭决策的重要性增强，家庭利益最大化的原则凸显。男性外出打工，农业女性化的现象出现；或者女性外出打工，男性承担家务的现象出现，内外的界限不再严格影响家庭和个人的生活。在邹平乡村的劳动性别分工历程中，性别的内外界限虽然在不断变动，但女性作为调节器的稳定性一直存在，男女性别的分工背后是性别合作的关系。女性是否选择外出工作，其背后既有国家政策的引导、经济发展的趋向和文化价值的确立，也有个体家庭利益的综合考量。

小　结

梁漱溟的乡村建设不只是为了乡村的建设，而是为中华民族寻找一条发展的道路。他的乡村建设理论的提出，是对当时中国社会现实（经济萧条、政局混乱、外国势力入侵等）的综合考量，是以乡村建设作为解决中国问题的入口。梁漱溟认为邹平乡村具有与山东乃至全国其他地方不同的特点，它既能代表中国的普遍性，又有便于实验的特殊性。

从自然地理环境来看，梁漱溟接受邹平地理环境的要素有二，即"在山东全省为比较适中地点，不偏于一隅""交通不为不便，但又非要路行繁"[1]。这两条是与邹平的地理区位、交通运输等要素相关。从社会人文环境方面来看，梁漱溟接受邹平的要素有三，即"大体为农业社会，受工商业影响较小"

---

[1] 山东乡村建设研究院编：《山东乡村建设研究院概览》，山东乡村建设研究院出版股1935年版，第2—3页。

"不甚疾苦，亦非甚富庶，颇合于一般性""小县易治"①。这三条是与邹平的人口与家庭规模、职业状况、自然经济状况等要素相关。

邹平的乡土性特征带有全国乡土社会的普遍性，表现在邹平的民间互助民俗、生产生活民俗和性别民俗方面。将以上这些特征置入20世纪30年代梁漱溟乡村建设运动的历史语境下，有助于理解梁漱溟的乡村建设理论与邹平的地方特征和民俗文化之间的关联。

---

① 山东乡村建设研究院编：《山东乡村建设研究院概览》，山东乡村建设研究院出版股1935年版，第2—3页。

第二章

民众教育

梁漱溟乡村建设理论中的民众教育思想是在儒家教化思想和民间乡约制度基础上发展起来的。但同时，他又吸收了五四新文化运动的思想内容。梁漱溟认为，20世纪30年代中国乡村出现破败，这种破败既有政治上的局势不稳定，又有经济上的小农制度被破坏，还有文化上的礼俗制度的破坏。而民众教育则是重新建立新文化、新礼俗的重要方式。

本章阐述梁漱溟乡村建设理论中民众教育的思想来源与核心内容，描述民众教育的实践，重点分析乡村建设运动中民众教育与邹平地方民俗文化的关联，反映乡村建设运动中民众教育的成就与价值。

第一节 梁漱溟的民众教育理论

自1918年北京大学的"歌谣征集运动"以来，特别是在五四新文化运动的影响下，广大民众和他们创作的民间文化的地位被"提升到历史上前所未有的高度"[1]，一批知识分子

---

[1] [美]洪长泰：《到民间去：中国知识分子与民间文学，1918—1937》（新译本），"绪论"，董晓萍译，中国人民大学出版社2015年版，第2页。

"到民间去",挖掘民间的文化传承。从北京大学讲坛走向邹平乡间的梁漱溟,吸收了儒家教化思想和民间乡约制度的理论养分,带着"眼光向下"的理想,有着不同于其他乡建运动中对民众教育的关注与实践。

一 民众教育的理论基础

20世纪二三十年代,中国经历内忧外患,农村经济萧条,农民生活困苦。一批知识分子和有识之士纷纷为救活中国农村而开展乡村建设运动,走改良社会的道路。梁漱溟的乡村建设理论是在他对中西方文化的比较研究和对中国历史问题的思考中,特别是对中国乡村发展,乃至中华民族复兴的实践探索中提出的,他的社会改革实践道路不是突发奇想,而是在他长期的理论思考与大量社会考察之后提出的。

(一)梁漱溟的"乡治"思想

1928年4月,梁漱溟提交中央政治会议广州分会的《请办乡治讲习所建议书》中首次提出开办乡治讲习所的建议案及试办计划大纲。在该建议书中,他明确"所谓乡治者,是我认为我们民族前途的唯一出路。我的所谓乡治,就是替农村求新生命的方法"。[①] 这是他乡村建设运动思想的开端。

此后,于1929年,在省政府的资助下,梁漱溟先后考察了陶行知创办的南京晓庄师范学校、黄炎培领导的江苏昆山中华职业教育社乡村改进会、河南翟村米迪刚领导的村民自治及晏阳初领导的河北定县中国平民教育促进会,对各地的乡村建

---

① 梁漱溟:《请办乡治讲习所建议书》,载中国文化书院学术委员会编《梁漱溟全集》第4卷,山东人民出版社1992年版,第828—829页。

设运动状况与问题有了详细了解。该年6月，他被聘为河南村治学院教务长，开设乡村自治组织等课程。

1930年，梁漱溟担任《村治月刊》主编，发表一系列关于村治的论述①，如《主编本刊"村治"之自白》《中国民族自救运动之最后觉悟》《中国问题之解决》《敢告今之言地方自治者》《山东乡村建设研究院设立旨趣及其办法概要》等，后收入《中国民族自救运动之最后觉悟》一书。② 这些论述是梁漱溟有关乡村建设理论的初创。1930年，因军阀混战，河南村治学院被迫停办。

1931年，在山东邹平筹建山东乡村建设研究院。1931—1937年，梁漱溟做了多次关于乡村建设问题的演讲，发表数篇理论文章，后收入《乡村建设理论》一书，是乡村建设理论的核心内容。③

梁漱溟从四个层面分析20世纪30年代全国发起的乡村建设运动的缘由和背景，由浅层到深层。第一层，也就是最浅层

---

① 梁漱溟：《中国民族自救运动之最后觉悟》，村治出版社1932年版。收录的文章主要有《主编本刊"村治"之自白》《中国民族自救运动之最后觉悟》《我们政治上第一个不通的路——欧洲近代民主政治的路》《我们政治上第二个不同的路——俄国共产党发明的路》《中国问题之解决》《敢告今之言地方自治者》《山东乡村建设研究院设立旨趣及其办法概要》等。该部分内容后收入中国文化书院学术委员会编《梁漱溟全集》第5卷，山东人民出版社1992年版。

② 该书于1932年由北平村治月刊社出版，由于该书收录的是村治月刊发表的文章，因此又名《村治论文集》。

③ 《乡村建设理论》又名《中国民族之前途》，于1937年3月由山东邹平乡村书店出版，同年5月再版。1939年乡村书店迁四川重庆后曾重印。现以1937年5月再版本为准收入《梁漱溟全集》第2卷，这是梁漱溟于1931年至1936年在山东邹平乡村建设研究院所作的"中国问题之解决办法""中国社会建设之途径"等一系列讲演集，全书共31万字。

的原因,是"起于救济乡村",如政府和大财团、实业家们进行的以官方名义或大财团等发起的乡村经济救济就属于这一层面,这是属于乡村以外的力量来救济[1];第二层,是"起于乡村自救",梁漱溟认为当时中国的分裂状态下"没有唯一最高的国权"[2],中国乡村只能自救,即"在一特殊状态中乡村之自卫、自救"[3]。第三层,是"起于积极建设之要求",即从经济建设方面"恢复农业生产力当较兴起工业生产力为简便迅捷"[4]。第四层,是最深层的,"起于重建一新社会构造的要求",这是乡村建设的最终目的。

梁漱溟的"乡治"思想来自儒家的治理模式,即基于地缘关系的乡域管理制度。"乡治一名词,实沿用古语。在中国古代,有此一种制度,实充分涵有今日所谓地方自治之意在内。今欲提倡建设一种中国化的地方自治,故特标定此名。"[5] 梁漱溟对孔子和墨子等儒家学派中关于"乡治"的内容进行了阐述和发展。孔子观乡射之后,曰"吾观于乡,而知王道之易易也"[6]。孔子的"王道"即是以"仁""礼"为治国治乡之本。管子提

---

[1] 梁漱溟:《乡村建设理论》,载中国文化书院学术委员编《梁漱溟全集》第 2 卷,山东人民出版社 1992 年版,第 153 页。
[2] 梁漱溟:《乡村建设理论》,载中国文化书院学术委员编《梁漱溟全集》第 2 卷,山东人民出版社 1992 年版,第 154 页。
[3] 梁漱溟:《乡村建设理论》,载中国文化书院学术委员编《梁漱溟全集》第 2 卷,山东人民出版社 1992 年版,第 155 页。
[4] 梁漱溟:《乡村建设理论》,载中国文化书院学术委员编《梁漱溟全集》第 2 卷,山东人民出版社 1992 年版,第 155—160 页。
[5] 梁漱溟:《请办乡治讲习所建议书》,载中国文化书院学术委员编《梁漱溟全集》第 4 卷,山东人民出版社 1992 年版,第 828 页。
[6] 《礼记·乡饮酒义》。

出"朝不合众,乡分治也"①,即乡政府以分权治理的责任与权利,并设立了乡、州、里的分级治理框架。梁漱溟认为,乡治不在于区域大小,而是儒家治国理政的"礼治"思想于乡。

> 是其为古之言治理者所最注意,各家殆莫不然,其彼此间之参差,或为各处设制不同,如周有周制,齐有齐制之类(其果为周制或齐制否自尚不敢说),而大体立意略同。又同着眼于乡而称之为乡治,虽其所谓乡者未必果为同物,区域大小,或且相悬,而名号恰好相同,适足以资吾人之袭取,则亦不复深较也。②

梁漱溟认为,乡治不受区域大小的影响,但会受到传统习惯的影响,"要在以解决农村经济问题为自治之入手"③。

乡治的文字性规约最早开端于宋代吕氏兄弟所撰的《吕氏乡约》,作为乡民们共同遵守的规约,包括"德业相劝、过失相规、礼俗相交、患难相恤"四条内容。后经朱熹修饰、明太祖朱元璋提倡推广,成为明代乡村民众教化的重要形式,《吕氏乡约》成为推广宣讲的蓝本。到了清代,官方的色彩更加浓厚,乡约的性质也发生了变化。"乡约发展到清代,已发生衍变,其内容如果说宋代是由民间自订的规条,明代是地方官订定规条和朝廷六谕相结合的话,清代则衍变为由朝廷统一

---

① 《管子·权修第三》。
② 梁漱溟:《请办乡治讲习所建议书》,载中国文化书院学术委员会编《梁漱溟全集》第4卷,山东人民出版社1992年版,第828页。
③ 梁漱溟:《请办乡治讲习所建议书》,载中国文化书院学术委员会编《梁漱溟全集》第4卷,山东人民出版社1992年版,第828—829页。

颁布的条规，其目的不外乎是对社会成员实施普遍的道德教化。"① 清代陆桴亭对乡约进一步阐释，提出了《治乡三约》。梁漱溟认为，邹平乡村建设运动中对旧有乡约的改造，是在清代学者陆桴亭所提的《治乡三约》基础上的补充。

> 按陆先生的意思，认为：乡约是干什么的呢？就是要大家相约来办这三者：社学、保甲、社仓。乡约只有精神，不行，必须见诸实际。他所谓社学即教育机关，社仓是经济机关，保甲则是自治自卫——政治机关。②

梁漱溟比较了乡规民约与地方自治之间的差异，认为乡约注重"德"和"礼"，注重人生向上的精神引导，而地方自治缺乏对人的精神的引领。因为"现在的地方自治，是很注意事情而不注意人；换言之，不注意人生向上。乡约这个东西，它充满了中国人精神——人生向上之意"。③ 乡规民约的基础是中国社会的伦理关系，也是"仁""礼"的社会秩序。在邹平乡村建设运动的实践中，传统乡约的内容随处可见，如乡学村学组织中"学长"的设立、乡村的自卫训练等。

但是，梁漱溟认为，这种乡约又有一些不合理的地方，也需要改造。他不认同以个人权利为基础的投票制度，而同意以家庭或家族为基础的代表制。也就是说梁漱溟比较认同乡村社

---

① 谢长法：《乡约及其社会教化》，《史学集刊》1996年第3期。
② 梁漱溟：《乡村建设理论》，载中国文化书院学术委员会编《梁漱溟全集》第2卷，山东人民出版社1992年版，第330页。
③ 梁漱溟：《乡村建设理论》，载中国文化书院学术委员会编《梁漱溟全集》第2卷，山东人民出版社1992年版，第322页。

会的家户制度，基于乡村小农经济的家户制度。"每户出一个明白人来参加开会，且每人都肯用心思去讨论他们的问题，让大家对每一件事情都找出一结论来，我认为这是最好的民治、最通的民治。"①梁漱溟重视家庭户的思想不同于西方文化中的个体主义或个人主义。这一点在他的乡村建设实践中也有明确阐述（详见第三章）。

梁漱溟特意强调他的"乡治"思想不同于西方的社会治理思想。"我眼中的乡治或村治，是看作民族自救运动四五十年来再转再变，转变到今日——亦是到最后——的一新方面。这实是与四五十年全然不同的一新方向——以前都是往西走，这里便要往东走。"②

乡规民约是儒家教化在乡村社会的一种体现形式。梁漱溟的乡村建设理论中要建立一种新的社会组织形式，即建立一种新的"乡约"，这种新的"乡约"以乡学村学为基本组织机构，让邹平的所有民众在新的组织机构中生活。

（二）梁漱溟对礼俗的态度

礼俗和法制是中国社会文化的核心。梁漱溟认为，20世纪二三十年代乡村的破坏，在浅层上是天灾人祸，在深层上则是礼俗的破坏。原有的礼俗已经遭到破坏，必须要建设"新的礼俗"③，即建立新的农村社会秩序。

---

① 梁漱溟：《乡村建设理论》，载中国文化书院学术委员会编《梁漱溟全集》第2卷，山东人民出版社1992年版，第326页。

② 梁漱溟：《中国民族自救运动之最后觉悟》，载中国文化书院学术委员会编《梁漱溟全集》第5卷，山东人民出版社1992年版，第21页。

③ 梁漱溟：《乡村建设理论》，载中国文化书院学术委员会编《梁漱溟全集》第2卷，山东人民出版社1992年版，第276页。

> 我看破坏乡村最重要的还在乡间风俗习惯的改变。因为风俗习惯的改变，让乡村破坏更渐渐地到了深处……这个社会制度，有的是多由国家法律规定的，有的就是靠他那社会上的风俗习惯。我们中国即属于后者。那么，我们看现在中国的社会制度尚为一般人所共循共由乎？我们可以说：已经不能如此了！现在中国的旧社会制度也就是旧风俗习惯，已渐渐地改变崩溃，渐渐地被人否认了。这种社会制度，风俗习惯的崩溃破坏，实在是最重要最深刻的破坏。①

首先需要区分的是，梁漱溟所说的礼俗不完全等同于民俗学学科意义上的"民俗"概念。根据钟敬文的"文化分层说"，民俗主要体现于"中、下层文化"②。梁漱溟所说的"礼俗"既包括上层社会的礼仪制度与惯习，也包括中下层的风俗习惯与民间制度。两者具有相重合的内容，即社会组织、社会制度、生产生活民俗和岁时节日民俗等。梁漱溟所言的风俗习惯的破坏主要是指西洋文化致使的中国传统文化制度和组织的破坏，"与以前历史上的乡村破坏不同"③，是"中西文化相遇后中国改变自己学西洋因而破坏了乡村"④。

梁漱溟认为，中国文化破坏主要原因在于学习西洋的工业

---

① 梁漱溟：《乡村建设大意》，载中国文化书院学术委员会编《梁漱溟全集》第1卷，山东人民出版社1992年版，第604—605页。
② 钟敬文主编：《民俗学概论》（第二版），高等教育出版社2010年版，第3页。
③ 梁漱溟：《乡村建设大意》，载中国文化书院学术委员会编《梁漱溟全集》第1卷，山东人民出版社1992年版，第605页。
④ 梁漱溟：《乡村建设大意》，载中国文化书院学术委员会编《梁漱溟全集》第1卷，山东人民出版社1992年版，第606页。

化和都市化。"以这样一个以农业为主的国家,以乡村为本的文化,近几十年来却遇到一个以工业为主,以都市为本的西洋文明,我们又一天一天地在那里跟着他学,这哪能不与自己原有的文化矛盾冲突以致日渐崩溃破坏呢?"① 他认为,都市化和工业化破坏了乡村的乡土性基础和文化,也破坏了中国乡土社会的礼俗。

所以,梁漱溟所谓的新礼俗是在中西文化融合的新礼俗,既不是完全照搬传统儒家文化,也不是照搬西方文化,而是一种中西文化互相取长补短的结果,这也正是梁漱溟乡村建设理论的理想之处。

> 所谓新礼俗是什么?就是中国固有精神与西洋文化的长处,二者为具体事实的沟通调和(完全沟通调和成一事实,事实出现我们叫他新礼俗),不只是理论上的沟通,而要紧的是从根本上调和沟通成一个事实。②

但是,梁漱溟的中西取长补短的教育理念也不同于当时晏阳初和陶行知的教育理论。梁漱溟参照的不是美国、日本、法国等的教育模式,而是"以农业为主并且具有相同于中国民族忧患意识与处境的丹麦"③。钱理群认为,"在一定意义上,

---

① 梁漱溟:《乡村建设大意》,载中国文化书院学术委员会编《梁漱溟全集》第1卷,山东人民出版社1992年版,第609页。
② 梁漱溟:《乡村建设理论》,载中国文化书院学术委员会编《梁漱溟全集》第2卷,山东人民出版社1992年版,第278页。
③ 宋恩荣、毕诚:《文化的民族性与人的主体性重建——梁漱溟的乡村教育理论》,《乡村:中国文化之本》,山东大学出版社1989年版,第18页。

我们可以说，晏阳初等走的是一条'西学为体，中学为用'的乡村改造之路。而梁漱溟恰恰对西方的民主政治有一种批判性的审视；他强调的不是中国传统与西方文化的契合之处，而恰恰是不同于西方——并且，在梁漱溟看来，又是高于西方的儒家思想之本，即他说的'中国老道理'。在这个意义上，可以说，梁漱溟奉行的是'中学为体，西学为用'的乡村建设路线"。① 邹平乡村建设运动实践在对待礼俗方面就正好体现了他的这一理念。

梁漱溟乡村建设理论仍然坚守伦理本位和传统文化秩序，是在儒家的民本思想和乡治思想上的延伸和发展，不同于西方的个人本位和阶级对立的社会特征下的社会运动思想。

（三）儒家教化思想的影响

梁漱溟的民众教育理论中也有儒家的民本思想和教化思想。他认为中国的儒家思想是一种理性的开明的思想，儒家对社会治理的贡献主要在于"礼乐"。

> 古时儒家澈见及此，而深悯生民之祸，乃苦心孤诣，努力一伟大运动，想将宗教化为礼，将法律、制度化为礼，将政治（包括军事、外交、内政）化为礼，乃至人生的一切公私生活悉化为礼；而言"礼"必"本乎人情"。将这些生活行事里面愚蔽的成分、强暴的气息，阴为化除，而使进于理性。所谓"礼乐不可斯须去身"（语见《礼记》），盖要人常不失于清明安和，日远于愚蔽与

---

① 钱理群：《梁漱溟建设思想及其当代价值》，《中国农业大学学报》（社会科学版）2016年第4期。

强暴而不自知。理性的开启,从这里收功最大。虽后来"礼乐崩坏",然中国人社会生活的进行,始终要靠礼俗。①

孟子提出民本思想,"民为贵,社稷为次,君为轻"②,并提倡通过教化来践行民本理念,即"善政民畏之,善教民爱之;善政得民财,善教得民心"③。孟子认为,教化民众,使民众能够生活和谐,温饱知足。民本思想与儒家教化思想一起,在上层社会发挥着教化民众的功能。在下层社会,教化民众,维护民间社会秩序功能则更多依赖民俗。梁漱溟乡村建设运动中的民众教育是在民本思想基础上利用民俗形式发挥教化民众的功能,从而达到民众觉醒乡村自救的目标。这在乡村建设的实践中也有体现,比如说服教育为主,以惩戒为辅。

梁漱溟认为,知识分子是教化民众的重要力量。"士人即代表理性以维持社会者。"④ "乡村问题的解决,第一固然要靠乡村人为主力;第二亦必须靠有知识、有眼光、有新的方法、新的技术(这些都是乡村人所没有的)的人与他合起来,方能解决问题。"⑤ 这里所说的第二类人指的就是乡村建设运动

---

① 梁漱溟:《乡村建设理论》,载中国文化书院学术委员会编《梁漱溟全集》第2卷,山东人民出版社1992年版,第183—184页。
② 杨伯峻:《孟子·尽心章句下》,杨逢彬注译,岳麓社2000年版,第250页。
③ 杨伯峻:《孟子·尽心章句上》,杨逢彬注译,岳麓社2000年版,第229页。
④ 梁漱溟:《乡村建设理论》,载中国文化书院学术委员会编《梁漱溟全集》第2卷,山东人民出版社1992年版,第185页。
⑤ 梁漱溟:《乡村建设理论》,载中国文化书院学术委员会编《梁漱溟全集》第2卷,山东人民出版社1992年版,第351页。

中的知识分子，他们能依靠知识的理性来教化民众。梁漱溟曾用"耳目""喉舌""脑筋"来形容知识分子对乡村建设的意义和作用。① 但是，他也意识到，知识分子必须了解民众，必须与"乡村居民"形成合力，"中国问题之解决，其发动主动以至于完成全在其社会中知识分子与乡村居民打并在一起，所构成之一力量"②。

梁漱溟动员知识分子"要下乡间去，与乡间居民打并一起而拖引他上来"③。这与20世纪二三十年代的民间文学运动"到民间去"有着异曲同工之处。梁漱溟动员知识分子"下乡间去"是为了更接近民众了解民众从而成为乡村建设的动力，反之，"盖不从乡村起，自不能归本乡村，离开乡村，即离开民众；入手即错，其步走向背叛民众去固不止也"④。而民间文学运动则是一批民间文学爱好者和民俗学者在关心国家命运之时，认识到与上层文化不同的民间文化中蕴含的传统文化的价值，需要"到民间去"，挖掘民间文化的力量，从而改革社会。如洪长泰在《到民间去：中国知识分子与民间文学，1918—1937》中阐述了这场民间文学运动对社会改革的意义。

从社会与政治的角度看，中国民间文学运动的发展，

---

① 梁漱溟：《山东乡村建设研究院设立旨趣及办法概要》，载中国文化书院学术委员会编《梁漱溟全集》第5卷，山东人民出版社1992年版，第227页。
② 梁漱溟：《中国问题之解决》，载中国文化书院学术委员会编《梁漱溟全集》第5卷，山东人民出版社1992年版，第210页。
③ 梁漱溟：《中国问题之解决》，载中国文化书院学术委员会编《梁漱溟全集》第5卷，山东人民出版社1992年版，第216页。
④ 梁漱溟：《中国问题之解决》，载中国文化书院学术委员会编《梁漱溟全集》第5卷，山东人民出版社1992年版，第217页。

逐渐将知识分子的注意力转向了农村。这批民俗学者认为，农村才是中国民间文化的发掘地，故也重视农村问题。他们为此还强调城乡差别。这种城乡二元模式化被中国的共产主义革命者加以发挥，成为中国革命的基本元素之一。随着民间文学运动的开展，中国知识分子还认识到中国地方文化的多元化和丰富性，发现了地方文化的丰富价值与巨大魅力。①

梁漱溟在这里用了"乡村居民"的概念，而不是"农民"的概念。这与前文所述的他反对乡村走向"都市化"和"工业化"相一致，"乡村居民"是相对于"都市居民"而言，特意强调他对乡土化的坚守。另外，他认为"乡村居民"涵盖所有的乡村民众，无阶级差异，只有"职业分立"。

>我们为什么不用"农民""农工""被压迫民众""无产阶级"等词，而特标"乡村居民"。我以为"有产""无产"是不适于拿来分别中国社会的……现在中国社会，其显然有厚薄之分舒惨之异者，唯都市与乡村耳。②

钱理群认为，"能够构成梁漱溟个人特色的，是他所提出的'乡村居民'的概念，并以全体乡村居民为发动与依靠对象"③。

---

① ［美］洪长泰：《到民间去：中国知识分子与民间文学，1918—1937》（新译本），董晓萍译，中国人民大学出版社2015年版，第2页。
② 梁漱溟：《中国问题之解决》，载中国文化书院学术委员会编《梁漱溟全集》第5卷，山东人民出版社1992年版，第216页。
③ 钱理群：《梁漱溟建设思想及其当代价值》，《中国农业大学学报》（社会科学版）2016年第4期。

在邹平乡村建设运动的实践中，乡学村学的组织中既有"村中或乡中男妇老少一切人等"，也有"村中或乡中品德最尊的人"，还有"村中或乡中有办事能力的人"①，也就是说既有普通民众，也有精英群体。

在他的乡村建设运动实践中，梁漱溟也是做到了积极引导知识分子参与，曾在邹平做过不少当地知识青年的思想工作，吸引他们参与乡建活动。②

二 民众教育思想的核心内容

梁漱溟乡村建设理论中的民众教育不是普通意义上的学校教育，而是站在"创造新文化"的高度，依照"政教经合一"的教育模式实施的社会化教育。

（一）创造新文化

梁漱溟的乡村建设理论源于他从孔孟儒家思想出发对东西文化及哲学的讨论，在五四运动之后"全盘西化"的浪潮中同时发出了坚守中国传统文化的声音。他认为中国社会的主要问题是"文化失调"③，乡村建设就是要在老树根上发新芽，"创造新文化"。

---

① 梁漱溟：《乡村建设大意》，载中国文化书院学术委员会编《梁漱溟全集》第1卷，山东人民出版社1992年版，第676页。

② 曾任梁邹美棉运销合作社联合会主席的孙子愿回忆过他当初在梁漱溟鼓励下，参加乡建的情况。孙子愿：《追忆我在邹平参加美棉运销合作社的活动》，载山东省政协文史资料委员会、邹平县政协文史资料委员会编《梁漱溟与山东乡村建设》，山东人民出版社1991年版，第131页。

③ 梁漱溟：《乡村建设理论》，载中国文化书院学术委员会编《梁漱溟全集》第2卷，山东人民出版社1992年版，第164页。

自中西两个不同的文化相遇之后，中国文化相形见绌，老文化应付不了新环境，遂不得不改变自己，学西洋以求应付西洋；但结果学西洋没有成功，反把自己的老文化破坏了，把乡村破坏了。老文化破坏殆尽，而新文化未能建立，在此青黄不接前后无归的过渡时期，遂陷于混乱状态。这是中国最痛苦最没有办法的时候，所以现在最要紧的就是赶快想法子创造一个新文化，好来救活旧农村。"创造新文化，救活旧农村"。这便叫做"乡村建设"。①

梁漱溟所说的"新文化"，既不是全盘西化，也不是全盘否定西化，既不是完全保守继承传统儒家文化，也不是完全反对儒家文化。他是在探索"中西融合"的新道路。他所说的老道理有两点，一是伦理本位的关系格局；二是职业分立的社会格局。

他认为，中国伦理关系的基础在于家庭，即父子关系、兄弟关系、夫妻关系等。"伦理关系，始于家庭，而不止于家庭。"②与西方的法律相比，中国儒家的礼俗是一种重情义的"相让"的礼俗，而西方则是重权利的"相争"的习俗。

举凡社会习俗、国家法律，持以与西洋较，在我莫不寓有人与人相与之情者，在彼恒出以人与人相对之势。社会秩序所为维持，在彼殆必恃乎法律，在我则倚重于礼

---

① 梁漱溟：《乡村建设大意》，载中国文化书院学术委员会编《梁漱溟全集》第1卷，山东人民出版社1992年版，第615页。
② 梁漱溟：《乡村建设理论》，载中国文化书院学术委员会编《梁漱溟全集》第2卷，山东人民出版社1992年版，第169页。

俗。近代法律之本在权利，中国礼俗之本则情与义也。①

梁漱溟将礼俗改革置于乡村建设中的核心。"所谓建设，不是建设旁的，是建设一个新的社会组织构造——建设新的礼俗。为什么？因为我们过去的社会组织构造，是形著于社会礼俗，不形著于国家的法律，中国的一切一切，都是用一种有社会演习成的礼俗，靠此习俗作为大家所走之路（就是秩序）。"② 这一点，梁漱溟在与丹麦教育家对话时也讲到。梁漱溟认为中国的传统文化精神与丹麦的教育精神有很多相吻合的地方，一是伦理，二是"人生向上"的精神。梁漱溟认为中国人与人之间的关系是带着情感的义务观念，而不同于西方的法律意义的个人权利观念。"中国的古人很有以教的力量来替代法律的制裁的意向和设施，我很相信此种精神与丹麦相契合。"③

在中国，家庭和宗族关系居重要位置，重情义，重礼俗。这样的中国文化特征，一方面是中国乡村社会破坏的深层原因；另一方面，建立新礼俗又是中国乡村文化重建的突破口或基础。

梁漱溟的乡村建设运动中民众教育的目标是要建立有团体组织的新礼俗与制度，同时也要改良旧礼俗，他认为这些旧礼

---

① 梁漱溟：《乡村建设理论》，载中国文化书院学术委员会编《梁漱溟全集》第2卷，山东人民出版社1992年版，第169页。
② 梁漱溟：《乡村建设理论》，载中国文化书院学术委员会编《梁漱溟全集》第2卷，山东人民出版社1992年版，第276页。
③ 李星三：《丹麦教育家与梁先生的对话——梁漱溟先生与丹麦教育家贝尔斯来福和作家安得生两教授之谈话》，《乡村建设》1935年第4卷第10—11期合刊。

俗是影响乡村建设的。所以乡建研究院在邹平文化改良方面的举措，主要是移风易俗，如改良早婚陋俗、剪辫子与妇女放足等。

（二）建立乡村组织

因为要根植于中国传统文化来创造新文化，所以要依靠教育。所以梁漱溟在邹平通过设立类似学校而又不同于一般学校的组织来进行乡村建设。这个组织是把全村或者全乡包含在内的，以全村或者全乡的所有人员作为教育对象。山东乡村建设研究院最重要的政治改革是建立"政教经合一"的乡学村学组织。前文有述，梁漱溟吸收了中国古代《吕氏乡约》的思想，并在清代陆桴亭的集政治、经济、教育为一体的《治乡三约》基础上，提出了邹平乡建中的"乡学村学"社会组织，希望建立一个"齐心向上学好求进步"的团体。乡学村学把全村或者全乡的人都包含在内，突出这个组织的主体是民众：乡学村学不单是少数学生读书的地方；里面的设备，一般民众都可以享用。[1]

之所以梁漱溟以"乡学村学"来命名在乡一级和在村一级兴办的组织，在于他并不希望这个组织是一个"自主自治自卫"的"排外"性质的组织，甚至都"不是单为着办事"的组织，而是"以学为重，以学包含事，把办事包含在向上学好求进步中"[2]，是一个能够接纳外来思想文化、科技知识的，能接受教育的组织。因为当时的农村，如果盲目排外，是

---

[1] 梁漱溟：《乡村建设大意》，载中国文化书院学术委员会编《梁漱溟全集》第1卷，山东人民出版社1992年版，第668页。

[2] 梁漱溟：《乡村建设大意》，载中国文化书院学术委员会编《梁漱溟全集》第1卷，山东人民出版社1992年版，第693页。

很难进步的。

梁漱溟认为,中国文化中伦理本位的特征在经济上表现为共财,即"财产不属个人所有;而视其财产大小,隐然若为其伦理关系亲者、疏者、近者、远者所得而共享之"。① 梁漱溟认为,这种财产共有的性质也决定了中国社会上没有土地和资本垄断,土地可以自由买卖,因此也就没有阶级对立,只有职业分立。而职业分立的中国社会是人人向里用力的社会,即"修身为本"。西洋社会则是向外用力。乡村建设是要建立一种新的社会组织,而这种组织是结合了中西优势的组织。

> 这个社会组织乃是以伦理情谊为本原,以人生向上为目的……它充分发挥了人类的精神(理性),充分容纳了西洋人的长处——一是团体组织,此点矫正了我们的散漫;二是团体中的分子对团体生活为有力地参加,此点矫正了我们的被动;三是尊重个人,此点增进了社会关系。②

梁漱溟之所以认为乡村组织非常重要,是因为在他的理念中,当时的中国最缺乏的是团体组织精神,人人像一盘散沙,所以相对于西方社会在宗教影响下较强的团体意识和组织形式而言,中国没有竞争力。而且,他在邹平建设乡农学校并不是普通学校,这个乡农学校要做的事情是"推动(或推进)社会,组织乡村",是一个社会组织。准确说来,梁漱溟的乡农学

---

① 梁漱溟:《乡村建设理论》,载中国文化书院学术委员会编《梁漱溟全集》第 2 卷,山东人民出版社 1992 年版,第 173 页。

② 梁漱溟:《乡村建设理论》,载中国文化书院学术委员会编《梁漱溟全集》第 2 卷,山东人民出版社 1992 年版,第 322 页。

校应该被理解为"借助教育的方法手段推动社会进步的组织"。

(三)开展社会化教育

梁漱溟将乡学村学的工作分为甲乙两项,甲项是对所有的人"施以生活必须之教育"①,包括种地、缝纫、做饭、育儿等生产生活基本事项。乙项是进行社会改良的教育,比如倡导反对缠足、反对早婚等。并且说乙项是"相机"(即根据实际情况等)进行,要通过提倡的方式,使大家"振作""协力共谋,商量着一起去办才行"②。他还直接将这两项工作比喻为普通学校教育和社会式教育,也说明这两项工作总体上是围绕对全体村民进行教育展开的。

梁漱溟所要进行的乡村建设,是对乡村的全面综合改革,从集体生产、卫生防疫到村民的日常生活、家庭礼俗都有涉及,这样的改革必然带来公权与私权的争议。梁漱溟认为,当时的乡村改革,道德文化礼俗方面的很多问题虽然在私权利领域,但不能不管,不能不提升,而同时他又认为不能依靠行政和法律手段来生硬地改革乡村,尤其是对涉及私权利领域的改造提升,只有教育的手段是可接受的、合适的、有情义的,所以他用了广义的教育方式来推行他的乡村改革。

梁漱溟对丹麦民众教育大加赞赏并加以借鉴。"丹麦教育是一种乡村教育,一种民众教育。"③ 梁漱溟认可丹麦教育的

---

① 梁漱溟:《乡村建设大意》,载中国文化书院学术委员会编《梁漱溟全集》第1卷,山东人民出版社1992年版,第672页。

② 梁漱溟:《乡村建设大意》,载中国文化书院学术委员会编《梁漱溟全集》第1卷,山东人民出版社1992年版,第673页。

③ 梁漱溟:《乡村建设理论》,载中国文化书院学术委员会编《梁漱溟全集》第2卷,山东人民出版社1992年版,第341页。

原因在于，丹麦的民众教育不是简单的知识教育，而是一种生命教育，即"有体必有用"。他认同丹麦的民众教育中"民众学校虽不直接讲究农业学术，而讲究农业的学校团体机关都由此滋殖出来了"①。所以，梁漱溟认为中国的民众教育应该在识字教育、知识教育的基础上，进一步关注于人生问题的启发。

> 中国教育今当置重于乡村教育、民众教育。然使所谓民众教育徒琐琐于识字、于常识、于农业改良，而于吾人如何处兹历史剧变的世界无所启发指点，则可云毫不相干。②

梁漱溟之所以借助教育的手段进行乡村建设，在于他认为教育不同于行政、外交等事项需要强制执行，或交通事业需要统一管理。教育忌讳机械，并且举例说，如果被广泛认可的丹麦教育也是"官办的"，如果总是官方来办而不是"办学者的自己意思"，恐怕也会成为机械的、"所有一切的精神真趣都没有了"的状况。而且他希望自己在邹平所办的教育，也不应同于官办的教育，而应该属于一群有志者发动民众的自觉"向上学好求进步"活动。

> 教育这桩事，既不同于军事、外交、警察、司法，唯

---

① 梁漱溟：《乡村建设理论》，载中国文化书院学术委员会编《梁漱溟全集》第 2 卷，山东人民出版社 1992 年版，第 341 页。
② 梁漱溟：《乡村建设理论》，载中国文化书院学术委员会编《梁漱溟全集》第 2 卷，山东人民出版社 1992 年版，第 342 页。

国家乃有权执行；又不同于交通事业，要统一管理才方便；何况教育最忌的是机械呢？丹麦教育的最大长处就是不机械，处处富于自然真趣。假使丹麦教育亦是官办的——是政府派来的官校长，支官款，办官事；那恐怕所有一切的精神真趣都没有了……听社会上有志教育的人去办教育，才得愈办愈活。[1]

梁漱溟此处虽然说的是教育问题，却也正好符合他的乡村建设思想。如果乡村建设运动只是官办的、机械的，没有村民自己的积极性和主动性，乡村建设的目标终会落空。在梁漱溟的乡村建设中，注重对农民自觉性的调动，也意在强调唤醒农民自己的意愿而使乡建运动愈办愈活。

梁漱溟对乡村教育的认识是一种广义的、社会化的教育。1934年1月，梁漱溟在邹平乡村建设研究院演讲时谈到，"在学校里读书是教育，在家庭里做活也是教育，朋友中相得的地方是教育，街上人的谈话，亦莫不是教育，教育本来是很宽泛的东西。至于教育的功用，不外为'绵续文化而求其进步'。换句话说就是'不使文化失传，不使文化停滞不进'"[2]。他认为，20世纪30年代的中国，需要基于教育的新文化的创造，即"从头建设的工作，全是教育的工作"。而此时的教育"与绵续文化而求其进步者不同……应着重成人教育，应以全力办民众教育，办社会教育，因为我们着意在改造文化，创造文

---

[1] 梁漱溟：《乡村建设理论》，载中国文化书院学术委员会编《梁漱溟全集》第2卷，山东人民出版社1992年版，第343页。
[2] 梁漱溟：《社会教育与乡村建设之合流》，载中国文化书院学术委员会编《梁漱溟全集》第5卷，山东人民出版社1992年版，第433页。

化,而不是绵续文化"。① 因此,梁漱溟乡村建设运动中的教育是将学校教育与成人教育、社会教育相结合的大教育观。

第二节 民众教育实践

本节从教育组织形式、教育内容、教育方式三个方面来描述梁漱溟乡村建设运动的教育内容。

一 民众教育组织形式的平民化

邹平乡村建设运动中民众教育的组织机构是乡学村学。乡学村学不是严格意义上的学校,而是面向全体民众的乡村建设实践单位,相当于传统乡约制度的实施单位。民众教育内容的具体实践是通过乡农学校、夜校和共学处等形式,覆盖了所在地缘范围内的全体民众。

(一) 乡学村学

山东乡村建设实验县在梁漱溟领导下,将原来的行政体系直接改成乡村建设运动的组织体系,在邹平全县设立"乡学村学",实现"社会学校化"。乡学村学是梁漱溟乡村建设运动的基层组织,既负责对乡村个人的教育,也负责具体实施社会改进工作。在乡一级称为"乡学",在村一级称为"村学"。

1933 年 4 月,邹平实验县政府正式成立后,将原邹平县 7 区 16 镇 141 个乡重新划为 14 个乡学,乡以下建立 336 个村,每村设立村学。组织民众学习文化、指导农业生产、开展合作

---

① 梁漱溟:《社会教育与乡村建设之合流》,载中国文化书院学术委员会编《梁漱溟全集》第 5 卷,山东人民出版社 1992 年版,第 435—436 页。

运动等。乡学经费"以地方自筹为原则,由县政府酌量补助"。①

邹平实验县的乡学村学由学众、学董、学长、教员四个部分人员组成,学众即"村中或乡中一切人等",也就是指所有的村民或乡民。学董即指村中或乡中有办事能力的人,属于乡村精英或领袖。学董由实验县从本村挑选后经村民大会同意,由县政府正式聘请,任期一年,期满可续聘。村学学董与乡学学董分别组成村学学董会和乡学学董会(学董会是村学或乡学的一个办事机关,一般为1—3人),学董会设常务学董(又称村理事或乡理事)1人,由全体学董推举产生,报县政府聘任。学董的主要职责是办理本村或本乡团体的公共事务。尤其是常务学董,是团体事务的具体执行人。学长即"村中或乡中品德最高的人",由各村学学董会或乡学学董会推举产生,而且经县政府聘任,其职责主要是教育民众、调解民众矛盾,"领导众人学好"。教员是村学或乡学聘请的教师,是代表研究院下乡村的办事人员。在乡学一级还会增设辅导员。教员和辅导员一般是外来的,不是本村或本乡的人,是在研究院受过训练或讲习的专门人员。学长一般是"老成厚重"者,学董和常务学董(理事)一般是"年力富强头脑清楚"者,而且是"具有信用资望"者。

村学乡学的主要工作有两项:一是学校式教育工作,包括村学乡学的儿童部、成人部、妇女部,实施文化科学知识的教育,包括蚕桑植棉的农业技术知识等;二是社会式教育工作,包括社会改良运动和社会建设事业,如卫生节育、合作社事

---

① 成学炎主编:《梁漱溟——乡村建设运动的旗手》,人民日报出版社2013年版,第282页。

业、风俗改良等内容。①

(二) 乡农学校

乡农学校是山东邹平乡村建设中民众教育的实体机构,即承担民众教育内容的具体活动。乡农学校的目标对象是为整个乡村的民众服务。

"乡农学校"于1932年根据山东省政府令更名为"民众学校"。研究院负责教育的导师杨效春②认为,"民众学校"不如"乡农学校"更贴合实际意义。他在《乡农教育释义》一文中解释道,"乡农学校是为乡村各种程度、各种职业、各种年龄的人而敷设的学校式和社会式的各种需要的教育的组织"。③他认为,乡农学校有两个特点,一是主要教育对象是成年人;二是主要教育旨趣是在推动整个乡村社会的发展。

乡农学校分为高级部和普通部两种。高级部的招生条件是"粗通文理,年在十八岁以上,五十岁以下";普通部的招生条件是"凡十八岁以上、四十岁以下的民众"。普通部的课程

---

① 梁漱溟:《村学乡学须知》,《乡村建设》1933年第3卷第16期。

② 杨效春(1897—1938),男,原名杨兴春,字泽如,浙江义乌柳青乡柳一村人。1918年考入南京高等师范学校教育学专业,当年,陶行知从国外回来到南京高等师范学校任教。1921年杨效春获南京高等师范学校教育学士学位。1923年,陶行知筹建南京晓庄试验乡村示范学校,杨效春作为筹建组骨干参与。1927年3月,南京晓庄试验乡村师范学校成立,杨效春受陶行知邀请,成为南京晓庄试验乡村师范学校的核心人物,乡农教育思想开始萌芽。1928年,更名为"南京晓庄学院"。1930年,南京晓庄学院被迫关闭。1931年,接受梁漱溟的邀约,来到邹平主持山东乡村建设研究院的乡村教育工作,1934年离开邹平。在这期间,杨效春编写过教材《乡农的书》,负责第二区的乡农学校,发表过关于乡农教育的相关文章和演讲,如《乡农学校的课程编造》《何谓乡农教育》《乡农教育服务指导大纲》等。

③ 杨效春:《乡农教育释义》,《乡村建设》1932年第2卷第9期。

有党义、精神陶冶、识字、自卫和农业问题课程；高级部的课程增加了国学、史地两门课程。乡农学校在冬春农闲时期，一期上课时长为三个月。① 高级部学生以受过四五年以上教育的青年学生为主，普通部则以成年人为主。②

各乡农学校还根据各自乡村的特点，因地制宜开设课程，如有匪患的地方，研究如何解决匪患问题，成立自卫组织；在造林的地方将如何共同造林护林作为课程；在植棉的地方，讲授如何选种、种植及运销等。乡农学校分设男子部、妇女部和儿童部。

此外，邹平乡建研究院还针对乡村社会中的赌棍、小偷、地痞流氓等人群开设特别班，加强教育改造，成立自新习艺所，教授劳动技能等。

1931年11月，研究院师生300多人到邹平各乡创办乡农学校91处，其中高级部16处，普通部75处，学生3996人。③

乡农学校的普通部又叫乡农夜校（也叫冬学），这类学校比较多，大小村庄都有，担任乡农夜校教师的一般是当地小学教师、乡农学校的学长、村理事、村队长等人。乡农夜校经常在农民空闲时间（冬天农闲或晚饭后）开展活动，比较适合农民生活的时间安排，有些村庄此年龄范围外的孩子和老人也有参与旁听的。

---

① 山东乡村建设研究院编：《山东乡村建设研究院概览》，山东乡村建设研究院出版股1935年版，第47页。

② 梁漱溟：《乡农学校的办法及其意义》，《乡农教育》，山东乡村研究院出版股1932年版，第11页。

③ 《乡农学校专号》，《乡村建设》1932年第1卷第21—30期。

普通部则除十八岁至五十岁之男子外，各庄之妇女小孩及五十岁以上之老先生亦多有旁听者（后因特于各庄附设儿童班，收失学之男女儿童日间上课）。①

当时研究院在印台特区设有乡农高级部，地点在郎君庄，共有学生21名，特区的各村设有乡农学校普通部。"高级部学生系五庄程度较高之优秀分子，将来之乡村领袖也。学生年龄，高级部大都十七八岁以上之青年至三十余岁之壮年分子。"②崔家村因为村落较小，据1931年6月邹平县教育局调查，崔家村没有小学，附近的郎君村、抱印村都有小学。崔家村与附近的抱印村、郎君村合为乡农学校高级部。"伏三里内抱印庄、郎君庄、崔家庄有高级部一，普通部三，皆由特区印台乡农学校办理。"③崔家村的乡农学校普通部，有三间民房作为校舍，有35名学生。参加高级部的有两名学生。

特区高级部学生共二十一名，其中郎君庄十一名，景家庄三名，李家庄三名，抱印庄、崔家庄各二名。年龄之最大者为五十九岁，最少者为十六岁。普通部学生以郎君庄为最多（盖因其庄大户多故也），有五十六人；李家庄次之，四十二人；崔家庄又次之，三十五人；抱印庄二十

---

① 马资固、漆方如、孟晓阳、徐兴五、薛鸿涛：《特别区印台乡农学校工作报告》，《乡村建设》乡农学校专号，1932年第1卷第21—30期。
② 马资固、漆方如、孟晓阳、徐兴五、薛鸿涛：《特别区印台乡农学校工作报告》，《乡村建设》乡农学校专号，1932年第1卷第21—30期。
③ 当地习惯称XX村为"XX庄"，杨效春：《第二区乡农教育实施报告》，《乡村建设》1932年第1卷第21—30期。

六人外,并有不定性之妇女旁听十二人;最少者为景家庄,只有二十三人。合计共有:男百五十六人,女十二人;其年龄之最大者为五十五岁,最小者为十五岁……崔家庄于上课之前,则先鸣锣鼓为号以广招集,亦引起兴趣之一种。①

以上资料显示,从参加学校教育的人员来看,当时上学者成人教育中正式学员均为男性,女性仅为旁听者。而且旁听的女性也主要是学校附近的,因为抱印庄是中心庄,学校与农户家的距离很近,所以才可能有旁听的妇女12人。另外,作为旁听的妇女,虽然不在正式入学的名单里,但妇女对学习知识的渴望还是可见一斑的。

乡农学校在部分村庄也开设了儿童班和妇女班。下面将结合两个田野调查个案介绍乡农学校的儿童班情况。

WZS曾就读过乡村建设研究院开办的乡农学校儿童班。

WZS,1925年生,他8岁时,即1933年就读研究院办的乡学,4年后,由于日寇入侵,研究院乡学关闭。12岁时,考上了邹平县实验小学,上了一学期,因家里负担不起就辍学了。

WZS就读的郭庄乡农学校,全校共有50多名学生,一至四年级都有,全是郭庄村的学生,其中女生很少,全校只有四五个,基本是家里条件比较好的。学校校舍共有三大间,分别摆着数张桌子,一个桌子上坐两个学生。上学不用缴纳学费,但是得负责老师的三餐。学校轮流安排学生负责老师的三餐,

---

① 马资固、漆方如、孟晓阳、徐兴五、薛鸿涛:《特别区印台乡农学校工作报告》,《乡村建设》乡农学校专号,1932年第1卷第21—30期。

每天一位学生从家里给老师带饭。通常是家常便饭，棒子窝窝头、咸菜加稀饭，装在老师用的陶罐里。

  学生（虽然）不交钱，可得管老师吃饭啊！（有）一个牌子，（上面）学生名字都挨着。今日（轮到）你了，就把牌子给你，你给老师做饭。那时候，有这么个陶罐，做稀饭（放在下面），上头一个盘子，盛菜。拿一个筐子，盛干粮。你家里吃啥，你拿啥。带到学校来老师吃。夏天，那时候老百姓都吃通面。① 老百姓都过日子。小麦贵。（老百姓）吃棒子窝窝头。那好过的（人家），就给他（老师）做的好一点。那些难过的（人家）就是咸菜。那些好的，给（老师）炒一个豆腐。②

乡农学校的具体类型会依照乡村的实际情形来设置，邹平实验县第二区的贺家庄就专门设立了女校。研究院学生刘希章记录了贺家庄女校的上课时间和课程内容。

  贺家庄女校招收学校附近女生，时间在上午 9 时半至下午 3 时，40 分钟为一单元。共分四单元，每单元后有 20 分钟游戏。所到学生数每日不等，平均每日不下 30 名，最多时 40 名，最少时二十七八名，岁数最大者为 15 岁，最小者六七岁，以 9 至 11 岁者为最多。③

---

① 通面，指常年吃的一种面，一般是玉米面，或掺了其他粮食的面。
② 笔者于 2015 年 8 月 7 日与郭庄村村民 WZS 的访谈资料。
③ 刘希章：《贺家庄女校简报》，《乡村建设》1932 年第 2 卷第 1 期。

WYH 的妹妹就曾在研究院的女校上过学。WYH 还记得她妹妹上学的场景。

WYH，女，出生于 1923 年，娘家在邹平黄山韦家村。祖父务农，不识字。父亲初小毕业，以务农为主，兼业瓦匠。WYH 兄弟姐妹 5 人，她是老大，有三个妹妹一个弟弟，弟弟排行老三。除了她没上过学外，其他弟弟妹妹都上过学。她有两个叔叔曾在研究院参加自卫训练。

WYH 没有上学，但她妹妹上过儿童班。据王亚花回忆，韦家村原来有两所小学，一所男校，一所女校，男校有一名男老师，女校有一名女老师。男老师在各个学生家里轮流吃饭，女老师自己做饭。1936 年，比她小两岁的妹妹，当时 11 岁，到研究院办的乡农学校儿童班上学，当地叫"学堂"。白天上课，课本以研究院编的识字教材为主。1937 年抗日战争开始，儿童班解散，又恢复到研究院之前的私塾或乡村小学去上学。WYH 还得妹妹上学回来念歌谣的内容。[1]

> 我 13 岁那年成立的学堂。我排行老大，不叫我去上学，叫我二妹妹去上学。她念书的时候，我问，您念的什么？她说，大羊大、小羊小，上山上去吃青草。白天去，他们年龄都不大，都是些小孩子，都是 10 岁左右的小孩子。当时我 12 岁，她 10 岁。我妹妹她天天就像玩似的上学，早晨吃了早晨饭就去，中午回来吃饭，就像看小孩子似的。老师有个马庄的女老师，我见过那老师。那个老师她好像自己做饭吃。有些男学堂轮班给老师送饭。女

---

[1] 笔者于 2016 年 10 月 5—6 日与贺家庄村村民 WYH 的访谈资料。

学堂是女老师，看的也是女孩子。当时上学的都是本村的。她上女学堂，天天在那玩了，认识不了一些字，时间不长，我记着好像一冬天的时间，到过了年就解散了，就不上了。①

从研究院导师杨效春的《第二区乡农教育实施报告》一文来看，1932年清乡户口调查时，WYH所在的韦家村有170户，865人，是当时第二区中等规模的村子，研究院成立之前韦家村有两所小学。研究院成立之后，1932年1月，两所小学合并成为一所乡农学校普通部，招收学生46名。② 而1936年WYH妹妹上的学校应该是乡建研究院开办的儿童班，其描述的上课情形与距离韦家村不远的印台特别区的崔家村儿童班上课情形相似。

此外各庄尚有儿童班，系附带性质，只于每天上午抽暇教两点钟的识字，唱些歌曲而已。其中以女子为多，男子较少，盖男子性多浮躁，未若女子之稳静耐久也……印台乡农学校以五个庄村为实施范围，每庄设主任一人，负领导之责，余主崔家庄事，乃约同全庄儿童家长，商酌开办儿童班一班，收男女生共十八名，择定庄东首空院一座为地址，空草房一所，作为教室，内设方桌一个，吊灯一个，炉子一座，黑板一条，长方丈余木板数条，用砖架

---

① 笔者于2016年10月5—6日与贺家庄村村民WYH的访谈资料。
② 杨效春：《第二区乡农教育实施报告》，《乡村建设》1932年第1卷第21—30期。

起，作为学生桌凳之用。①

统计数据显示，崔家村没有男童上学，只有 13 名女童。其中有一个原因是男性结婚过早，十二三岁就结婚了②，而女性结婚相对较晚，在结婚之前有可能获得受教育的机会。另一个原因是当时的农业劳动方式。在当地的农业劳动中，男童也是劳动的主要参与者，因上课时间是上午，所以要去劳动而无法上学。而同年龄段的女童，大多在家学习洗衣做饭纺纱织布，可以兼顾上学。课程设置内容以识字、算数和游戏为主，手工艺辅之，适应当时的农户家庭生活所需。

（三）共学处

邹平县在乡村建设运动时期设立共学处，亦称"共学团"。这是参照陶行知的"小先生制"方法，为解决当时邹平师资不足和教育资金紧缺状况下的儿童教育问题发挥了一定作用。在乡村建设运动中邹平全县共学处的领导人是祝超然，他来自南京晓庄师范学校。③

1935 年祝超然发表的《邹平短期义务教育的实施》一

---

① 马资固、漆方如、孟晓阳、徐兴五、薛鸿涛：《特别区印台乡农学校工作报告》，《乡村建设》乡农学校专号，1932 年第 1 卷第 21—30 期。

② 当时邹平一带流行早婚现象，男性结婚一般不超过 15 岁，而且结婚双方一般是女性比男性年龄大，这种现象也是当年乡建运动中要破除的陋俗之一。参见学炎整理《梁漱溟先生谈山东乡村建设》，载山东省政协文史资料委员会、邹平县政协文史资料委员会编《梁漱溟与山东乡村建设》，山东人民出版社 1991 年版，第 84 页。

③ 卢资平：《山东邹平实验县的片段回忆》，载山东省政协文史资料委员会、邹平县政协文史资料委员会编《梁漱溟与山东乡村建设》，山东人民出版社 1991 年版，第 128 页。

文中叙述，共学处是邹平乡村建设运动期间短期义务教育的落实。

据1935年6月调查，邹平全县在学儿童10044名，失学儿童10650名，失学儿童占到二分之一以上。1935年县政府决定举办最浅易短期小学（一年制）。但囿于财政紧缺，邹平短期义务教育仍难以推行。研究院和县立师范借鉴陶行知"小先生制"，他们称之为"共学处"，即在学的优等学生利用闲暇时间来教育失学儿童。①

这种"传帮带"的短期教育模式曾在邹平第七乡、第十一乡和第十二乡试验过，收效良好。1935年很快在各乡学设立共学处，1936年上半年在各村学设立共学处，并纳入政府教育系统的绩效考核范围。② 其具体实施办法如下。

该办法规定凡六岁至十四岁失学儿童均须入共学处学习，便称为"学友"，每处至少三人，至多不得过十人。担任辅导教学的学生称为"导友"，乡学共学处由乡学学生担任，村学共学处由村学三四年级学生担任。各乡村学教职员有指导考察之责。共学处无固定教学场所，庙宇、空闲房屋，甚至树林、街巷角落等都可充当。各共学处每星期日还举行一次联合大会。③

---

① 祝超然：《邹平短期义务教育的实施》，《乡村建设》1935年第5卷第4期。
② 祝超然：《邹平短期义务教育的实施》，《乡村建设》1935年第5卷第4期。
③ 祝超然：《邹平短期义务教育的实施》，《乡村建设》1935年第5卷第4期。

田野调查中遇到一位乡村建设运动时期第十二乡辉里村的村民LDZ，他曾在共学处学习过两年。他对共学处记忆深刻，有关共学处的歌谣至今仍出口成诵。

LDZ，男，1923年生，邹平孙镇辉里村人。1936年，他13岁时曾去共学处读书，一年多以后，1937年，抗日战争开始，乡建研究院撤离，共学处解散。

乡农学校高级部学生贾善道和李善长曾任共学处的"小先生"。共学处的学生免费上学，每天午饭后上课一个小时，以识字为主。在共学处上学的学生主要是男生，没有女生。LDZ回忆到，共学处主要是为上不起学的穷人家孩子扫盲。

> 共学处是上不起学的穷人家，趁着晌午头，去学习。共学处没有正式老师。老师都是高级学生，有贾善道、李善长。共学处也没有正式的班。你愿意去学，就拿着杌扎子①去学。人家拿着黑板，来给上课。一天就上一个钟头。光教你认字，规定一晌午认十个或二十个字。我去上共学处了。当时十五六岁。来共学处念书的都是没有念一回书的小孩子。人家念书的上学校里去念。共学处不费功夫不花钱。共学处还编的歌："共学处，真是好。你来学，我来教。大家共学真是好。"还有"共学处，真方便，不费功夫不花钱，大家快来把书念。"②

将LDZ在孙镇辉里村共学处学习的经历与文献资料相结

---

① 杌扎子，邹平方言，指一种矮凳，类似马扎。
② 笔者于2015年8月8日与辉里村村民LDZ的访谈资料。

合,可以看到在当时教育资源极为短缺的情形之下,邹平乡建研究院在推行面向大多数儿童的教育方面作出的努力和贡献。虽然时间不长,效果和影响也相对比较有限,但与陶行知的教育实践相互呼应,具有极强的社会意义,也反映了梁漱溟乡村建设运动中对教育的认识和教育实践的多层次性。

(四) 贫儿夜校

根据有关资料,除了成人夜校、特殊人群专门学校,当时有些参与乡建活动的教员还会因地制宜兴办过"贫儿夜校"之类短期教育形式:

> 1933年我在十二乡任教时,还在本村学长和村理事支持下办了一班"贫儿夜校",学生是本村中白天要饭讨食,连共学团也不能上的贫苦失学儿童,共计9人。时间是晚饭后二节课,一节国语,一节算术。他们学习劲头很大。时间不久,我被调县工作而停止。[1]

贫儿夜校以及各类专门学校的兴办,以民众为中心,解决了民众无钱上学、无时间上学等问题,充分反映出梁漱溟乡村建设运动中的教育不仅重视未成年人,也重视成年人和特殊群体的教育,乃至终身教育,努力践行孔子的"有教无类"思想,将其作为社会文化改造的途径,不同于一般意义上的学校教育。

---

[1] 卢资平:《山东邹平实验县的片段回忆》,载山东省政协文史资料委员会、邹平县政协文史资料委员会编《梁漱溟与山东乡村建设》,山东人民出版社1991年版,第128页。

二 民众教育内容的日常化

邹平的乡村建设运动,因为"不是单为着办事",而是"以学为重,以学包含事,把办事包含在向上学好求进步中"①,而且是面向包括男女老幼全部民众在内的全方位教育,所以其教学内容涉及乡村民众生活的方方面面,概括而言至少包括以下几个方面。

(一)识字教育

对民众进行基本书化知识的教育应该是引导他们"向上学好求进步"的基础工作,而面向文盲众多的农民,识字教育通常又是全部教学培训的第一步。邹平乡村建设运动的识字教育贯穿面向儿童、妇女以及夜校的多层级教学实践。

首先是儿童班中有明确的识字教育内容。儿童班授课内容一般以识字、数学运算和练字为主,兼有唱歌、做游戏、编草帽辫工艺、讲故事、谜语和笑话等。识字教材是晏阳初定县平民教育中使用的教材。"只于每天上午抽暇教两点钟的识字,唱些歌曲而已。教学课程分识字、习字、算术、唱歌、工艺、谈话、游戏等科,名义虽分,实际即为他们整个生活的指导,识字教材采中华平民教育促进会出版之农民千字课本。"② 杨效春编写的教材《乡农的书》也有识字功能,分为100篇,每篇以歌谣形式,字数在20字左右,朗朗上口,便于诵读和描红。

---

① 梁漱溟:《乡村建设大意》,载中国文化书院学术委员会编《梁漱溟全集》第1卷,山东人民出版社1992年版,第693页。
② 马资固、漆方如、孟晓阳、徐兴五、薛鸿涛:《特别区印台乡农学校工作报告》,《乡村建设》乡农学校专号,1932年第1卷第21—30期。

据 WZS 回忆，他就读的村学儿童班，上课用的教材中语文主要是识字和描红，第一课内容为"人、手、足、刀、尺"，老师讲课细致。而且，研究院上课比较正规，按点上学，按点下课，功课比较紧。他认为相当于现在幼儿园大班的教学。①

在研究院设置于部分村庄的专门女校中，识字也是其重要教学内容，比如贺家庄女校教学中的识字教学，不同于一般的官方学校或者私塾教学的机械模式，比较注重灵活性和趣味性。

> 识字教学不单单每日在死死板板的先生教学生听的注入式，又取露天教室制，将学生每日亲眼目睹的东西，写成字表，贴在院内壁上，字的旁边，画上美的图画，以引起学生识字兴趣和动机。除此之外又借儿童歌谣，将很短的小歌教给学生，学生背熟后再将这些歌的字贴于壁上，使学生于歌中反复练习所识之单字。是校寿命凡两月，学生识字统计凡 280 余字，歌谣四则，短歌四首。②

在本来主要面向成年农民开设，而实际上不分年龄、性别均可旁听的乡农夜校，其教学内容也包括识字。

> 那时候都念儒书。研究院来了以后就不宜教儒书了，开始念新书。每天晚上召集老百姓。老百姓都不愿意听。

---

① 笔者于 2015 年 8 月 7 日与郭庄村村民 WZS 的访谈资料。
② 刘希章：《贺家庄女校简报》，《乡村建设》1932 年第 2 卷第 1 期。

研究院老师就每晚上说书，给你说聊斋。老百姓去听说书，老师就教给你识字、写字。弄上石板，教写字，念洋书，"1、2、3、4、5"。这是一个好事，可那时候，老百姓不相信。①

可以看出，民众对普通的识字内容并不感兴趣。因此，乡村建设研究院为了吸引民众参与到识字中来，以"说书"的方式，吸引民众来听聊斋，同时增加基本的识字内容。除了识字之外，当时也给民众提供其他知识的教育，在乡农学校，普通部的课程有党义、精神陶冶、自卫和农业问题课程；高级部的课程增加了国学、史地两门课程，"各乡农学校还根据各自乡村的特点，因地制宜开设课程，如有匪患的地方，研究如何解决匪患问题，成立自卫组织；在造林的地方将如何共同造林护林作为课程；在植棉的地方，讲授如何选种、种植及运销等"。②

据王在善讲述，研究院办的学校课堂上也有健康卫生的宣传，比如夏天防蚊虫、讲究卫生等。课余之外，老师也会带领学生去爬村南边的小相公山，春天带学生植树造林，教授植树的知识。③

（二）礼俗教育

梁漱溟乡村建设理论的最终目的是构建新文化、新社会，而乡村风俗则是新文化、新社会的重要体现。乡村建设研究院

---

① 笔者于2015年8月4日与郎君村村民WWC的访谈资料。
② 山东乡村建设研究院编：《山东乡村建设研究院概览》，山东乡村建设研究院出版股1935年版，第9页。
③ 笔者于2015年8月7日与郭庄村村民WZS的访谈资料。

加强对乡约内容的宣传，并对不合理的风俗习惯加以教化引导。

一方面，乡建研究院以村学乡学为阵地，在课程中宣传中国传统的良好礼俗。如自编教材《乡农的书》中有"德业相劝、过失相规；礼俗相交、患难相恤"之内容，也有敬老、慈幼、睦邻、勤俭、互助等引导。

另一方面，研究院针对邹平当地的不良习俗进行改良。在婚姻方面，对男子早婚、女大于男、女家索要彩礼过重等不合理的风俗进行宣传教育，制定《邹平实验县取缔婚姻陋俗办法》；在女子缠足方面，借全国禁止缠足运动的东风之力，邹平作为实验县加强宣传教育。

20世纪30年代初，在全国妇女运动的带动下，山东省妇女运动和妇女工作也在开展。南京国民政府期间，新生活运动开展，"放足"成为一种自上而下的政府行为。1934年，山东省政府根据国民政府内政部禁止妇女缠足的条例制定颁布《山东省禁止妇女缠足办法》，明确规定了处罚措施，并将缠足处罚与婚姻制度相结合，规定娶缠足女子的也受处罚。

> 对于未满十五岁之缠足女子，仍未解放者，由市县政府处罚其家长一元以上十元以下之罚金；十五岁以上二十岁未满之缠足妇女，仍未解放者，由市县政府处罚其家人或本人一元以下之罚金；公务员家属妇女缠足者，不依限解放，及男子娶缠足之女子，均按本条第一、二两款之规定加倍处罚。[①]

[①] 中华全国妇女联合会妇女研究所、中国第二历史档案馆编：《中国妇女运动历史资料（民国政府卷）（上）》，中国妇女出版社2011年版，第455页。

在这样的国家政策支持之下，邹平乡建研究院也加大力度，将放足工作进行得颇有声色。1931年后，山东乡村建设研究院提倡男女平等，接受全省12处师范学校女生来邹平实习，到农村宣传放足，提倡婚姻自主。同时，研究院的乡辅导员及各村中的教员也组织对群众宣传劝导，形式是编成歌谣唱或编成课文来学习。主要宣传的内容是缠足的危害，劝导妇女放足，研究院采取行政措施，发布放足令，并加强督导检查。《邹平民间文艺集》中收录了两首关于缠足放足的宣传歌谣。从内容看，应该是研究院自编的歌谣，用以宣传放足（具体内容详见本章第二节第三点）。

1932年，研究院成立婚姻改进会和女子放足督查委员会及督查处，每乡派一名妇女负责推动乡村妇女放足，在乡村学校设立放足委员会，吸收妇女参加动员工作。[1]凡违反规定者，即对其家长进行教育，责令其退婚；对不听劝告者则罚款。[2]

风俗改良并非一蹴而就。当全国一纸下令放足时，民间的旧俗和传统观念依然根深蒂固，民众还没有从心理上接受放足，因此使得缠足者被作为运动的对象而采取躲避的方式。一份对山东淄博地区缠足妇女的研究中也有类似情况的记载："淄博地区现年90岁左右的缠足女性，是政府推动的放足运动的亲历者，也是当时被重点查禁的'缠足幼女'群体。然而，面对那些突然闯入山村的男女查脚员，她们更多地选择了逃跑

---

[1] 山东省邹平县地方史志编纂委员会编：《邹平县志》，中华书局1992年版，第243—244页。

[2] 顾秀莲主编：《20世纪中国妇女运动史》，中国妇女出版社2008年版，第317—318页。

与躲藏。"①

SXX 就是一位由缠足到放足的亲历者。

SXX，女，1928 年生，邹平西董镇贺家村人，娘家在孙家峪村。父母都是农民，父亲上过私塾，母亲没上过学，不识字。SXX 在 1935 年前后缠足，后又放足。

SXX 在家长胁迫下缠了足。她的母亲缠过小脚。她传承了这样的文化，认为自己的女儿应该这样。

> 我母亲裹着脚。我母亲她小的时候，都时兴裹脚。那时候就认小脚，大脚都没人要，那时候，人家都嫌弃她脚大脸丑的，都没人要。②

研究院的人到村里检查，当时她的母亲不同意放足，担心"脚太大嫁不出去"，等研究院检查的人走了又继续给她缠上。但研究院的人经常来村里查，到家里问，就不再缠了。SXX 的母亲那一代都是三寸金莲，到 SXX 这一代结婚的时候已经基本没有缠足的，都在研究院的宣传下放了足。SXX 至今还记得当时《放足歌》的歌词："小闺女泪涟涟……"这是那放脚歌。还有一个，是"妇女快快把脚放……""小时候缠放脚的时候，人家叫唱这个歌。研究院那时候查放脚，编的这个歌。"③

郎君村的 WWC 对研究院号召放足还有清晰的记忆。

---

① 侯杰、赵天鹭：《近代中国缠足女性身体解放研究新探——以山东省淄博市部分村落为例》，《妇女研究论丛》2013 年第 5 期。
② 笔者于 2016 年 8 月 12—14 日与贺家庄村民 SXX 的访谈资料。
③ 笔者于 2016 年 8 月 12—14 日与贺家庄村民 SXX 的访谈资料。

那时候研究院号召女人不宜缠脚。那时候老百姓孬啊，不愿意放脚，都缠脚。他觉得女人放了脚不好找婆家。研究院不叫缠脚。这是好事。①

同样，作为男性的 LNX 认为，梁漱溟的乡村建设运动给碑楼村乃至邹平县带来的最大变化是放足运动。据他回忆，乡建研究院与县政府一起，宣传放足，组织人员在街上检查缠足情况。最初还有一些人反对放足，担心"脚大了没人要"。但随着越来越多的人逐渐接受放足，邹平缠足情况就逐渐减少直至消失殆尽了。

我这记事，研究院就正查放脚。研究院和县政府协同，通过政府一级宣传。县政府那时候都叫她上城里。你要不放脚的话，到那里现检查。看看你还缠着脚不。打那就开始放脚。起头有些人还不大愿意。一个旧思想束缚。早到说这女的，脚大了没人要。后来，就都愿意放脚了。她缠起脚走道不得劲儿。有些人缠了，后来又放开。有些人就说这叫"小放脚"。②

民众也常常会讲起那位为了缠脚而躲起来的妇女。

刘家闺女，这里藏，那里藏，就是不放。上级来查，他就把闺女关到屋里，不叫她出来，不叫他看见。怕上级

---

① 笔者于 2015 年 8 月 4 日与郎君村村民 WWC 的访谈资料。
② 笔者于 2015 年 8 月 2 日与碑楼村村民 LNX 的访谈资料。

看到了，叫她放了脚。①

女性长辈往往是缠足的拥护者。在几位被访者的讲述中，都提到母亲或奶奶让自己缠足，而且是缠足的坚决拥护者，在研究院查放脚的过程中仍然坚持。作为亲历裹足的受害者，为何让自己的子女依然受害？

加拿大人类学学者宝森（Laurel Bossen）则认为，缠足是一种制度化行为，即这种制度鼓励动员女性从事纺织劳作。"用现代的观点来看，裹脚——畸形的脚——从经济上讲可能似乎从来就是不合情理的，但从父母的角度而言，它可能给了其女儿经济上的优势。假如他们的女儿有裹过的小脚，正如前面讨论过的，人们将从中得知，她已学会了耐心和顺从，并具有完善的家庭（纺织）技能。缠足可能在婚姻市场上传递了儿媳妇为纺织准备就绪的信息。"②

刘家闺女面对研究院的放足检查而躲藏的背后，一方面，是来自女性长辈对性别规训的认同，这种认同可能是对成为"女性"的传统认知和焦虑的本能反应；另一方面，对反缠足的反对也是对去掉女性身体外在枷锁的内心恐惧表达。这也是为什么往往女子的父亲在缠足的事情上有所松动，而母亲作为父权制文化内化后的执行者，却依然坚持。母亲作为女性缠足文化的经历者，她选择认同这种文化期待，对脱离这种民俗文化会出现安全感的缺失而文化恐慌。而邹平乡村建设运动虽然

---

① 笔者于2015年8月3日与党里村村民LSM的访谈资料。
② [加]宝森：《中国妇女与农村发展：云南禄村六十年的变迁》，胡玉坤译，江苏人民出版社2005年版，第390页。

在全国放足运动的热潮中，也未能达到快速效果，这与缠足习俗的稳定性有关。缠足不是简单的个人行为，背后有着女性寄托婚嫁与理想的文化需求，即"脚大不好嫁"的社会评价与期待。

可以说，山东乡村建设运动对邹平旧有习俗进行社会改良，包括取缔婚姻陋俗，如男子早婚、女大于男、彩礼过重、禁止女子缠足、禁止吸毒、禁止赌博等，但这些改良都没有触动"男外女内"的父权制模式。

(三) 精神劝诫

基于"乡治"思想的乡村建设，为了建立富有人情味的、符合传统伦理的乡村治理体系，梁漱溟在乡学村学体系中专门设置一个"不在行政系统之中"，"不负责行政事务责任"的职位，即"学长"。虽然不负责行政事务，学长却必须是德高望重、知识丰富、年龄较高的尊长，原因是他负有对全体学众进行"训诫""调解纠纷"甚至监督理事工作的职责，他的形象是"全村师表"或"全乡师表"，要带着全村或全乡的人，"大家齐心向上学好求进步"。

> 全乡组织董事会，经过董事会访贤荐能，推选出全乡中德高望重、有文化、年龄较高的人当学长（村学也是如此），然后由县政府下聘请书。学长大都是地方士绅、学者、名流人物，如五乡的王印南、十二乡的李北辰两位老先生就是例子。他们不拿工资，不住学校，只是县里每月补助5—8元，开会生活补贴（只限乡学学长）。凡乡里有应兴应革的，必须经他同意。乡村中遇有问题时，不是用"法"去解决，而是用"理性"去解决。这就要找

一个代表"理"的人,把"理"放在他身上,学长(村学学长均此)既代表"理",代表人生向上的人,也是一个师位,遇事靠他来解决,并监督教训众人。①

在第十二乡辉里村 LDZ 的讲述中,还有一段关于学长 LBC 调解村学纠纷、训导村民的记忆。

学长是五大爷,LBC。他是大地主,家里有六七十亩地(大亩),家里人不少。五大爷是校长,人挺好,挺忠厚,好管那些不平的事。DWD 在坡里锄地,干渴急眼了。正好 LWH 挑着两个大罐子给人送水。他是财主家雇来在地里干活。DWD 上去紧着②那个大罐子,想喝水。LWH 不让他喝。DWD 紧着一个大罐子,另一个大罐子就摔了。LWH 也不能去送水了,两人抓着衣领子就上土地庙说理去。李校长评理地说,他渴急眼了,你让他喝口,他还能抓你罐子吗?说理的还说了 LWH 一个不是。干死人不管吗?你摔了罐子算啥?说理都是在土地庙子,人越多了越好,大家伙评评这个理。③

从 LDZ 回忆来看,LBC 的调解体现了学长"调解纠纷""公正公平"并引导民众"大家齐心向上学好求进步"的积极

---

① 卢资平:《山东邹平实验县的片段回忆》,载山东省政协文史资料委员会、邹平县政协文史资料委员会编《梁漱溟与山东乡村建设》,山东人民出版社1991年版,第122页。
② "紧着",邹平方言,拉、拽的意思。
③ 笔者于2015年8月8日与辉里村村民 LDZ 的访谈资料。

作用。这种以德治理的模式不同于法律模式，没有对具体的摔破罐子的事宜进行惩戒，而是对人友善互助、仁爱互谅的引导。同时，将评理的地方选在土地庙，也是民间惩戒的神圣性之体现。

在杨效春专门为乡农学校编撰的教材《乡农的书》中，《农夫歌》《吃饭歌》至今被民众传诵，歌词内容中有很多是对农民进行精神劝诫的内容，例如：

> 穿的粗布衣，吃的家常饭，腰里掖着旱烟袋儿；头戴草帽圈，手拿农作具，日在田野间，受些劳苦与风寒，功德高大无边，农事完毕急急纳粮捐（有的唱农事完毕急急把团练），将粮交纳完（有的唱把团训练完），自在且得安然，士工商兵轻视咱，轻视咱，无有农夫谁能活在天地间；
> 一粥一饭，当思来处，粒粒辛苦，农民膏脂，哀鸣嗷嗷，遍地皆是，不劳而食，吾辈辱耻。①

在每天早晨对乡农学校青少年学员进行训练时，还会喊口号"快快早起，唤醒懒癖"等，既是对学员的训诫，也是对所有民众的提醒。前文提及研究院针对乡村社会中的赌棍、小偷、地痞流氓等人群开设特别班，也承担着对这类特殊人群进行精神训诫的职责。在共学处，担任辅导教学的学生"导

---

① 卢资平：《山东邹平实验县的片段回忆》，载山东省政协文史资料委员会、邹平县政协文史资料委员会编《梁漱溟与山东乡村建设》，山东人民出版社1991年版，第127页。

友",在每星期日举行的联合大会上,除了表演、讲故事,也会讲公民常识、公民道德等,以此对民众进行精神劝诫。① 或许正是因为有多方位、多种形式的精神劝诫,当时邹平地区诸如打架斗殴、赌博吸毒之类的问题相对于附近其他地区较少,属于民风较好的地区。②

三 民众教育方式的民俗化

乡村建设研究院在开展民众教育活动的过程中借助民俗的形式,如歌谣、戏剧、农品展览、农民运动会等,将民众教育的内容融入民俗活动或民间文艺形式中。

(一)借助歌谣形式

歌谣是民众喜闻乐见的形式,乡村建设运动中借助歌谣这种形式进行教育主要表现在以下几个方面。

一是将歌谣直接编成教材。研究院编写的教材中很多是用歌谣体现的。

乡农夜校使用的教材名为《乡农的书》。教材的形式是以歌谣为主,结合民众的日常生活,把识字教育、科学常识、生产生活知识、为人处世的基本道德等编排进去,每篇20字左右,单独成页,从诵读上朗朗上口,便于记忆。

> 忠孝和平,不明此理,如何能行?
> 易得者财产,难得者兄弟;本是同根生,如何争闲气。

---

① 祝超然:《邹平短期义务教育的实施》,《乡村建设》1935年第5卷第4期。
② 成学炎整理:《梁漱溟先生谈山东乡村建设》,载山东省政协文史资料委员会、邹平县政协文史资料委员会编《梁漱溟与山东乡村建设》,山东人民出版社1991年版,第84页。

春耕夏锄，秋收冬藏；一年四季，农人皆忙。

莫嫌土布粗，应知土布牢。穿衣求温暖，何必学时髦。①

二是将歌谣作为上课的辅助手段。在乡学村学的日校、共学处和夜校教学中，都常借歌谣的形式传授知识，前文引述贺家庄女校的教学方式中就有"借助儿童歌谣"进行教学的例子，有将所教的文字280余字编成"歌谣四则，短歌四首"的情形。

三是将歌谣作为宣传教育活动手段。在日常宣传活动中借助歌谣形式容易被民众接受。比如放足的歌谣。研究院在针对妇女缠足问题方面以宣传教育为主。由研究院的乡辅导员及各村中的教员组织负责对群众宣传劝导，形式就包括编成歌谣供大家传唱。现抄录几首如下。

第一首（哭周瑜调）：小闺女，泪涟涟，你为什么？为着家庭黑暗，爹娘见识浅，拿着害俺当爱俺。好好的脚硬给俺缠。小了又小，尖了又尖，缠得俺七破八烂，心里战战，不是这病，就是那病；缠的俺筋骨断，浑身发酸，不得舒展，不能动弹，急的俺浑身是汗，哎哟、哎哟的直叫唤，爹娘全当没听见。遇上土匪和水患，不能跑来不能颠。你看人家那大足的，跑得快来蹿得远，可惜俺这缠足的，永远落在后边。遇着不测事，又丢人，又受罪，还得又花钱。你看可怜不可怜。现如今，求女权，男女应当同样看，也读书，也做饭，纺棉织布都自然。可惜俺这缠足

---

① 杨效春编：《乡农的书》，邹平乡村书店1934年版。

的,整年累月在家园。不但大事不能办,小事也做了难。爹呀!娘呀!你看害俺不害俺。(贾瑞生回忆整理)

第二首:最可怜女子缠脚,疼痛实难堪。损坏筋骨伤血脉,行步真艰难。禁止缠足有命令,立法最森严。劝我诸姑和姊妹,再莫把脚缠。(张学连回忆)

第三首:劝女儿,听我歌,要缠足,却为何?天生双足何须裹,伤筋折骨痛难忍,万裹千缠累赘多。而今要改从前错,快把那弓鞋脱下换上他一对坤靴。(贾瑞生回忆)①

时隔80多年,前文提及的被访谈人SXX还依稀记得这两首放足歌的歌谣,可见其在当时的宣传深入人心。

禁缠足的做法虽然出于帮助乡村妇女、打破陋俗的良好意愿,但如果没有合适的方式,同样不能取得好效果,所以研究院很注意宣传方式,歌谣无疑是很有力的宣传倡导工具。如贺家庄女校课堂就有劝放足的歌谣内容。

有一二知识分子,下乡宣传(放足),乡人皆以宣传耶教之碧眼儿视之。吾辈有鉴及此,初临是村时,未敢冒昧宣传,恐惹乡人怨。继则感情融洽,及决议向农友宣传放足。所以每晚对农友讲缠足之害,又于儿童歌谣中编

---

① 成学炎:《三十年代梁漱溟对邹平风俗的改善》,《民俗研究》1986年第2期。

"大脚好大脚好，下雨来，走路也不会跌倒。缠足苦，缠足苦，一步挪不了二寸五"。使学生从幼即有缠足害之印象，最后又作一次扩大宣传，利用唱机，招集妇女，到者约二百余人，特请杨师（杨效春）讲演，颇得一般妇女之同情，有女子者皆纷纷想戒不缠，学生放者亦有四五人，于此可给作放足运动者一大助力。①

前文提及的薛建吾搜集整理的《邹平民间文艺集》中有两首关于宣传放足的民歌。从内容看，应该是研究院自编的歌谣，用以宣传放足。

《大脚好》
大脚好！大脚好！走起路来跌不倒，上坡送饭凉不了，遇上灾患也能跑。
注：天足之益甚多，以卫生之功效为最大，所惜僻壤乡民，仍多强为其幼女缠足者，实惨事也！②

《缠我脚》
我的娘，缠我脚，一阵几乎痛煞我。我说给我放了罢！娘说不好找婆家，我说：娘啊，娘！太守旧。缠足之罪人人够。如今大脚千千万，那个在家白了头？
注：此为描写缠足之害。独怪世之为母者，彼少时亦身受其苦，会几何时？仍以施诸其幼女。甚矣！恶习之入人也深矣！③

---

① 刘希章：《贺家庄女校简报》，《乡村建设》1932 年第 2 卷第 1 期。
② 薛建吾：《邹平民间文艺集》，台北茂育出版社 1948 年版，第 14 页。
③ 薛建吾：《邹平民间文艺集》，台北茂育出版社 1948 年版，第 15 页。

这两则都是关于放足的宣传,《大脚好》是从正面宣传不缠足的好处,《缠我脚》则是从被缠足者的痛苦体验来反对缠足,起到宣传不缠足的作用。

从以上举例来看,歌谣作为辅助教育的手段适合不同年龄段的民众接受。在调研中最深切的感受之一,就是发现当年上过研究院乡农学校的人,对研究院的很多事情已经遗忘,但还能够传唱那时学会的歌谣或者依稀记得当年研究院以歌谣形式推行过的事项内容。如 SXX 至今还清晰记得当年《放足歌》的歌词并能随口唱出;WYH 虽然自己没有上学,但她的妹妹上过研究院的学堂,妹妹回家背诵时被她听到,她记住了,在 80 多年后的今天依然还能记得;LDZ 13 岁在共学处读书,90 多岁仍出口成诵。这些都表明山东邹平乡村建设运动中,歌谣形式是备受民众欢迎的,而且也是发挥了作用的一种主要教育形式。

(二) 开展文艺活动

邹平乡村建设研究院通过编演"文明戏"、放无声电影和举办农民运动会等形式宣传新思想新文化。

1. 编演"文明戏"

20 世纪 30 年代,在邹平这类小县城的乡村地区,戏曲是一种民间文艺体裁。无论是看传统戏曲戏剧还是现代话剧,都是深受群众喜爱的民间娱乐活动。乡建研究院根据这一民俗特点,组织师生将很多教育内容编排成现代话剧,时称"文明戏"。研究院师生到乡村演出"文明戏",成为当时乡村群众生活的一大亮点。很多年后,一些村民回忆当年研究院演出的"文明戏",剧名都忘记了,但还能详细复述剧情内容。

这天，演了两幕话剧，剧名记不清了，其内容：第一幕剧是关于开展社会教育的，剧情是：在未开展民众教育的社会情况下，群众愚昧落后，书信、文契不能看，须拿钱请摆小摊的代笔先生代读、代写；患病后，不相信医生，靠巫婆、术士，求神问卜，结果，花了钱，误了病，备受别人愚弄。后来，接受了宣传教育，参加了乡农学校，有了文化，能写书信、条据，能读书、看报，摆脱了文盲落后状态，识破了求神算命的骗术，不再受人愚弄欺骗。另一幕剧，是宣传缠足之害的，剧情是：一家财主有两个女儿，大女儿缠足，是闺阁秀女，二女儿是未缠足的洋学生。一天深夜，财主家遭到了绑票，其二女儿翻墙跳到院外逃走；大女儿小脚，跳不起、跑不动，被绑架，哭哭啼啼被绑票者架走。老财主为此花了一大批银元，最后醒悟到：还是天足好。①

梁漱溟乡村建设运动通过"文明戏"的形式，将所要提倡的"求学求知""反对迷信思想""缠足的危害"等内容编成群众喜闻乐见的戏剧戏曲形式，发挥了很好的宣传作用。

2. 放无声电影

虽然有声电影在国外已经于20世纪20年代末期上映，但在20世纪30年代的中国乡村，无声电影仍然广受群众欢迎。乡建研究院凭借自己能获得国内外资源的优势，将一些反映国

---

① 王向浦：《乡建时期邹平农村宣传、文体活动的片断回忆》，载山东省政协文史资料委员会、邹平县政协文史资料委员会编《梁漱溟与山东乡村建设》，山东人民出版社1991年版，第180页。

外最新科技成果的无声电影引入乡村播放,也成为吸引村民和传播新知识、宣传推广农业技术的重要方式。

  在上述同一次宣传的当天晚上,又放了无声电影。在坐南朝北的土戏台上挂上银幕,放映了一场外国影片。内容:①从正反两方面反映兴修水利的好处;正面映出兴修水利的农田灌溉、水路交通情况;反面是不重视水利建设,雨季到来,山洪暴发,淹没农田,冲毁村舍,造成水灾。②关于牛羊猪兔鸡等优良品种的繁殖与饲养。荷兰牛、波支猪、安哥拉兔、来克亨鸡,成群满圈,体大膘肥,肉蛋奶的生产,超过一般品种好几倍。③农业机械生产情况。播种机、中耕机、康拜因等,机械化生产代替了人力耕作,生产效益事半功倍。④兴办社会教育情况。男女青少年及其他社会成员均入校学习,课外开展丰富多彩的活动,接受多方面的培养教育。影片无声,每隔几个镜头,就有一段外文说明,由研究院的工作人员解说。当时看过之后,增长了一些自然科学知识,对这种连续映出的活动画面——无声电影,也感到非常新奇。[1]

  无声电影与编演"文明戏"稍有不同,"文明戏"是研究院自主改编的以乡村建设运动为主题的戏剧内容,而无声电影则是以参考借鉴的形式,都是借用了民间文化通常的表达手

---

[1] 王向浦:《乡建时期邹平农村宣传、文体活动的片断回忆》,载山东省政协文史资料委员会、邹平县政协文史资料委员会编《梁漱溟与山东乡村建设》,山东人民出版社1991年版,第181页。

法，传播乡村建设研究的目标和宗旨。

3. 举办农民运动会

乡村建设研究院组织乡农学校的学生开运动会，一方面是为了体育竞技，另一方面也不失为让各村民众感受现代生活，提升团队精神和竞争意识。据乡村建设运动参与者王向浦回忆，1934年冬天，乡村建设研究院在邹平第九乡学所在地的吴家村举办了一场冬季农民运动会。会期一天，参与者是第九乡各村的民众和学生，研究院的老师还在现场表演魔术，场面很热闹。运动项目在村内村外均有设置，也方便村民参观。

  运动项目在村内、村外两个场地进行：村外场地，在吴家村南的一片开阔地里，四周是400米的跑道。中央竖一高杆，向四面八方辐射悬挂着五颜六色的彩旗。由研究院的师生担任各项竞赛的裁判员。那天，因化雪后场地泥泞，我只看到了投掷、长跑和负重竞走。村内场地，设在乡学门前的农场上，比赛项目，有拔河、武术和射击。研究院的一位教师，还表演了理化魔术。各初小的学生，表演运动操，唱《朝会歌》《运动歌》等歌曲。最后给各个运动项目的优胜者照相、发奖。这次运动会会期一天，参加者是第九乡各村民众和学生。傍晚各村与会者结队返回。[①]

[①] 王向浦：《乡建时期邹平农村宣传、文体活动的片断回忆》，载山东省政协文史资料委员会、邹平县政协文史资料委员会编《梁漱溟与山东乡村建设》，山东人民出版社1991年版，第181页。

这样一些文艺体育活动，以村民喜闻乐见的方式对乡村民众进行了宣传教育，对课堂教学及其他乡建活动无疑有良好的辅助效应。

（三）举办农业展览

农场是研究院培育新品种、提高农业技术的试验点。为了宣传农业新技术，研究院曾于1931—1932年举办过两届农业展览会。两次展览都盛况空前，研究院的刊物《乡村建设》上也做了专栏报道。

1931年11月5—8日，举办第一届农业展览会，为期四天。展览分普通展览和表证展览两部分，普通展览农品主要由研究院学生自行采集和由农民送往研究院陈列；表证展览主要由研究院农场及各地农业试验、研究机构选送。此次展览共征集展品万余种，前后参观人数达46060人[1]。

1932年10月25—27日，举办第二届农业展览会，为期两天半。"此次展览农品征集范围扩大到旧济南道属二十七县，所展农品达两万余种。展览分普通展览、客来品展览、表证展览三部分。此次展览共60余个团体派代表参加，参观民众57000人。"[2] 明显比第一届农展会参观人数多、规模大。在农品展览会上，研究院通过放映农业电影、组织讲演团等形式向参观民众介绍新式农业技术、新品种。农场举办农品展览会的目的在"启悟农人，改良农事，增进农产，扶植农

---

[1] 《农品展览专号》，《乡村建设》1931年第1卷第6—10期。
[2] 《山东乡村建设研究院第二次农品展览会宣言》，《乡村建设》1932年第2卷第10—14期；于鲁溪：《第二届农品展览会概况》，《乡村建设》1932年第2卷第10—14期；候子温：《山东乡村建设研究院第二届农品展览会经过纪事》，《乡村建设》1932年第2卷第10—14期。

村"。它在一定程度上刺激了农民接受新技术、新品种,改良农业的心理。这种形式还有效破除了农业研究机关与农民之间的隔阂。①

1935年《邹平实验县户口调查报告》显示,邹平全县户籍人口总人口为165453人,也就是说在全县不到17万人口中有超过1/4的人去参观了农业展览,可见其吸引力和影响之大。

对于研究院举办的农品展览会,在田野调查中经常听到邹平当地民众讲述。有的是他们自己亲眼所见,有的是来自其长辈的讲述。LNX的记忆来自村里长辈口耳相传的讲述,带有比较抽象的评价词汇,如"先进""经验"等,从农业的具体事件延伸至事件的意义和文化价值。

> 我听张子恒说,(展览会)有大棒子、谷子,都是干了的标本。他比我大四十岁。他和大人说时,我听到了。他看了以后,对标本挺感觉兴趣。他说,人家研究院研究这些东西,很先进。咱们农民这个种植方式很落后啊。这棒子种吧,成年都使一样。今年留出种子,过年还使。这一使若干年,这棒子是逐年减产。你换了品种,新品种就增产。②

WZS回忆,他父亲当年选送的丝瓜获了奖,奖品是一幅

---

① 乔政安:《农业展览会与农业改良》,《乡村建设》1932年第2卷第10—14期。
② 笔者于2015年8月2日与碑楼村村民LNX的访谈资料。

梁漱溟题写的中堂"博爱"。东范村王英贤发明的纺穗机曾在乡建研究院的农品展览会上获奖，算得上当时邹平农民技术创新的典型。

王英贤，男，1893年生，邹平东范村人。20世纪30年代，山东邹平乡村建设运动时期，东范村隶属乡村建设实验县第三区，曾建立过棉麦育种场和稚蚕饲育合作社。① 王英贤上过私塾，主业是务农，副业是中医和木匠，于1977年去世。

王英贤发明的手摇缠穗机，一次可同时缠两个梭穗，缠完只需2分钟，把缠穗效率一下提高了几十倍。

> 他是使铁的废旧齿轮，一个大的两个小的做起来的，做起来以后，中间有个大齿轮带动两边那两个小齿轮快速地转，一会儿就做两个穗子，一会儿就做两个穗子，很快，领着小孩子玩的时候，一会儿就做俩，一会儿就做俩。这样就减轻了妇女们做长穗的负担了。②

手摇缠穗机的发明引起了他所在的第五乡乡学的关注。乡学的学长就把手摇缠穗机这项发明推荐给研究院，并在1931年11月5—9日举办的第一次农产品展览会展出。③ 展览会后的评奖中，王英贤的手摇缠穗机获得了当年展览的特等奖，研究院次年在《乡村建设》中专门刊登介绍："此种穗车，去岁

---

① 于鲁溪：《山东乡村建设研究院农场四年来工作之回顾》，《乡村建设》1935年第5卷第4期。
② 笔者于2018年10月7日与东范村村民WYX的儿子WXP的访谈资料。
③ 《山东乡村建设研究院实验县区第一届农品展览会参观人数统计表》，《乡村建设》1931年第1卷第6—10期。

展览会中曾有邹平东范家庄王英贤先生获得特奖。"① 奖品是一枚银盾，上面写着"农为国本"四个大红字和"县长梁秉锟"等字样。

后来这个缠穗机实物在村里流传使用的过程中遗失了（也可能是坏掉了）。王英贤又用废旧木头重新做了一个同样的缠穗机。1949年王英贤女儿出嫁的时候，王英贤做了个缠穗机作为陪嫁品。随着改革开放邹平手工纺织逐渐衰落之后，这些工具也慢慢消失了。2005年，王英贤的儿子WXP按照父亲当年获奖的照片仿制了一个缠穗机。2017年邹平县博物馆成立，在全县范围内征集文物。2018年1月18日，王英贤家人把这枚珍贵的银盾和缠穗机仿制品都捐给了邹平县博物馆。

乡建研究院通过举办农业展览的形式，一方面展示新的农业技术成果，激励农民；另一方面是与农民建立良好的关系，找寻农民需求，展示邹平农民生产生活民俗中常用的民俗工具。

（四）注重乡约治理

梁漱溟乡村建设的核心思想之一，是不希望中国照搬西方那种讲法律而不近人情的社会管理体系，而是依据中国传统伦理，建立起有人情味的、符合中国传统基本伦理的社会治理体系。在这样的思想指导下，乡村建设运动就常常注重情理劝导而不过分依靠法律和行政来维系。

若一从外面求个凭准，便落在法律上，落在法律上便死板，死板便不能讲情义，便不是礼俗生活了。而在中国

---

① 《得奖者之照片与说明》，《乡村建设》1932年第2卷第10—14期。

乡村社会中，大概是要走情义的路，走礼俗的路才行。①

梁漱溟希望能发动农民自觉参与乡村团体的活动，积极参加集体事务的协商，充分发表意见，需要有"关切心""常常过问公事不肯放松"②，但不希望对民众进行"指手画脚"甚至行政命令式的指导和管理。他希望对乡村陋俗进行改良，主张乡村社会要联系外部世界，学习新知识、新技术，改进农业生产，但又不希望这些改良是强制性的，而是力求采取劝导式、示范性、充满人情伦理的方式。

在梁漱溟的乡建理论体系中，首先提倡"协商式"的合作方式。他的乡村建设目标，是要"养成一种商量的风气、相让的习俗"③，"渐渐地开创出一个中国式的团体生活来"④。村学中的教员，作为乡村建设一线最重要的联络人，其工作方式主要是劝导式而非行政命令式的："应时常与村众接头，作随意之亲切谈话，随地尽其教育工夫。"⑤

梁漱溟主张，对不同意见、乡村邻里矛盾应注重"调解"而不是鼓励纠纷双方去法庭打官司，所以在乡建组织中专门设置处于行政体系之外的"学长"这一身份来负责调解工作。

---

① 梁漱溟：《乡村建设大意》，载中国文化书院学术委员会编《梁漱溟全集》第1卷，山东人民出版社1992年版，第701页。
② 梁漱溟：《乡村建设大意》，载中国文化书院学术委员会编《梁漱溟全集》第1卷，山东人民出版社1992年版，第679页。
③ 梁漱溟：《乡村建设大意》，载中国文化书院学术委员会编《梁漱溟全集》第1卷，山东人民出版社1992年版，第701页。
④ 梁漱溟：《乡村建设大意》，载中国文化书院学术委员会编《梁漱溟全集》第1卷，山东人民出版社1992年版，第720页。
⑤ 梁漱溟：《乡村建设大意》，载中国文化书院学术委员会编《梁漱溟全集》第1卷，山东人民出版社1992年版，第681页。

如前文所述，乡学村学中的教员虽然有教育职责，其实主要是负责联系学众，联系乡村与研究院上级部门。真正承担"训诫教导任务"的是"学长"，由县政府礼聘，县长也要礼让学长，以作表率。学长是乡村的尊长，负责调解村民之间的纠纷。①

梁漱溟想要以传统伦理方式进行乡村建设，其"人情味"的劝导思想还扩大到一些涉及犯罪的事项，他认为现行的乡镇管理办法中将犯事者交由法律，是一种无情无义。

> 你犯了错，即送官去办；送官之后，是打是罚，我一概不管。这是多么无情无义的办法呀！论理乡长即一乡之尊长，对于乡镇居民应加爱惜，看他有不对之处应及早规劝他，不要等他犯了法再治之以罪。②

甚至对吸毒、赌博等，他也是力求劝诫而不是通过法律手段予以处罚。这样的任务，主要由作为师表的学长来负责，其方法也是劝导式的。

> 对于村中（或乡中）子弟，应当本着教育的意思来管教，本着爱惜他的意思来训饬他；看他在道德上稍微有点不对，就应当及早督教他，或背地规劝他。③

---

① 梁漱溟：《乡村建设大意》，载中国文化书院学术委员会编《梁漱溟全集》第1卷，山东人民出版社1992年版，第696页。
② 梁漱溟：《乡村建设大意》，载中国文化书院学术委员会编《梁漱溟全集》第1卷，山东人民出版社1992年版，第703页。
③ 梁漱溟：《乡村建设大意》，载中国文化书院学术委员会编《梁漱溟全集》第1卷，山东人民出版社1992年版，第702页。

乡建研究院在促进邹平旧俗改良方面投入了大量精力，比如针对缠足、早婚等旧俗，也是以劝导为主。"从教育的意思，而不是法律的意思来办。例如戒吃烟、戒缠足，不看成是以法律办你，而看成是教育你的意思。"① 如前文所述，研究院通过编撰歌谣、编排"文明戏"等多种方式，将缠足对当事人身体带来的危害以及放足后的好处写进歌词，编入剧情，不断努力引导当地民众放弃不良习俗。即使到今天，我们从访谈个案还能传唱的歌谣中，仍然能感受到当年研究院的良苦用心。风俗习惯的改革是乡村建设中难度极大的事项，乡建时期"劝放足"不易，"戒早婚"同样不易。据乡村建设运动的参与者田慕周回忆，研究院对当年邹平人早婚现象进行劝阻，也是采取了包括劝导在内的各种手段，但想要获得明显效果仍然很难。

>当时最头痛的是早婚陋习。那时邹平十一二岁的男孩，就娶十六七岁的女孩。我们劝不过来，让村学、乡学老师讲早婚之害，并规定凡早婚者罚款10元，并把早婚者的父亲抓来罚10元，由行政警打手心。我们坚持用教育开导宣传和行政手段矫正，终因习惯势力大而收效甚微。有的户主明着早婚，预先准备了10元钱，工作人员一去马上交上，真没办法。②

---

① 梁漱溟：《乡村建设大意》，载中国文化书院学术委员会编《梁漱溟全集》第1卷，山东人民出版社1992年版，第702页。
② 田慕周：《我参加邹平实验县户籍工作的情况》，载山东省政协文史资料委员会、邹平县政协文史资料委员会编《梁漱溟与山东乡村建设》，山东人民出版社1991年版，第166页。

梁漱溟注重人情伦理的思想对中国社会而言，自有其积极意义，但也未必如他所愿能在乡村建设运动的方方面面发挥作用。想要改变乡村的风俗习惯，非一日之功，也要遵循风俗习惯形成的前后语境制定合适的办法。梁漱溟的乡建实践让我们能清晰窥见民俗力量的强大和惯性。

（五）与农时的协调

乡建研究院总是尽量根据农业生产劳动的时节组织教育教学活动，避免教育教学与农民的生产生活发生冲突。

> 这种民众学校，是后来的乡学、村学的初级阶段，农忙时放学，农闲时上学，学时、人员不定。有的学生学了一段时间，家中一忙就走了，比较随便。民众学校也放秋假、麦假。①

前文所述的乡农夜校，亦称冬学，主要利用冬季农闲和晚饭后的时间开展教育教学活动。很多乡农学校（后来改称"民众学校"）还根据现有条件，因时因地因人而开设，今天看来或许很不正式而且效果不佳，但在当时教育资源普遍缺乏，而农民自觉意识还普遍不强的社会状况下，哪怕仅仅能对农民进行一次教学活动都是有意义的。

当年的研究院训练部学员刘溥斋的一段回忆，代表了乡农夜校那种灵活的组织方式。训练部学员随处组织起来就能成立

---

① 刘溥斋：《我在研究院训练部学习和从事乡建活动的经过》，载山东省政协文史资料委员会、邹平县政协文史资料委员会编《梁漱溟与山东乡村建设》，山东人民出版社1991年版，第60页。

一所小小的夜校，上课时间完全是依据农民的时间进行，灵活开展面向农民的教育而不产生矛盾，才能将梁漱溟的乡建思想逐步贯彻，在当时是很有必要的。

> 1932年初，记得天气很冷，训练部全部学员三五人一组，分到全县农村实习，组建农村夜校。我与高天民（周村堂屋人）、王秉慧（长山卫固人），还有一个齐东人共4人被分到明家集小孙家庄。我们持研究院介绍信，背着铺盖，一进村先和村负责人联系。在村内，临时找了一间闲房，作为夜校课堂和宿舍。把村内有点文化、愿意学习的青年农民召集起来，成立了孙家庄夜校。每到晚饭后，我们4个人轮流给农民上课，讲梁漱溟的乡村建设理论、乡村秩序、道德、农业生产知识、种树、养蚕等。上夜校的形式很随便，一般二三十人，有时多，有时少。白天农民下地劳动，我们自学，复习功课。[1]

除了在村内固定场所的教育活动尽量与农民的生产生活相协调外，乡建人员的活动还会借助庙会、集市等民众按期聚集的时间和场所，以宣讲、演出等方式对民众进行教育。

> 每逢辉里村三、八大集，乡民来看病的很多。卫生员

---

[1] 刘溥斋：《我在研究院训练部学习和从事乡建活动的经过》，载山东省政协文史资料委员会、邹平县政协文史资料委员会编《梁漱溟与山东乡村建设》，山东人民出版社1991年版，第59—60页。

常趁乡民赶集的机会，向乡民宣传卫生保健知识。①

为了做到与农民的生产生活相协调，不仅在开展教学的时间方面充分考虑农民的作息规律，前文提及研究院从开始培养自己的乡建人才时，就特意让他们养成接近农民的生活习惯。乡建研究院训练部是专门培养到乡村第一线从事乡建服务人才的地方，研究院从对训练部学员的习惯培养开始，即要求"对于不合农业社会的习惯者，应予矫正"。② 为了与农村状况和农民的生活习惯协调一致，训练部人员没有节假日，甚至连穿衣、发型等个人生活习惯也被要求跟农民尽量靠近，努力成为农民容易接受的方式。

研究院时期不允许学生穿好的衣服，要求学生艰苦朴素，合乎民风。我在长中附属师范读书时留着长发，进研究院不久，班主任陈亚三找我谈话，说我留长发不适应做乡村工作，要我把长发去掉。于是我到街上剪掉了长发，留成了短发。第二天他见到我，又说："你还是不愿意全部去掉，还是全部推掉的好！"第三天，我将长发全部推掉，成了光头。那时，学生留长发，农民认为是洋学生，看不惯，无形中与农民造成隔阂。推成光头，是为了从形

---

① 卢资平：《忆邹平实验县第十二乡乡学》，载山东省政协文史资料委员会、邹平县政协文史资料委员会编《梁漱溟与山东乡村建设》，山东人民出版社1991年版，第215页。

② 王冠军：《回忆抗战前的山东乡村建设》，载山东省政协文史资料委员会、邹平县政协文史资料委员会编《梁漱溟与山东乡村建设》，山东人民出版社1991年版，第4页。

式上先和农民沟通关系，便于将来做乡村工作。①

民间对梁漱溟乡建时期推行全面教育的宗旨可能没有很深入的理解，但至少在"重视教育"这个问题上留下了记忆。今天老人们提及梁漱溟的乡村建设运动，尤其是提及当年"研究院的学生"，记忆中很多都是"后来做了老师"。这也说明研究院与教育的密切关联。

第三节　民众教育的影响

本节分析邹平乡村建设运动中民众教育的影响，既包括对本地乡村社会的影响，也包括辐射到外县的影响。

一　对本地乡村社会的影响

邹平乡村建设中教育对当地民众产生的影响主要从民众的记忆中表达出来。田野调查中，民众对梁漱溟乡村建设运动的记忆一部分是史实，也有一部分是被传承下来的传说或故事。

（一）梁漱溟改村名

邹平当地流传着梁漱溟改过的村名。民众李才远介绍，原来邹平的很多村名是梁漱溟给改的。因为原有的村名大多依地势而起，比较俗气，梁漱溟便为这些村子更名。比如原来的"毛窝村"更名为"聚仙村"，原来的"秦家沟"更名为"会

---

① 刘溥斋：《我在研究院训练部学习和从事乡建活动的经过》，载山东省政协文史资料委员会、邹平县政协文史资料委员会编《梁漱溟与山东乡村建设》，山东人民出版社1991年版，第58页。

仙村",原来的"郭家洞"更名为"杏林村"。笔者在印台特别区调查的时候,被访者也提到过梁漱溟为村庄改名的事情,比如抱印村就是更名后的村名。

> 这个后来才叫会仙。梁漱溟来了以后啊,这个村庄那名字就都改了。那个时候我倒不大,但是梁漱溟挺有名望啊。老人们说,梁漱溟来这以后啊,把这个山转了一遭①,转了一遭啊,正好这个春天,春暖花开的时候,毛窝那里。这不,他说,毛窝多么不好听,毛窝狗亲的,改成聚仙。俺这个村叫秦家沟,沟沟叉叉的,他就给改成会仙了。他又把这会仙(改了)。到了杏林啊,他叫郭家洞,在这个西南角上,他到了转到那里啊,正是春暖花开,这个杏树啊都开了花了。你看这花开的这么好,这么多的杏树,这个村就叫杏林多好。改成杏林。这样就都改了。②

目前在笔者所能查阅到的《邹平县志》,康熙三十四年(1695)版《邹平县志》卷一·乡庄中,以村庄在县治的方位列出,其中西南方位有"毛窝庄""秦家沟"等村名。③嘉庆

---

① 一遭,邹平方言,指一圈。
② 笔者于2016年8月13日与会仙村村民LCY的访谈资料。
③ 原文如下:"西南:碑楼庄、石家庄、郎君庄、会仙庄、曹家庄、崔家村、纸营庄、赵家庄、贺家庄、丁家庄、冯家庄、孙家庄、秦家沟、下娄庄、石家庄、徐家崖、西赵家庄、井家庄、樊家庄、黄家河滩、毛窝庄、上楼庄、卢泉庄、小山前、小刘庄、郭家庄、耿家庄、刘家庄、化庄、浒山铺、陈家庄、徐家庄、马步店、东窝庄、郭家庄、杨家泉、大赵家庄、贾庄、小赵家庄。"康熙《邹平县志》卷1《乡庄》,第25页。

八年（1803）版的《邹平县志》卷二·方域考对村庄的罗列按照乡、里、村的建制结构列出，邹平县共有6乡，57里，其中"毛窝庄""秦家沟"属于伏生乡伏五里的村落21个村之一。在1914修订的《邹平县志》中，"毛窝村"已更名为"聚仙庄"，而"秦家沟"村名继续保留，归属伏五里二十四村之一。[①] 但1932年杨效春发表在《乡村建设》刊物上的文章《第二区乡农教育实施报告》中，"秦家沟"已更名为"会仙村"[②]。

根据这些记载，可以证明"梁漱溟为村庄更名"确有此事。但在访谈过程中，也有民众讲了一些并不是梁漱溟时期发生的事情，他们会把他们认为的很多关于社会运动的"好事"都叠加在梁漱溟乡村建设运动时期的事项上，甚至直接认为就是梁漱溟为大家做的好事。这并不是普通意义上的杜撰，而是一种地方人物的民间传说正常生成的过程。这也足见乡建运动在邹平民间产生的重要影响。

（二）农业技术的改进

美国学者艾恺在总结民众对梁漱溟乡村建设运动的印象时，他感觉民众对乡村建设运动印象最深的是科技带来的物质上的变化，特别是对农业展览的印象，而不是精神建设方面的。

[①] "伏五里领二十四村：东赵家庄、樊家洞、小山前、芦泉、冯家庄、石家庄、井家庄、丁家庄、王家庄、孙家峪、象山前、西赵家庄、上娄庄、下娄庄、聚仙庄、吉祥庄、郭庄、秦家沟、黄家河滩、贺家庄、葛家洞、柳家巷、三官庙等。"栾钟垚、赵咸庆、赵仁山编：《邹平县志》，成文出版社1931年版，第20页。

[②] 杨效春：《第二区乡农教育实施报告》，《乡村建设》1932年第1卷第21—30期。

简而言之，梁先生的乡村建设有两个目的，一个是把乡下现代化；另一个是要在乡下现代化的基础上复苏中国文化。可是一般来说，给老百姓最深刻的印象，并不是梁先生复苏中国文化等工作，最深刻的反而是物质的好处。比如每年开一次农产品展览会，虽然有的人那时候很小，不过他们还记得，有一种猪是美国的"中国—波兰猪"（China Poland pig），他们说，"哎呀！那个猪真是大得不得了"。所以他们很快引进这种品种的猪。还有，比如邹平县本来是棉花生产基地，梁先生最成功的合作社就是棉花运销合作社，因为这个合作社立刻把他们的物质生活水平提高了，科技方面也发展了，所以参加合作社的每一家、每个人，都感受到非常深刻的影响与印象。我问他们梁先生其他方面的建设，就是精神建设方面有没有印象？他们会说当然有，也都赞美说很好。不过就我所了解，留下来最深刻的印象还是那些科技方面的东西。①

艾恺的这种感觉在笔者的田野调查中也常体会到。精神方面的影响不是显现的，而是深植于民众的观念与思想中。科技成果的直观和物化的特征，作为一个地方事件和社会记忆被不断口耳相传。可以说，在20世纪30年代，邹平乡村经济破败，虽然乡村建设研究院的乡建内容既有物质层面的科技发展，也有精神层面的陶冶与引导。但从民众的视角来说，他们最需要的是物质上的改变，是土地资源的拥有和生活条件的改

---

① 张兰英、艾恺、温铁军：《激进与改良——民国乡村建设理论实践的现实启示》，《开放时代》2014年第3期。

善。因此，农业科技的新成果带来的喜悦和希望成为民众记忆中最深刻的内容。

在艾恺调查完的 20 多年后，笔者在邹平做访谈时，乡村建设运动的亲历者们依然会讲述这个令人振奋的时刻，后辈们不断延续着这样的讲述，或者将其更加发挥，成为地方化"传说故事"来讲述。在男性被访者中，有 6 位提到过关于乡建研究院的农品展览会的回忆。其中，有 2 位是亲历者，尽管已 98 岁高龄，但仍然能清楚记得并激动地描述起农展会当时的场景。1919 年出生的崔家村的 CCB 的描述很具象，"大"是他用得最多的形容词。

> 研究院开了一回展览会。里头养的大猪。那个猪能长一二百斤。还有庄稼。西瓜这么大小（比划）。这么一些东西咧！我去看了。四下的人都去看啊！当时邹平有农场，养的大猪、大牛。种的高粱格外高，长的穗子大。开展览会的地方，是外国人修建的。那时候老百姓叫洋房。里头有一个大院子，都在这里看。研究院就是叫大家伙子去看看。农民种的大瓜、大南瓜、大茄子，叫大家伙子学习种。

1918 年出生的郎君村老人 WWC，虽然对过去的很多事情已记不太清了，但当我们一提及"梁漱溟"和"研究院"时，他很快做出评价是，"梁漱溟，为邹平办了好事，对老百姓不孬"。乡建期间，他正值十四五岁，在民国时期的邹平已属于成家立业的年龄，参与了家庭的生产劳动和村里的集体事务，所以他的记忆里留存了很多关于研究院活动的印象，也包括农业展览会的情况。

> 研究院东关门外一个大礼堂。哈庄稼都有。谷、地瓜、棒子、麦子。谁的好，研究院就弄去，让人参观。研究院就是研究哪里的谷好，哪里的棉花好。叫人买他的种子，长好谷。研究院不孬啊。①

而其他未亲历者，在回忆和讲述中注重展览会的外围，从展品拓展到奖品。1925年出生的郭庄村村民WZS老人，农展会时他七八岁，他对农展会的直观印象已模糊，但留给他的是父亲参加农展会并获奖的印象。他的父亲在农品展览会上展示了丝瓜、玉米和南瓜，并获了奖。虽然奖品已不在，但参展和获奖的事情作为家庭记忆被传承下来了。

> 我父亲弄了一个丝瓜子，这么长。一个丝瓜子，一个玉米，一个南瓜。我父亲去博览会送样本，得了个奖，人家研究院送了一幅中堂，写着"博爱"两个字，还有两副对子。②

当这样的历史事件在村落中口耳相传时，会逐渐增加一些抽象的评价词汇，如"先进""经验"等，从农展的具体事件延伸至事件的意义和文化价值。前文提及1930年出生的碑楼村老人LNX从村里长辈那里听来关于研究院农展会的"传

---

① 笔者于2015年8月4日与郎君村村民WWC的访谈资料。
② 笔者于2015年8月7日与郭庄村村民WZS的访谈资料。

说",老百姓就总是强调研究院先进,而"咱农民"落后,传递了研究院带来先进技术的文化价值。

除了农展会之外,"做好事"也是民众对乡建研究院回忆时用得最多的词。这些好事包括办乡农学校、成立合作社、改地名、改度量衡、推广农业新技术、医疗卫生改革等。关于农业技术改良,民众记忆最多的是引进良种、打井、成立合作社等为农业发展带来的可喜变化。

二 对外县乡村社会的影响

1931—1937年,梁漱溟乡村建设训练部培养学生近千人。[①]这些学生结业后到邹平或山东其他县从事乡村工作,成为研究院辐射到外县乡村社会的一支重要力量。有的学员在当地建立乡农学校、共学处等,研究院成立的乡村服务指导处也会对这些结业学生继续指导和监督。《乡村建设》期刊也会定期报道这些新的乡农学校的兴办情况。

刘溥斋就是乡建研究院训练部第一届学员,出生于1908年,邹平县西董乡小马峪村人。1932年5月毕业之后,他回到西董乡小马峪村。1933年春天参与几个训练部的同学在长山县东社村办起的一所民众学校的教学工作,负责给农民学员讲课。半年后又在西社村办起了一处民众学校。后来又转入长山县的杏村庄组织了一处民众学校。1936年12月,刘溥斋又被研究院抽调到外县帮助建设乡农学校,被分配到栖霞县臧家庄第五区负责筹建第五乡学,担任指导员。1937年6月,刘

---

① [丹]曹诗弟:《文化县:从山东邹平的乡村学校看二十世纪的中国》,泥安儒译,山东大学出版社2005年版,第113页。

溥斋又被调到栖霞县第一乡学任教育主任,除了讲授乡村建设理论,还兼任当地小学的校外指导,负责视察各小学。七七事变后,领导学员修掩蔽部,修公路,参与宣传抗日等,直到日寇进入山东,乡学解散,无法回家,后来还参与了抗日游击队。[①]

根据刘溥斋的回忆,我们能感受到,他自1933年至1937年在外县参与乡建的经历并非个案,很多时候他是跟研究院毕业的同学和研究院的人员一起在外县办学,而且外县的办学模式也基本遵循了邹平乡学、村学的模式。这样的例子表明,当时乡建研究院并不只注重在邹平县域内活动,实际上是以邹平为中心实验区而辐射到其他县域。

当然,邹平乡村建设运动虽然是全体民众的社会化教育,但在20世纪30年代农村社会的整体环境下,民众教育仍然带有一定的局限性。当时,邹平社会整体受教育程度偏低,妇女受教育者更是寥寥无几。从数据来看,农村妇女的文盲率达到98.7%。文化教育是乡村建设运动的重中之重。乡村建设运动以村学、乡学为单位,将妇女纳入受教育的对象。村学开设儿童部、妇女部,鼓励女子接受学校教育。据统计,"1933年邹平县有村学54处,儿童部69个班,1095名学生;妇女部11个班,214名学生","1936年村学28处,儿童部36个班,1081名学生;妇女部11个班,181名学生"[②],"1937年妇女部5个

[①] 刘溥斋:《我在研究院训练部学习和从事乡建活动的经过》,载山东省政协文史资料委员会、邹平县政协文史资料委员会编《梁漱溟与山东乡村建设》,山东人民出版社1991年版,第57—62页。

[②] 曲延庆:《试从邹平农民的反映看乡村建设运动》,载梁漱溟乡村建设理论研究会编《乡村:中国文化之本》,山东大学出版社1989年版,第273页。

班，188 名学生"①。

从总体上来看，研究院为妇女接受教育提供了很多机会，但是，从实际效果来看，仍是收效甚微。"乡农夜校大小村都有，学习对象是全乡农民，男女老幼都有，所以不叫学生叫'学众'。不过那时女的很少。"② 其原因是多方面的。

首先是家庭生产的需要。在邹平农村，妻子在家庭中的角色主要是家务和照料老人与孩子，纺线织布被作为与洗衣做饭同等价值的家务劳动，并不是经济活动。而上课时间则以农忙农闲这种农业生产劳动时间标准来设定，所谓的"农忙不学，农闲多学"③ 或白天劳作夜间上课的学习节奏对农村男性可能合适，对妇女来说却是不切实际的，因为女性农民的家务劳作和照料老人孩子是不分农闲农忙的，其劳动总量有增无减。纺纱织布，主要是在农闲，在洗衣做饭与照料家人的空闲时间，特别是晚上来劳作，与研究院的上课时间有冲突，不能保证固定的时间去听课，而且照料家人常常带有偶然性和琐碎性，只能以旁听者的身份接受教育。劳作的冲突与时间资源的匮乏，把女性农民更多地拒于受教育之外。

其次是家庭经济的原因。虽然研究院的乡学村学免学费，但需要购买学习用品，而且其生活费也会随之增加。如被一些访谈人提及的，她们当时未到校的原因有如下："儿童班女

---

① 成学炎：《从邹平的实践析梁漱溟的乡村建设运动》，载梁漱溟乡村建设理论研究会编《乡村：中国文化之本》，山东大学出版社 1989 年版，第 229 页。
② 卢资平：《山东乡村建设研究院及邹平实验县的片段回忆》，载政协邹平县委员会文史资料办公室编《邹平文史资料选辑》第 1 辑，第 123 页。
③ 卢资平：《山东乡村建设研究院及邹平实验县的片段回忆》，载政协邹平县委员会文史资料办公室编《邹平文史资料选辑》第 1 辑，第 123 页。

生,天雨无雨伞、油鞋,不能来""上学要学费,要买纸、墨、笔、砚,还要请先生吃饭"① 等。这些是女性不能接受教育的客观外在原因。

最后是传统的性别文化观念导致。民国时期的邹平农村社会,充斥着传统的"男尊女卑""男外女内""男强女弱"的性别观念,以"女子上学没用""女子无才便是德"为由,甚至认为"女子是赔钱货"②,送女子受教育就是吃亏,普通家庭的女子会在十七八岁出嫁,"有了婆家""将要出嫁""妯娌嫉妒"③ 等都是女性不能接受教育的理由。此外,"男女授受不亲"的传统观念,也影响着女性农民出门接受教育。有人认为,女学生就应该由女老师来教授,而研究院的女教员比较少,其实在当时的情况下,全国的女性师范生都比较少。因此,晚饭后来接受男性教师上课的女性农民就更寥寥无几了。再加之当时成年女性大多缠足,多有行动不便,有些科目也无法参加。

诸如以上种种原因,女性农民在乡村建设运动的乡农教育活动中,最好的状态也就是以旁听者的身份参加,以识字明理为主,并不像男性农民青年一样成为乡村建设运动的主力。

小 结

与同时代陶行知的中国教育改造运动和晏阳初的平民教育运动相比,梁漱溟推行的是"乡村建设运动"而不是"教育

---

① 当时的制度是学生需要轮流请教师到家里吃饭。
② 赵连城:《乡村妇女教育问题的解决》,《乡村建设》1936年第6卷第6期。
③ 山东乡村建设研究院:《乡村民众不能按时上学的原因》,《乡村建设》1936年第6卷第6期。

运动"。梁漱溟本人在谈及乡村建设运动最重要的两大任务时，也没有把教育列入其中。但是，梁漱溟认为，中国社会当时的问题是文化的破坏，需要在传统伦理基础上"创造新文化"，所以要依赖教育；当他将邹平乡村建设运动的目标定为发动乡村民众，组织民众一起"向上学好求进步"的时候，意识到教育是实现目标的重要手段和途径。

山东邹平乡村建设运动的民众教育，把乡村所有民众作为本乡村建设的一份子，所有民众是组成乡学村学的主体，即"村中或乡中男妇老少一切人等"①，涉及邹平全县不同年龄、不同性别、不同阶层、不同家庭背景、不同职业的民众。民众记忆中对梁漱溟所推行的教育的理解可能没有那么全面，但至少在"重视教育"这个问题上留下了记忆，一方面，梁漱溟时期的办学或重要活动地点，在村中都还留有痕迹；另一方面在后来的集体化时期，经济条件稍微好一些的村庄，就会自主兴办学校，重视教育。

梁漱溟及其团队不以行政或法律或军事之类手段去"管理"或"治理"民众，而是大量借助指导、劝导等教育手段来实施对乡村的提升，是基于他对民俗力量的理解。在教学体制和教学计划、村民招生等方面体现了全民众的覆盖模式，是对全体民众的尊重。

梁漱溟动员知识分子"要下乡间去"，这与20世纪二三十年代的民间文学运动"到民间去"有着异曲同工之处。梁漱溟动员知识分子"下乡间去"是为了更接近民众、了解民

---

① 梁漱溟：《乡村建设理论》，载中国文化书院学术委员会编《梁漱溟全集》第1卷，山东人民出版社1992年版，第676页。

众从而成为乡村建设的动力,而民间文学运动则是一批民间文学爱好者和民俗学者在关心国家命运之时,认识到与上层文化不同的民间文化中蕴含的传统文化价值,需要"到民间去",挖掘民间文化的力量,从而改革社会。

虽然邹平乡村建设运动持续时间不长,这段乡建实践对中国此后的发展或许不能看作是至关重要或影响重大,但其借助教育形式和方法进行乡村改革的实践在今天仍然具有很强的现实意义。通过教育向农民传播知识的同时唤醒农民,引发农民自觉,虽然显得有些过于理想化而难以实现,但或许这是提升农民整体状态、促进中国的现代化进程中无法绕开的路径。

第三章

乡村经济合作

梁漱溟认为,乡村建设"要以解决农村经济问题为自治之入手"[①],而且,在20世纪30年代的国际国内大环境下,"恢复农业生产力当较兴起工业生产力为简便迅捷"[②]。因此,发展乡村经济,恢复农业生产力,成为乡村建设重要又直接的内容。但梁漱溟也认识到,发展乡村经济绝不是简单的经济问题,而是需要最终解决乡村文化失调的问题。梁漱溟注意到邹平有民间互助的民俗基础,但在内忧外患的政治环境下,团体组织涣散,民众缺乏经济合作,必须发展各类经济合作社。这一点也是邹平乡村建设与其他实验区乡村建设不同的地方。

本章以山东邹平棉纺织业为个案,阐述邹平乡村建设运动中发展乡村经济合作的实践,及其与民间互助的联系。同时结合新中国农业集体化时期和改革开放后的乡村经济模式个案,阐释互助民俗在不同历史时期的生命力。

---

① 梁漱溟:《请办乡治讲习所建议书》,载中国文化书院学术委员会编《梁漱溟全集》第4卷,山东人民出版社1992年版,第830页。

② 梁漱溟:《乡村建设理论》,载中国文化书院学术委员会编《梁漱溟全集》第2卷,山东人民出版社1992年版,第160页。

第一节 梁漱溟的乡村经济合作思想

乡村经济合作是梁漱溟乡村建设理论和实践的核心内容。本节通过梳理梁漱溟乡村建设运动中乡村经济合作的理论基础和核心思想，旨在厘清乡村建设中的乡村经济合作思想，为进一步理解邹平乡村建设运动中乡村经济合作的实践奠定基础。

一 乡村经济合作的理论基础

梁漱溟乡村建设运动中的乡村经济合作理论来自梁漱溟的哲学思想、中西文化理论和民间互助的基础。

（一）互助是人类社会的基本特性

梁漱溟引用克鲁泡特金互助论对进化论的修正，来说明"互助"是物竞天择过程中保留的生物本能，并认为互助也是人类社会的本能，从而驳斥了那种认为只有互相竞争，甚至弱肉强食才是自然法则的错误看法。

> 克鲁泡特金从一切鸟兽虫豸寻见其许多互助的事实，证明互助在动物生活上的重要，指出它们都有互助的本能。从这种本能才有社会，后来人类社会不过成于这个上边，所谓伦理道德也就是由这"社会的本能"而来的。由以前的那不留意就生出：处处都是互竞相争，互竞相争为自然界的法则，唯互竞相争乃可图存，唯互竞相争乃得进化，乃至同类本族自相争残都是进步的条件，种种误解，把动物界单看成了弱肉强食的世界。现在晓得这殊非

事实；动物很靠着同族类间的互助以营食求活，以殖种蕃息，以为卫护；互助的存留，不互助的淘汰，互助也是天择作用留下而要他发达的一种本能。①

梁漱溟的这种思想，无意中契合了乡村社会的事实。正如本书第一章第三节所述，在看似散漫无组织的乡村社会，村民自发的互助活动或小范围的互助组织其实从来都不缺乏，只不过他们往往隐藏在乡村社会中难以被外界所感知。

（二）团体组织精神缺乏的现状

梁漱溟认为，中国文化的失调或旧文化的欠缺之处有两点：一是缺乏团体组织精神；二是缺乏科学精神。要重建"新文化"，则必须在"老道理"的根上解决这两点。

正文前文所述（第二章第一节），梁漱溟将中国社会结构特征归纳为"伦理本位、职业分位"②，注重伦理、亲疏而不讲权利义务关系，经济上常与亲者共财，而无个人财产的状态，与西方社会的个人与集团之间讲求平衡，以至形成阶级对立的关系有根本不同。

梁漱溟还指出，因为没有团体生活，导致中国人有两大问题："（一）缺乏纪律习惯——人多时不能有秩序；（二）缺乏组织能力——不会商量着办事。"③

---

① 梁漱溟：《东西文化及其哲学》，载中国文化书院学术委员编《梁漱溟全集》第1卷，山东人民出版社1992年版，第499页。
② 梁漱溟：《乡村建设理论》，载中国文化书院学术委员编《梁漱溟全集》第2卷，山东人民出版社1992年版，第167页。
③ 梁漱溟：《乡村建设大意》，载中国文化书院学术委员编《梁漱溟全集》第1卷，山东人民出版社1992年版，第631页。

在梁漱溟看来，中国传统社会在缺乏与西方人竞争的状态下，没有团体也不会成为严重的社会问题，但当国际竞争越来越激烈的时候，中国想要继续像以前那样"散散漫漫地各自关门过日子"就不可能了，就需要结成团体。无论是在国家间的武力竞争还是经济竞争，都需要借助团体的力量，"非有团体不可"①。

对比中国与西方，梁漱溟认为无法直接引入西方的发展道路，应该遵循中国传统社会的礼俗，探索自己的道路。他认为，中国传统社会与西方社会有根本的不同，他在题为《乡村建设大意》的演讲中，多次将中国与西方政体进行比较，指出中国与西方既有差异也有相似点。比如在团体精神与个人权利义务关系问题上，一般人会认为西方比较重视个人的权利，而梁漱溟认为团体精神与个人权利的关系相对而言是动态变化的。梁漱溟通过考察西方社会形态"团体"与"个人"之间的关系，感觉他们是"从古代到近代，自近代到最近，始终在团体与个人、个人与团体，一高一低、一轻一重之间，翻覆不已"。②西方社会近二三百年对个人权利的强调，是对中世纪过分忽视个人权利的反抗，而经过二三百年对个人权利的强调之后，在 20 世纪初，西方世界已经开始反思过分强调个人权利也同样会带来一些问题，比如全民投票表决可能会导致决策偏向"愚昧的大多数"而出现错误。因此，梁漱溟认为，中国社会本来就"散漫"，不能继

---

① 梁漱溟：《乡村建设大意》，载中国文化书院学术委员会编《梁漱溟全集》第 1 卷，山东人民出版社 1992 年版。
② 梁漱溟：《乡村建设理论》，载中国文化书院学术委员会编《梁漱溟全集》第 2 卷，山东人民出版社 1992 年版，第 167 页。

续提倡个人私权。① 他一方面希望引导乡村实现自治，另一方面又希望这种自治不是西方社会的那种表决式、讲法理而不顾及人情的自治，而是符合中国传统伦理的互相尊重、互帮互助的"协商式"、充满人情味的自治。梁漱溟认为，要实现这种"协商式"、充满人情味的自治方式，应当借助于乡村组织。

梁漱溟的乡村经济合作思想中也有对丹麦经济合作的借鉴。这一点也是基于丹麦乡村和中国乡村的相似点：一是无阶级性；二是没有大地主。② 但丹麦的民众高等学校又是经济合作的文化基础。

> 丹麦另外还有一种最好的制度，就是民众高等学校。此民众高等学校，可以使丹麦农民变成世界上最好的农民。故每人都能过他们自己的经济生活；而那经济生活，是有力使他们可以趋随着开辟路途的领袖往前走。所以能养成一种合作的精神。倘一人成功，他一人也很快乐，绝无有漠不相关或含有嫉视的意念。这完全是丹麦民众高等学校的功绩。③

梁漱溟在邹平乡村建设运动中以乡学村学为组织，以民众学校为引领民众"人生向上求进步"的机构，推动乡村经济

---

① 梁漱溟：《乡村建设理论》，载中国文化书院学术委员会编《梁漱溟全集》第 1 卷，山东人民出版社 1992 年版，第 656—665 页。
② ［丹］马列克先生讲演，张锡玲口译，黄省敏笔记：《丹麦的合作运动与土地政策》，《乡村建设》1934 年第 3 卷第 17 期。
③ ［丹］马列克先生讲演，张锡玲口译，黄省敏笔记：《丹麦的合作运动与土地政策》，《乡村建设》1934 年第 3 卷第 17 期。

合作。

（三）传统民间互助的基础

山东民间有互助的传统。山东邹平乡村建设研究院也关注到民间互助的基础，对山东民间互助进行了深入调查。1932年，乡村建设研究院学生蓝梦九将山东济南道27个县的民间互助组织分为18类57个，并做了简要介绍（详见本书第一章第三节）①。这些互助组织涉及生产生活的各个方面，既包括婚丧嫁娶人生仪礼中的互助习俗，也包括日常生产劳作中的互助等。

《乡农的书》中，也有不少宣传互助思想的内容。如"出门莫逞能，人生贵互助。牡丹花虽好，尚需绿叶扶"。②"单丝不成线，孤树不成林。人生天地间，那可不合群。"③

《邹平民间文艺集》中收录了两首关于互助的歌谣，表达了人与人之间互助的重要性。一首是儿歌《闹嘈嘈》，另一首是格言《没人答》。

《闹嘈嘈》

太阳出来照树梢，一群喜鹊闹嘈嘈。问它因为什么闹？它说为争一个巢。你不干，我不干，眼前窝儿就拆散。拆了窝，没处住，还得大家同受苦。我劝喜鹊主义高，总要齐心去搭巢。巢儿大，里面宽，大家同居多喜欢，乐得喜鹊跳蹿蹿。

---

① 蓝梦九：《中国农村中固有合作雏形的记载（山东济南道属二十七县内之调查）》，《乡村建设》1932年第2卷第2期。
② 杨效春编：《乡农的书》，邹平乡村书店1934年版，第16页。
③ 杨效春编：《乡农的书》，邹平乡村书店1934年版，第17页。

辑注：在群体中，任何生物，各有职能，绝不容许少数安居享受。若有互助精神，则全体受福矣。①

　　《没人答》
　　在家不答人，出门没人答。
　　注：社会重在互助，若居家时妄自尊大，以非礼加人，则彼一旦远行，失所贫瘠，亦必为人所侮忽矣。②

儿歌《闹嘈嘈》借用喜鹊争巢的形象为儿童传达了互助合作的精神，格言《没人答》以社会互助为人际交往和生存的谨言。

梁漱溟认同传统的风俗习惯是千百年来民众遵守的社会秩序。他的理想是"养成一种商量的风气、相让的习俗"③，"渐渐地开创出一个中国式的团体生活来"④，"是乡村里面的每个份子对乡村的事都能渐为有力地参加，使乡村有生机有活力，能与外面世界相交通，吸收外面的新知识新方法"。⑤ 梁漱溟乡村建设运动中的经济合作是建立在传统生产互助基础上的团体组织。

---

① 薛建吾：《邹平民间文艺集》，台北茂育出版社1948年版，第13—14页。
② 薛建吾：《邹平民间文艺集》，台北茂育出版社1948年版，第30页。
③ 梁漱溟：《乡村建设大意》，载中国文化书院学术委员会编《梁漱溟全集》第1卷，山东人民出版社1992年版，第646页。
④ 梁漱溟：《乡村建设大意》，载中国文化书院学术委员会编《梁漱溟全集》第1卷，山东人民出版社1992年版，第647页。
⑤ 梁漱溟：《乡村建设大意》，载中国文化书院学术委员会编《梁漱溟全集》第1卷，山东人民出版社1992年版，第649页。

二 乡村经济合作的核心思想

邹平乡村建设运动的乡村经济合作思想关注了民间互助的民俗特征,主要内容包括实现乡村内外相通、乡村经济与文化建设相通两个方面。

（一）乡村内外相通

梁漱溟主张建立乡村组织,其目的之一是借助这样的组织建立乡村与外部世界的联系,为乡村带来包括经济支持、科学技术在内的各种外部资源。同时,乡村组织也能将乡村社会的种种情形带到外面,将农业产品以更好的价格销售出去,让农民获得更多益处,助力农业发展。

> 如果是这样的一个乡村组织：最能使乡村社会与外面通气,吸收外面的新知识方法；最能使乡村里面的每个份子,对乡村团体的事情,都为有力地参加,渐以养成团体生活；那么,这便是一个顶好的乡村组织,便是我们所要有的乡村组织。[1]

梁漱溟主张乡村要与外面相交通,也因为他明确了解"现在外边有很多的人都是对乡村有好意的,都是想着要来救济乡村的"[2]。为了说明乡村之外有很多人是愿意帮助乡村建设的,梁漱溟列举了外国人愿意帮助中国乡村建设的例子,列

---

[1] 梁漱溟：《乡村建设大意》,载中国文化书院学术委员会编《梁漱溟全集》第1卷,山东人民出版社1992年版,第650页。

[2] 梁漱溟：《乡村建设大意》,载中国文化书院学术委员会编《梁漱溟全集》第1卷,山东人民出版社1992年版,第620页。

举了政府想帮助乡村的例子，还列举了银行界和众多社会团体教育机关想要帮助乡村的例子，但又强调，这些外部力量都需要借助村民自己的力量才能真正帮助到乡村建设，所以村民需要振作起来，成立乡村组织，才能连通外部世界，利用外部资源。①

梁漱溟认为，他所发起的乡村组织应该像是一个志愿组织，用"一种实验的态度"，像"一个活的苗芽、一颗种子""必须由社会上有志愿的人去种"，而"不能由政府去预备"②。乡村组织与政府的关系，如同种子与"风雨、日光、肥料等等"③的关系，"政府只能从四面去培养，帮助乡村组织的自然生长"④，政府不能替代乡村组织，乡村组织不能由政府来发动。乡村组织"一方面是教育，一方面是自治"⑤，应该先放在"文化运动团体的系统里"⑥，"只需要政府于事后承认"，"如果靠政府来发动就不行了！"⑦。梁漱溟的乡村经济合作思想并不是官与民的对立，而是借用合作形式，打通官与民的互

---

① 梁漱溟：《乡村建设大意》，载中国文化书院学术委员会编《梁漱溟全集》第 1 卷，山东人民出版社 1992 年版，第 621—623 页。
② 梁漱溟：《乡村建设理论》，载中国文化书院学术委员会编《梁漱溟全集》第 2 卷，山东人民出版社 1992 年版，第 343 页。
③ 梁漱溟：《乡村建设理论》，载中国文化书院学术委员会编《梁漱溟全集》第 2 卷，山东人民出版社 1992 年版，第 343 页。
④ 梁漱溟：《乡村建设理论》，载中国文化书院学术委员会编《梁漱溟全集》第 2 卷，山东人民出版社 1992 年版，第 344 页。
⑤ 梁漱溟：《乡村建设理论》，载中国文化书院学术委员会编《梁漱溟全集》第 2 卷，山东人民出版社 1992 年版，第 343 页。
⑥ 梁漱溟：《乡村建设理论》，载中国文化书院学术委员会编《梁漱溟全集》第 2 卷，山东人民出版社 1992 年版，第 343 页。
⑦ 梁漱溟：《乡村建设理论》，载中国文化书院学术委员会编《梁漱溟全集》第 2 卷，山东人民出版社 1992 年版，第 343—344 页。

动关系，让乡村动起来，发动民众自觉积极向上的作用，推动社会的良性运行。

梁漱溟自己领导的乡村建设运动工作团队，也只能算是帮助村民进行乡村建设的外部力量，所以自己这个团队所能做的工作，也主要是发动村民，而不是代替村民。

(二) 乡村经济与文化建设相通

梁漱溟认为乡村组织对经济建设的贡献包括八个方面。

> 第一，使农民的精神复苏而发动其进取心。第二，导农民于合作组织。第三，将科学技术引入内地农村。第四，增高农民信用有助于金融流通。第五，无形中为极好的合作教育。第六，从经济上充分地加强社会的一体性。第七，帮助消除阶级问题。第八，完成合作主义不偏于个人或团体之一极端。①

从梁漱溟归纳的这八个方面贡献来看，不难看出他推动乡村经济合作的目的固然是解决乡村的经济发展问题，但更重要的，还是他所关注的乡村综合发展，从经济到文化，从经济到团体组织精神，从乡村建设到整个国家的建设。

在邹平乡村建设研究院为乡学村学拟定的主要工作中，经济合作并不是首要工作，或者说，因为梁漱溟想要对乡村进行全面建设，所涉及的工作就会非常繁杂，研究院将它们列为甲、乙两项，组织经济合作社只是"乙"项工作中的一部分

---

① 梁漱溟：《乡村建设理论》，载中国文化书院学术委员会编《梁漱溟全集》第 2 卷，山东人民出版社 1992 年版，第 424—433 页。

内容,而对"乙"项工作的界定是:

> 相机倡导本村所需要之各项社会改良运动(如反缠足、早婚等),兴办本村所需要之各项社会建设事业(如合作社等)。①

相对来说,梁漱溟似乎更重视"甲"项工作,期望"甲"项工作能让"本村社会中之各分子皆有参加现社会,并从而改进现社会之生活能力"②,而对"乙"项工作效果的期望是"协进大社会之进步"③。

梁漱溟的乡村经济合作既包括生产的合作社,如林业合作社、机织合作社;也包括运销的合作社,如美棉运销合作社;还包括金融合作社。

> 又如造林,也须要大家合起来才有办法。……组织林业公会,大家共同种植,共同看护,不就可以免被人偷了吗?④
> 再就谷贱问题来说……大家组织合作仓库,把粮食储存起来,等市价涨高时再卖或运往别处去卖;这样便可以多卖几个钱,并可以免受商贩的居中抽剥。若等着用钱,

---

① 梁漱溟:《乡村建设大意》,载中国文化书院学术委员会编《梁漱溟全集》第1卷,山东人民出版社1992年版,第672页。
② 梁漱溟:《乡村建设大意》,载中国文化书院学术委员会编《梁漱溟全集》第1卷,山东人民出版社1992年版,第672页。
③ 梁漱溟:《乡村建设大意》,载中国文化书院学术委员会编《梁漱溟全集》第1卷,山东人民出版社1992年版,第672页。
④ 梁漱溟:《乡村建设大意》,载中国文化书院学术委员会编《梁漱溟全集》第1卷,山东人民出版社1992年版,第620页。

有了合作仓库，对外也可以有了通融，以合作仓库的名义，便可以向银行借款。[①]

以上这段梁漱溟对"林业合作社"的设想与民间互助中"看护庄稼"的村内互助性质一致。梁漱溟借用林业合作社来加强民众之间的"村落共同体"意识，也是其用于增强团体组织意识的方法。

梁漱溟在论及设定乡学村学目标的三点原则时，还特别说明，不能以某种狭隘的意思为目标，比如以自卫组织为目标，等到没有土匪的时候，组织就失去了存在的必要性。[②] 梁漱溟的乡村经济合作思想的核心是要从经济入手来改造社会，而不是仅仅为发展经济。所以经济合作不仅是乡村建设的切入口，也是最容易看到效果的方面，最终是为了"创造新文化"，建设新的乡村。

第二节　乡村经济合作的实践

建立合作组织、发展合作事业是邹平乡村建设运动中重要且有效的举措。1931—1937年共成立过棉业、机织、信用、林业、蚕业、庄仓、养蜂等不同内容的合作社。[③] 1935年7月邹平实验县成立了合作事业指导委员会，标志着邹平的合作事

[①] 梁漱溟：《乡村建设大意》，载中国文化书院学术委员会编《梁漱溟全集》第1卷，山东人民出版社1992年版，第619页。
[②] 梁漱溟：《乡村建设大意》，载中国文化书院学术委员会编《梁漱溟全集》第1卷，山东人民出版社1992年版，第671页。
[③] 郭蒸晨：《梁漱溟在山东》，人民日报出版社2002年版，第47—54页。

业进入规范化管理,出台了各类合作社的章程与工作制度,推动了合作社有效有序的发展。本节以梁邹美棉运销合作社和机织合作社为个案分析邹平乡村建设运动中的乡村经济合作实践。

一 梁邹美棉运销合作社个案

梁邹美棉运销合作社是山东邹平乡村建设运动时期成立的最大合作社,也是最有影响的合作社。在田野调查中,民众常常提及的合作社就是梁邹美棉运销合作社。

(一) 梁邹美棉运销合作社的成立

1. 植棉情况

如前文所述,邹平的气候土质比较适应美棉的生长,特别是北部第六区的孙镇一带。最早美棉种植也是在孙镇。"民国十一二年时,曾有日人选定此地,运来大批美棉籽种,散与该地农家种植,秋收后并设庄收买,当时种植此项美棉者甚为得利。"[①] 后来因为农民缺乏相应的知识,良种保留不得法,品种日趋退化,退化后的美棉成了"小棉花",产量和质量都不高。

研究院在孙镇设立乡村学校,多次对当地农民进行美棉种植方面的培训,责令附属农场准备脱字美棉种子5000余斤,拟定《山东乡村建设研究院农场表证农家领取棉种办法》[②],

---

[①] 乔政安:《梁邹美棉运销合作社概况报告》,《乡村建设》1933年第19—20期合刊。

[②] 《山东乡村建设研究院农场表证农家领取棉种办法》规定:(一) 表证农家领取之棉种以脱字美棉棉种为限。(二) 领取棉种表证农家暂以邹平实验县区第六区各村乡农学校成绩优良学生为限,其他普通农户欲作表证农家者,(转下页)

将在乡村学校成绩考核优良的学生家庭定为表证农户，到农场领取棉种。"非表证农户要领取美棉种籽须经院属农场审查认可，方能发给棉种"。为保证棉种收成，研究院还向各表证农户发放《种棉浅说》2本，以资参考。按照协定，领棉种户在下种、除草等重要植棉环节都需要受院属农场指导员的指导，秋收后，各表证家庭还要将其产品陈列于下届农品展览会，以便筛选出优势品种，防止植株退化。同时，山东乡村建设研究院还派出专员指导各村乡校董事会组织各村棉花种子交换所，将表证农家的优质棉种推广到其他农户。各表证农家收获的新棉由院属农场组织的运销合作社"代为设法销售"。[①]

1932年春，邹平乡村建设研究院划定孙镇一带（当时的第六区）为纯种美棉推广试验区，向孙镇、霍家坡、韩家店、辉里等27个村的219户棉农散发了4000余斤美棉种子试种，并提供技术指导。改良后的"脱里斯"美棉棉种产量高，品质良，深受民众喜爱。

本院农场之改良美棉，既适于该地之气候土质，而产

（接上页）须向本场另行接洽，由本场审察认可后方行发给，但包装费及转运费由领种人自备。（三）凡领得棉种之表证农家须声明愿照本场种植方法实行，当下种除草等重要工作时，本场有派员指导之责任，表证农家亦有服从遵行之义务。（四）本场开农品展览会时表证农家有出品陈列之义务，成绩优良者酌给奖品或名誉奖励。（五）表证农家得享受请托本场轧花及代销花衣之利益，轧花不取工资只保留棉子借补损失，但另有由本场发给更良棉种足备下年种植之用。（六）表证农家所收获之新棉种，除偿还发给之种量外，余种由本场备价购买或代为设法销售以便推广。《山东乡村建设研究院农场表证农家领取棉种办法》，《乡村建设》1932年第1卷第17期。

[①]《本院第一年进行概况》，《乡村建设》1932年第1卷第11—12期。

量品质亦较本地旧有品种丰富优良特多。兹就棉铃枚数论之：此项改良美棉，棉铃一百五十枚，即可收籽棉一斤；而本地之退化美棉，每亩产量，多则不过一百二十斤；而改良美棉，每亩则可收至一百四十斤以上。就品质论之：退化美棉，仅可纺二十支左右之纱；而改良美棉，即可纺三十支以上之细纱。据农业专家邹秉文先生之批评云：本院此项改良美棉，其品质之佳，可与舶来品之美棉相等……本地退化美棉棉株较小，其种植行距在一尺左右，已经就拥挤得很了；而此项改良美棉，棉株颇大，普通行距，则须在二尺左右，方能生长得开。①

时任梁邹美棉运销合作社联合会主席的孙子愿回忆，种植纯种美棉的农户收入提高不少。"以孙镇附近为例，往年'小棉花'一亩地产籽棉200—300斤，每担售价40元，而种植的纯种美棉——脱里斯棉，每亩较过去土棉增产10%—20%，每担售价50—56元。"②当时的南京中央棉产改进所和上海华商纱厂都鉴定脱里斯棉为优质棉种。

2. 运销情况

20世纪30年代初，山东棉花运输多用轮船、火车。其运输路线有三条：一是从青岛出口走海路；二是运往河南，由海路东运出海；三是运往天津。除临清等地少数棉花船运出境

---

① 于鲁溪、乔礼卿：《本院农场二十一年棉业推广报告》，《乡村建设》1933年第2卷第24—25期。

② 孙子愿：《追忆我在邹平参加美棉运销合作社的活动》，载山东省政协文史资料委员会、邹平县政协文史资料委员会编《梁漱溟与山东乡村建设》，山东人民出版社1991年版，第136页。

外，大多数是铁路装运。省内运输除胶济线附近各县用铁路外，其余各产棉区是以舟车装载，原因是短途运输铁路优势不明显，且手续烦琐，水路运输较陆路廉价，但多数河道干涸，难以正常河运，轮船更难航行。①济南、张店、青岛等地是近代山东棉花的主要集散地。凡是集中在张店、周村及张店以东的棉花多运往青岛。

邹平的棉花除部分留作自用外，多数外运至青岛、济南。但棉花从棉田到纱厂，要经过多个环节。棉农先将籽棉运至设有轧花机的集镇将其轧成净花，后转运至章丘辛家寨、孙家镇等地，出售给青岛、济南的商家临时设于当地的花栈，最后汇同运销青岛或济南。②轧花的设备和技术当时比较稀缺，"全县西北两部大规模的贩子而自备有轧车者的只有田镇的华新一家，有十几盘轧车。原因是这些大贩子和工厂洋收买处，多半是临时的流动事业"。③民间也有土制的轧花技术，但是效率比较低，"这种轧车工作得很慢，每人每天只能轧三四斤"④。因此，棉农大多是直接卖给棉商贩子。

但是，棉花商贩掺假舞弊，影响了棉花的信誉。据当地一位曾做过棉商的朋友告诉我说："十成美棉，掺三成中棉，百斤花衣使上四五个潮，尚不为过，此外如掺棉籽使粉子等情

---

① 王仙：《山东之棉业》，《青岛工商季刊》1934年第2卷第3号。
② 《小清河流域各县棉产运销概况表》，《山东农矿厅公报》1931年第2卷第6期。
③ 杨庆堃：《邹平市集之研究》，硕士学位论文，燕京大学，1934年，第108页。
④ 杨庆堃：《邹平市集之研究》，硕士学位论文，燕京大学，1934年，第110页。

况，也是有的。"① 在外商进入市场的压力之下，棉花销售大大下降，棉农的经济效益受损。"况此地棉花多系销于青岛日本纱厂，自近几年来我国对日感情恶劣，对于日货尤在猛烈抵制，故日本纱厂生意颇见萧条，此地棉花之销路遂因而更受影响；欲谋转售他埠，因市场信用失掉，其他纱厂不愿轻于试买；更兼近几年来我国纱厂事业，已经大加发展，多为趋向社会需要细纱故，则不欲购买此等退化之棉花，而转向英美购入长绒棉。"②

20世纪30年代，产销合作社在全国是一个流行的做法，或者说是普遍通行的、行政性的做法。各地成立棉花运销合作社，全国棉业统制委员会在上海设立"棉花运销总办事处"③。各省合作社都有运销、棉花验收分级等功能。由棉业统制委员会制定国产美棉品级标准，中央棉产改进所训练分级人员，这些分级人员分别派往全国各省实行分级。1934年9月25日至1935年1月15日，巫茂材曾赴山东邹平的梁邹美棉运销合作社主持棉花分级工作④，并在《乡村建设》刊物上发表分级过程的报道。

1930年12月，山东省成立了山东合作学会，各地纷纷成立生产运销合作社。据统计，1936年山东省政府在全省推行的棉花运销合作社共有2034处，社员人数53801人，县区联

---

① 乔政安：《梁邹美棉运销合作社概况报告》，《乡村建设》1933年第19—20期合刊。
② 乔政安：《梁邹美棉运销合作社概况报告》，《乡村建设》1933年第2卷第19—20期。
③ 邹秉文：《棉统会棉产改进工作概况》，《棉业月刊》1937年第1卷第1期。
④ 巫茂材：《赴山东邹平梁邹部美棉运销合作社举行棉花分级之经过》，《乡村建设》1935年第4卷第19—21期合刊附载。

合社有 22 处。① 邹平全县有棉花运销合作社 156 处，社员 3826 人，股金 4149 元。② 1937 年日军侵略山东，合作社解体。

1932 年上半年，研究院在推广美棉种植的同时，也在向民众宣传组织合作社的优势。在此基础上，梁邹美棉运销合作社开始筹备。据孙子愿回忆，在 1932 年 9 月 18 日，全县第一个美棉运销合作社霍家坡分社成立，当时入社者 34 户。此后的十多天时间，除因种棉户太少的小村落以外，其他各村纷纷组织美棉运销合作分社，共 15 个。9 月 30 日，研究院在霍家坡乡农学校成立了梁邹美棉合作社总社，社员共 219 户。③ 在此基础上，其他乡也开始成立合作社。

（二）梁邹美棉运销合作社的组织机构与运营

下面简要介绍梁邹美棉运销合作社的组织结构、业务内容以及民众的参与状况。

1. 组织机构及主要业务分工

梁邹美棉运销合作社分为总社和分社两级机构，总社为"梁邹美棉运销合作社联合会"，总揽合作社的一切活动，负责管理棉花收购、检验、轧花、打包、运销等业务。联合会地址设在邹平孙家镇。下设总务部、会计部、业务部（打包厂、轧花厂）三个职能部门，各部均有主任 1 人，由会务委员兼任。联合会在重点棉区派设办事机构，当时设在花沟镇、高洼

---

① 山东省地方史志编纂委员会编：《山东省志·供销合作社志》，山东人民出版社 1995 年版，第 21 页。
② 山东省地方史志编纂委员会编：《山东省志·供销合作社志》，山东人民出版社 1995 年版，第 22 页。
③ 孙子愿：《追忆我在邹平参加美棉运销合作社的活动》，载山东省政协文史资料委员会、邹平县政协文史资料委员会编《梁漱溟与山东乡村建设》，山东人民出版社 1991 年版，第 136 页。

庄和城东关，分别办理轧花打包事务。城东关的办事处"有人力轧花机两架，打包机一架，专收籽棉"①。各乡村成立的合作社为分社，归属联合会总社管理。"梁邹美棉运销合作社的宗旨是在集合本事业区域内各村之美棉，整批的运销于大商埠，以避免当地商贩之渔利剥削，而求增加农家之收入。"②

2. 入社条件及社员情况

各村分社的社员以各村农户为主，各村分社的社员自然就成为联合社的社员，但要除去因违反规定被除名者。而从各村分社的章程来看，社员需满足的条件为"中华民国人民年满二十岁者；居住本区域内种植脱里斯美棉者，行为忠实无不良嗜好者"③。同时，社员需认缴股金，"社员每人至少认购一股，其植棉在三十官亩以上者，并须以次增认，每十亩加一股"④。每股定为国币2元，可分两期缴纳，但第一次需缴足一半。社员达到7人以上即可成立合作社。根据村落大小，也可两村合并。当时印台特区的植棉户不多，有印台分社1处。⑤ 合作社有季节性，在春秋两季有推广棉种、棉籽加工、运销产品，其他季节则基本无业务。

---

① 巫茂材：《赴山东邹平梁部美棉运销合作社举行棉花分级之经过》，《乡村建设》1935年第4卷第19—21期合刊。

② 乔政安：《梁邹美棉运销合作社概况报告》，《乡村建设》1933年第2卷第19—20期。

③ 1934年曾颁布《邹平县村美棉运销合作社通用章程》，后于1936年修订；《邹平县村美棉运销合作社通用章程》，《乡村建设》1934年第4卷第1期；《邹平县第X乡X村美棉运销合作社章程》，《乡村建设》1937年第6卷第17—18期。

④ 《邹平县第X乡X村美棉运销合作社章程》，《乡村建设》1937年第6卷第17—18期。

⑤ 但印台分社的情况未见资料记载，在印台乡农学校的报告中也未提及。

3. 合作社社员享有的资源

根据《邹平县第 X 乡 X 村美棉运销合作社章程》规定,美棉运销合作社的宗旨是"改良棉花品质、促进共同运输、养成互助精神"①。加入合作社的社员,可以享受三种资源:一是分发美棉棉种;二是研究院技术人员的技术指导;三是收获的棉花可以直接卖给合作社,无须商贩,减少盘剥。这种一条龙体系化的合作模式在当时是比较得人心的。

第一,美棉棉种的分发与推广。梁邹美棉运销合作社在美棉推广方面卓有成效,其推广美棉模式也值得分析。以往的美棉推广模式有三类,一是中央行政机关经省实业行政机关转发给农民种植;二是棉作改良机关散发;三是慈善机构或西方传教士散发。棉作专家孙恩麟认为这些推广模式都未重视棉种发放后的耕作技术与良种保护的问题②,也就是说都只有发放的环节,而未跟踪指导其种植与留种环节,不利于棉种的再繁育。研究院在推广中为防止这些问题,特别是良莠棉种杂交、棉种退化的现象,采取了分层分步的推广方式,有的学者称之为"波浪式推广",即"将乡农学校附属育种场四周拟植美棉区域划分为数层,接近育种场者为第一层,外为第二层、第三层、第四层……先在第一层棉农中间发放棉种,等到收获后再将其所获棉种推广至第二层农户,类似波浪一样'向外推广',以求在较短时间内可造成一纯美棉种植区"③。邹平乡建研究院分发

---

① 《邹平县第 X 乡 X 村美棉运销合作社章程》,《乡村建设》1937 年第 6 卷第 17—18 期。
② 参见钱子范《美棉推广及乡农学校》,《乡村建设》1933 年第 3 卷第 2 期。
③ 谷永清:《近代青岛棉业研究》(1897—1937),博士学位论文,南京大学,2011 年,第 222 页。

棉种的第一层是参加过乡农学校的优秀学员家庭。这些学生已经接受过棉作改良知识培训与教育,对种植技术已有了解,以此为基础可以对棉产有初步保障。而且,乡农学校学生的家庭对研究院也比较了解,更愿意支持研究院的工作,可避免不必要的误解,以他们为中心也比较便于进行棉作指导及种子收集工作。

况乡农学校,为一村文化之中心,学员最易引起村民之注意。若彼等先行种植,以作模范,邻里亲友,观感所及,潜移默化,则脱字棉之优良,种植之方法,合作组织之利益等,不久即可传输于其他各个农民,以引起其的注意和参加矣。①

同时,在表证农家的选定上,还需注重其植棉面积,目的是保证第二年繁育之棉种可供全村普通农户使用的数量。

表证农家——就每一村庄全棉田地积所需纯良棉种数量之多寡,择定表证农家若干户,其户数以所繁殖之种子,足供本村普通农家做种之用为标准。表证农家之择定,须以中产集约之农家,棉地接连成片者为合格。表证农家择定后,逐年贷给纯良棉种,俾其栽培繁殖,秋后所轧取之种子,除照原领数归还以便续增表证农家外,余者议定价格,供给本村农户作种之用。②

---

① 乔政安:《本院农场改良脱字美棉推广报告》,《乡村建设》1933年第4卷第10—11期。

② 于鲁溪、乔礼卿:《本院农场二十一年棉业推广报告》,《乡村建设》1933年第2卷第24—25期。

第二，植棉技术的专业指导。研究院农场的技术人员为合作社社员提供植棉的全程技术指导，分发棉种之后，从种棉到除草、除虫害、打尖尖，再到秋收摘花等环节。

分发棉种后，即宣传植棉方法，并指导粒选棉种法。播种时，巡行田间，实地指导。五月调查各户出苗情形，指导补种及匀苗手续。六七月间，指导除草中耕及施用新农具与驱除病虫害法，并实行去伪去劣之手续。八月指导打尖、整枝，及选种拾花等手续，并调查棉作生育状况，估计产量，同时宣传运销合作之利益。九十月指导留种，合作轧花，并棉业贷金之通融。十一月指导合作轧花，保留纯种，并介绍纯良花衣之出售，同时调查各户确实产量。十二月将各户栽培状况，详查填表，比较研究其成绩。棉产品评会——秋收后，征集各种植棉农之产品，开棉花品评会，参照田间调查表，评定优劣；择优给奖，以资鼓励，并借此扩大宣传改良棉作之方法。①

第三，棉花的收购与运销。1935年，邹平实验县发布《为推广脱里斯美棉告农民书》，特意强调了加入合作社的好处："合作社是大批售卖，价钱是格外公道……加入合作社可以把商人赚的许多钱，都归社员所有；加入合作社分量公道……合作社的秤没有两样，有一斤算一斤，有一两算一两。"② 同时，

---

① 于鲁溪、乔礼卿：《本院农场二十一年棉业推广报告》，《乡村建设》1933年第2卷第24—25期。
② 《为推广脱里斯棉种组织美棉运销合作社告农民书》，《乡村建设》1934年第3卷第14—15期。

加入合作社者还可享受棉花脱籽加工的便利。根据中央棉业改进所专家巫茂材在邹平棉花分级工作的记录，当时缴花的程序是：先有社员农户收获的籽棉缴到村社，由村社再缴到最近的合作社办事处，或者村社轧好后将皮棉缴至办事处。办事处根据情况进行处理，如果收到的是籽棉，则进行轧花，如果收到的是皮棉，则直接打包运输。运输的方式有两种：一是水路，由小清河船运至济南；二是牛车或汽车运到周村，再由周村走胶济铁路火车运到济南或青岛。[①] 研究院在花沟镇、高洼庄和城关设立办事处，在棉区集中地设立轧花厂，将棉农售卖的棉花直接轧花后打包运走，可减少人为的掺假掺水等行为，有效提高棉花质量和声誉。同时，合作社还将轧花后的棉种榨油、压制棉饼。巫茂材评定"品质优良，纤维细长，非普通市场上棉花所能比拟"[②]，对合作社的组织方式评价也很高，"该社之组织完善，棉花品质优良，品级甚高……观此情形，苟我国产棉区域，均仿该社办法"[③]。

梁邹美棉运销合作社是邹平最大的合作社，也是覆盖面最广、参与人数最多的合作社。截至1936年，共有美棉运销合作社156处，遍及邹平全县14乡，社员户数达到3632户，股金3826元，美棉种植亩数达到42453亩。[④] 但是，到乡村建设

---

① 巫茂材：《赴山东邹平梁部美棉运销合作社举行棉花分级之经过》，《乡村建设》1935年第4卷第19—21期合刊。
② 巫茂材：《赴山东邹平梁部美棉运销合作社举行棉花分级之经过》，《乡村建设》1935年第4卷第19—21期合刊。
③ 巫茂材：《赴山东邹平梁部美棉运销合作社举行棉花分级之经过》，《乡村建设》1935年第4卷第19—21期合刊。
④ 罗子为：《邹平各种合作社二十五年度概况报告·绪言》，《乡村建设》1936年第6卷第17—18期。

运动的后期，由于各种原因，加之日本侵华战争的爆发和日商纱厂的压榨，美棉运销合作社遭受挫折，于1937年停办。

(三) 民众记忆中的梁邹美棉运销合作社

孙镇辉里村的LDZ讲述了20世纪30年代孙镇棉业种植和梁邹美棉运销合作社的情况。据他介绍，当地有"笨棉花"和"洋棉花"之说。"笨棉花"指乡村建设运动之前邹平当地的本土棉花品种；"洋棉花"指外来的棉花品种，20世纪30年代乡村建设运动期间研究院发放的脱力斯美棉品种即为"洋棉花"。据LDZ回忆，笨棉花所结棉桃比较小，棵子也比较小，一亩地（大亩）产量一般在200斤左右，但笨棉花的好处是拾棉花较方便，棉花容易抽出。"洋棉花"是乡村建设运动期间，乡建研究院推广种植的。洋棉花植株较大，结的棉桃也大，每亩产量达300多斤，其缺点就是不好拾棉花，经常抽不干净。

> 咱这样的叫"笨棉花"，人家（研究院）那样的是"洋棉花"。笨棉花长的没那么大棵子。洋棉花长的高些，但不好拾棉花。笨棉花一亩地能产二百来斤。这是大亩，一亩顶三亩。洋棉花一亩能产三百多斤。一亩多拾一百多斤。笨棉花棵子和指头那么细。洋棉花就是不大好拾。笨棉花，你上去揪出来就走。这个洋棉花你揪不出来。咱们这一直都是笨棉花。梁漱溟来了之后，才实行洋棉花。洋棉花和笨棉花种植方法一样，也是那么耩。棉种泡四五天，再用石灰搓。搓了以后，耩的时候就（用手）抓。①

---

① 笔者于2015年8月8日与辉里村村民LDZ的访谈资料。

梁邹美棉运销合作社与棉农签订收购合同。据 LDZ 回忆，每年春天下种的时候，凡是种洋棉花的农户都可以得到研究院的一笔无息贷款，并与之签订收购合同。签合同需要农户当家人（一般都是男性）签字、捺手印。合作社会根据社员植棉亩数预估该年产量，并按市价贷借预估产量一半的资金给棉农。等秋收后，社员把棉花送交合作社，合作社再根据市价一并与社员结算。据 LDZ 回忆，当时棉农都希望把棉花卖给合作社，因为可以得到贷款。但是，合作社并不无限制收购，收够了以后就不再收了。棉农只能将剩余棉花拿到市场上去卖。当问到是否听说过棉农"入股"时，LDZ 表示听说过这两个字。但是由于当时年龄较小，具体情形并不了解。但他评价研究院是"公平买卖"。

> 棉花种子是和研究院订购，种多少棉花就订多少种子。每年耩棉花的时候，研究院先给你一部分钱。一亩地能出三百斤棉花吧，他给你一百五十斤的钱，一半的钱。按市面价格，不少给你钱。到收棉花的时候根据市场行情，高了就多给你点，少了就多收你点棉花，不能叫你亏。研究院挺仁义。得和研究院签合同。那时候没有章，就签上字，摁上手印。研究院在孙镇有合作社。你种棉花，人家就贷给你款，又没有利息。老百姓就光知道，我耩多少棉花，研究院给我多少钱。到时候拾了棉花来都卖给人家。研究院是公平买卖。你愿意卖就卖，不愿意卖就算了。我听说过合作社入股。①

---

① 笔者于 2015 年 8 月 8 日与辉里村村民 LDZ 的访谈资料。

在乡村建设运动之前，辉里村有专门收棉花的点，名号为"保善堂"。这个点是棉花中转点。小贩将收到的籽棉轧花加工之后成为皮棉，将皮棉打包送到胶济铁路沿线的张店车站，然后被运往济南或青岛。1932年梁邹美棉运销合作社成立之后，与合作社签订合同的社员会将棉花卖到合作社，没有签订合同的棉农也可以卖到"保善堂"。抗日战争爆发后，合作社解散。20世纪40年代棉农种了棉花后，又像以前一样到附近集市上卖。新中国成立后，1951年，孙镇坡庄油棉厂成立，棉农将棉花卖到油棉厂。

> 如果不卖给研究院，就到市场上去卖。咱庄里（辉里村）南头不是棉花市嘛！就挑着上棉花市上卖。早里棉花市上很多卖棉花的，两个包袱，挑着去卖。那时候咱庄里是保善堂。它光要瓢子。贩子轧了以后，把瓢子卖给它。我和李明长去卖棉花，一大袱子，卖给李忠庆和李长庆，他再上小店去卖。小店就贵点。如果是大买卖就往济南运。咱家里一般都是往保善堂送，它再送到张店。①

结合LDZ的讲述和乡村建设运动文献资料可以看出，梁邹美棉运销合作社的成立是基于邹平棉业传统的生产基础和文化基础，在乡村建设运动中发挥了重要作用，在民众的集体记忆中留下了美好的印象。但是在梁邹美棉运销合作社里，只有合作社管理机构组织农民加入合作社的形式，而农民内部并未形成互助合作，因此，这种合作是被动的、外在的，而不是内

---

① 笔者于2015年8月8日与辉里村村民LDZ的访谈资料。

需的合作方式。在遇到其他的干扰或诱惑时，这种合作组织就会解散。如日本外商哄抬价格，用高价诱惑，棉农就对梁邹美棉合作社失去信任，因此放弃了合作社的收购和运销。

二　邹平机织合作社个案

邹平机织合作社比较零散，并没有形成很大规模。但在民众记忆中依然存在。

（一）邹平机织合作社的成立

邹平一、二、三、五、七区农民以织布为副业，作为家庭的一项重要收入。后因洋布进入中国市场，土布的产量、质量等不能与洋布竞争，农村经济因此受到影响。乡建研究院在1933年将"土布运销合作社"纳入邹平实验县的计划中。①

> 查本县五区明家集一带，向以土布著称，畅销鲁南泰、沂等属，历有年所——多时每年三四千匹，少亦千余匹。近年以外布影响，销路不畅；然每至春夏两季，布贩仍聚集明集市收买。唯因布贩出价太低，农民见无利可图，相率停机。救济之法，拟先于产布较多各村，组织土布运销合作社，注重产品改良，共同运外销售。②

与美棉运销合作社不同的是，乡建研究院并没有设立机织

---

① 在1933年12月21日出版的《乡村建设》第3卷第14—15期合刊中，头条是《本院县政建设试验区邹平县实验计划》，详细拟订了邹平实验县的具体计划。

② 《本院县政建设实验区邹平县实验计划（附表）》，《乡村建设》1933年第3卷第14—15期。

合作社总社。从文献资料来看,自1933年至1935年三年间,邹平共成立机织合作社4处,社员105人,有改良织机60多架,共贷款3000多元。合作社为社员购买新式铁木织机每架提供贷款60元①,并由研究院聘请技师2—3人提供技术指导。所织的布的种类有条花布、白粗布、斜纹布等,还有包装棉花用的包布和腿带子布等②。各处机织合作社的具体情况列表3-1所示。

表 3-1　　　　邹平机织合作社分布情况③

社名	村数	社员人数	机数	每月产布数（匹）	每月产带子数（打）
第一区机织合作社	2	15	100	150	
印台机织合作社	4	23	14	250	600
第七区信义机织合作社④	7	39	20	300	

注:因资料有限,本表未列出另1处机织合作社的情况,根据推算,该合作社有社员数28人,织机数20架左右。

(二) 邹平机织合作社的组织方式与经营状况

下面将以邹平第七区信义机织合作社和印台机织合作社为个案,对机织合作社的组织方式、合作的形式与内容、社员入社条件、社员人口状况及其业务经营状况等方面给予分析。

1. 合作社的组织方式

根据各区机织合作社的章程,其领导机构设立社长和干事,各合作社设社长1人,干事若干人,干事由各村购机家庭

---

① 当时织机的费用为68元,从济南购入。
② 《邹平实验县合作社概况述略》,《乡村建设》1935年第4卷第10—11期。
③ 任子正:《邹平合作事业概况》,《乡村建设》1933年第3卷第9期。
④ 第七区信义机织合作社曾设立三处分社:东南四庄分社、后陈家庄分社、王家寨庄分社。张履德:《邹平第七区信义机织无限合作社一周年报告》,《乡村建设》1933年第2卷第22—23期。

户中推选，每村1—2名，所购织机数在三张以上者，得酌量情形，可以加选一人。研究院在该区的负责人兼管机织合作社的相关事宜。①合作社的主要业务是购买机织物料、提供技术支持和机织物品出售。其购买物料采用社员共同集资的方式，"购买货品时，货价之凑集及缴付方法，均由干事会随时规定之"②。购买织机的费用由购机者承担，合作社提供贷款。关于技术支持，则由研究院派专家指导织机的使用和维修。运销方面，社员所织物品，由合作社共同出售，并评定等级"社员所交机织物品，应由干事会评定等级，以为货品售出后物价分配之标准"。③

2. 合作的形式与内容

从第七区机织合作社成立的情况来看，机织合作社内部的组合方式是自由组合，有两人组合、三人组合、四人组合、六人组合，还有单干者。从姓名来看，根据邹平姓名辈谱的特点推断，合作者中家族组合和亲族组合的特点比较突出。④ 虽然

---

① 马资固、漆方如、孟晓阳：《特别区印台乡农学校工作报告》，《乡村建设》1932年第1卷第21—30期。

② 《邹平第七区信义机织合作社成立之经过：邹平信义机织合作社简章》，《乡村建设》1932年第1卷第21—30期。

③ 《邹平第七区信义机织合作社成立之经过：邹平信义机织合作社简章》，《乡村建设》1932年第1卷第21—30期。

④ "当时决议集资购机，学习织布的，有南四庄王秀正、高凤洲、王清俊、王泽孟、王泽平、郭永之、张恩庆、张俊庆、王承明，合购机三张，大轮一架；前石门刘玉堂、刘淑恩、张玉蓉，合购机一张，王振声、王振亭合购机一张，董敬祖、王经茂合购机一张；前陈家吕德福、董殿元、高云瑞、高云卿，合购机一张；后陈家王殿邦、王殿鳌、王玉玺，合购机一张，高家山、李占荣，合购机一张，李仲廉、李化绪，合购机一张，王景春、李德馨、王玉碧三人，各自购机一张，全村购大轮一架；吕家庄吕开泰、吕树斌、吕树康，合购机一张；西南四庄李毓珍、李毓珠、李乃华、李树玉、王光华、郑士元，合购机一张；齐（转下页）

从姓名看不出来性别，但从山东邹平当地的民间习惯而言，一般男性为户主，所以购机者大多写的是户主的姓名，主要是男性。

3. 入社条件与社员资格

从各机织合作社的章程来看，入社的条件比较中立，"凡本社组织区域内居民其勤劳耐劳品行端正并具备合作社规程所定之社员资格而有志机织加入本社者，均得为本社社员"①。但实际上，入社之初需购入新式织机，费用完全由社员自己承担，而且纱线也需购入，也是由社员自己承担，所以能加入合作社者必须是家庭有能力承担或有能力贷款承担这些费用的。入社和出社都有相应的手续办理，如"社员均须由社员二人以上之介绍并须填具入社志愿书，经社务委员全体之认可及社员大会出席社员四分之三以上之同意……社员申请出社须得全体社务委员会之认可及社员大会过半数之通过，并自出社之日起，对于出社前合作社债权者之责任经过二年后始得解除"②。

4. 业务经营状况

当时邹平的几处合作社经营状况各不相同，一区的机织合作社和印台特区的机织合作社经营有方，有少许获利。而七区

（接上页）东县王家寨子宋允诗、蔡立臣、刘砚田合购机二张，任居杰、王宗和、李宗典、陈点爵、王家林合购机二张，全村共购大轮一架；周家庄周全祥，自购机一张。共计四十九人，定机二十一张，大轮三架，此为机织合作社组织之始。"《邹平第七区信义机织合作社成立之经过》，《乡村建设》1932年第1卷第21—30期（乡农学校专号）。

① 尹明甫：《邹平印台乡农学校报告：邹平县印台乡农机织生产无限合作社社章》，《乡村建设》1933年第2卷第21期。

② 尹明甫：《邹平印台乡农学校报告：邹平县印台乡农机织生产无限合作社社章》，《乡村建设》1933年第2卷第21期。

的信义机织合作社作为成立最早、规模最大的合作社,却因各种原因业务曾一度停顿。① 在研究院农场举办的第二届农品展览会上,邹平印台乡特别区印台机织合作社的细布和邹平七区信义机织合作社的细布均荣获家庭工艺类一等奖,各获得青岛市市长沈鸿烈赠银盾一个。②

(三) 民众记忆中的机织合作社

由于机织合作社成立的比较少,而且存在的时间比较短(1935年各处机织合作社已纷纷关闭),所以在调查中遇到的了解机织合作社的人不多。出生于1918年的崔家村村民CCB清楚地讲述了该村机织合作社的基本情况。

据CCB讲述,1935年"特别区印台乡农机织合作社"是在研究院的指导下,几户人家合作成立的。社员在家中织布,产品交给合作社,由合作社负责统一销售。崔家村织户由崔守义负责管理,他也是崔家村林业公会的副会长。研究院教师孟晓阳负责该村机织合作社的指导工作。崔家村共有三台织机,是研究院从济南买回来的。合作社给织布的人发工资。工资主要来自织布的收入。

> 研究院在这庄里(崔家庄),成立的机织合作社,用织机织布。社员织了布,再成堆去卖,由合作社去卖。这庄里安着三张机。机织合作社是好几家成立的。织机是好几家买的,不是一个人的。织了布,合作社有管着去卖的。有入股的。崔永义负责管理。他好几家入的股。那时

---

① 任子正:《邹平合作事业概况》,《乡村建设》1933年第3卷第9期。
② 《得奖姓名一览表:家庭工艺》,《乡村建设》1932年第2卷第10—14期。

候孟晓阳在这里负责。织布，得去向他汇报。卖了布，分钱，孟晓阳得知道。

虽然卖了钱是庄里的，可人家孟晓阳负责管理。①

1933年，杨庆堃在邹平做市集调查的时候，还看到过印台机织合作社的招牌。"最近山东乡村建设研究院又成立了一个印台合作社。在赶集时，合作社张起一块白布做成的招牌，长约六英尺，宽约三英尺，上面写着黄灰等颜色的字，招展于市集的人堆上，很引人注目。这就是集上利用广告的两个例外。"②可见当时机织合作社的销售是下了一番功夫的，而且是以研究院名义在宣传和销售，其销售方式不同于老百姓常用的方式。

（四）机织合作社解散原因

邹平的机织合作社成立一年多以后解散。究其原因，有人认为稍显过急，没有培育好市场和组织管理的时间；有人认为社员散漫，无合作兴趣；也有人认为技术指导不便等原因。③这些因素可能都有，还需从更深层分析民众不愿意参加合作社的背后的经济、制度与文化因素。

1. 合作成本与收益不匹配

村民加入合作社的最直接目的是提高织布技术与效率，增加经济收益。但是，对于机织合作社的社员来说，其入社后纺织的成本增加，与其预期的经济收益并不直接匹配或短期内不

---

① 笔者于2015年8月6日与崔家村村民CCB的访谈资料。
② 杨庆堃：《邹平市集之研究》，硕士学位论文，燕京大学，1934年，第143页。
③ 任子正：《邹平合作事业概况》，《乡村建设》1933年第3卷第9期。

能直接显现。纺织成本的增加主要表现在三个方面。

一是织机的成本。合作社为社员提供织机的购买服务，但购机费用则由社员自行承担，合作社可提供贷款或认股的形式。如在第七区信义机织合作社成立之初，"当于二十年冬，由院方拨款三千元，作为购机贷款、农民合购机一架，即贷与六十元。共购改良机四十四架，每架价洋六十八元。当时农民多二三家合购一机，机到后分在各家经营，所织之布，即合作销售"。① 生产资料的投入除了织机本身之外，还有后期投入的机件损耗等，对购机家庭来说，经济压力也是非常大。当时，为了促成信义机织合作社的成立，研究院的知识分子们提供了最初的援助和垫付，"关于资本一事，适因旧年将过，乡村金融缺乏，而购机户又多贫寒……研究院诸师友睹此情形，遂设法援助，购线两件，款项暂由院垫付，每机贷纱四块"。②

二是织布所需物料的成本。传统的织机所用之棉线，是自家纺的粗线，但改良后的织机，只能使用16支或20支左右的机制线，当时邹平没有纱厂，这种机制线只能从外地购买，这又是一笔消耗。"各社所用纱线皆系纺绩公司之出品，盖目前合作社既无力自设工厂从事纺纱，而本地手摇车所纺者不能适用故也。"③ 一般情况下合作社都是卖布买线，但因与洋布竞争，销路不畅，常有积压的存货，因此买线的支出更难。从一份第七区信义机织合作社东南四庄分社社员王泽孟织机的全年营业结算账单来看，除织机外，其支出共607.16元（含购纱、

---

① 任子正：《邹平合作事业概况》，《乡村建设》1933年第3卷第9期。
② 张履德：《邹平第七区信义机织无限合作社一周年报告》，《乡村建设》1933年第2卷第22—23期。
③ 任子正：《邹平合作事业概况》，《乡村建设》1933年第3卷第9期。

机件消耗即其他杂项开支),收入共606元(含外欠款和存货的预估价格),未盈利却亏损1.16元。[①]当时的印台机织合作社虽未明显亏损,但"存布稍多,即有停机之虞"[②]。而且,这些支出的费用还不包括房屋支出、伙食费用和人工等。

三是技术和时间成本。传统的织机,妇女们都使用习惯了,织布工艺的问题可以请教家里的或村里的老人或织布能手,织机的技术问题可以请村里的木匠来修理,不需要花时间去请外面的人员。但是,新的织机则需要请专业的技术人员来指导或修理。所以,在机织合作社成立的第一年,有几个月的时间是用来学习使用新机器和新技术,而且由于第七区距离县城较远(约七十里),研究院聘请的技师因路途远不方便及时指导,也影响了织布的时间和进度。再加之邹平妇女在农忙期间需停工,因此真正织布的时间不过三个多月。[③]

在成本增加的情况下,织户的劳动收益并不明显增加。一方面是外来的压力,即洋布销路远比改良的机织布销路好;另一方面也与合作社的管理制度相关。其中比较明显的是公积金的提取。根据合作社章程,"本社机织物品售出货价除照章在纯益项下提出公积金……所得纯利除奖金百分之一,公积金百分之二十及地方公益金百分之五,余则拨作职员酬劳金及各社员应得之红利"[④]。这项公积金的提取在当时合作社成立之初

[①] 张履德:《邹平第七区信义机织无限合作社一周年报告》,《乡村建设》1933年第2卷第22—23期。原结算账单数据计算有误,已根据原记载数据更正。
[②] 尹明甫:《邹平印台乡农学校报告》,《乡村建设》1933年第2卷第21期。
[③] 张履德:《邹平第七区信义机织无限合作社一周年报告》,《乡村建设》1933年第2卷第22—23期。
[④] 尹明甫:《邹平印台乡农学校报告:邹平县印台乡农机织生产无限合作社社章》,《乡村建设》1933年第2卷第21期。

未完全营利的情况下对社员的积极性是有影响的。

2. 合作管理与传统不相宜

一是与自给自足的民俗传统不相宜。邹平手工棉纺织不同于山东潍县和河北定县、高阳等地，邹平的农家手工织布是以消费为目的的生产，主要是提供自家的衣被所需，而不是以出售营利为主要目的。在当时，邹平社会本是一个自给自足的农业型社会，而不是商业型社会，虽然受到外商的冲击，使这种自给自足的社会正在发生变化，但在乡村建设运动时期，对于普通农户来说，这种坚守自给自足的传统依然存在。以销售为目的的劳动力或生产力交换还未盛行。对于小农经济的邹平农村社会，特别是当生产成本增加后，这种自给自足的劳动传统就会出现明显的抵触反应。

二是与传统管理方式不相宜。邹平的农村妇女主要的劳动范围是在家庭内，以洗衣做饭缝缝补补等生活起居照料为主，妇女是主要的纺织劳动承担者，所以机织合作社章程中所言的奖励措施对于承担繁重家务仅仅利用闲暇时间纺线织布的女性来说，并不特别有激励作用，但是其以罚金方式执行的处罚措施却对入社者有较强的震慑作用。如"社员操作特别勤谨，如出量较多品质优良者，社中应于每届月终分别先后榜示周知，其前三名，更就纯利中提百分之一之奖金，分别奖予，奖金数目之分配，须于月初即由理事会决定公布之……社员机织物均须遵照社中规定，其由不符规定者除将原物退还外，每布一匹处以大洋五角之罚金"①。女性农民在家庭的日常事务中

---

① 尹明甫：《邹平印台乡农学校报告：邹平县印台乡农机织生产无限合作社社章》，《乡村建设》1933年第2卷第21期。

兼顾手工织布，其质量也会受各种家庭事务的影响。但根据奖惩的规定，基本上处罚由女性农民承担，但奖励则由户主（主要是男性）来获取，在家庭中的激励效果则需根据家庭的性别合作情况决定。

三是与传统的民众行为规则不相宜。乡村民众之间的制约往往以乡规民约为基础，以家规族规为法则，大多时候无文字，由族长或家族、宗族中德高望重的人提出并决定，其他人员根据家族地位遵守和接受教育。但从机织合作社的章程来看，入社和出社都是有相应的规则和手续的，虽然说这些管理是有必要的，但对习惯了口传规则的农村妇女来说，其"怕麻烦"也是可见的。如果这些管理能与相应的收益挂钩，大家虽觉勉强，也还是会接受的。但事实并非如此。

3. 合作对象与实际的性别分工不相符

邹平的手工棉纺织以家庭自用为主，这种以消费为基础的织布劳作，并不是没有合作，但与合作社的合作方式不同。传统的织布合作从表面看是以织机为轴心的合作，但实际上是女性之间合作。同村或邻村的女性会根据自己的社会关系组成合作关系，商量不同的使用时间以及刷机牵机等劳动分工，反过来，女性常常在织布的过程中建立和维持自己的社会关系，这也是女性愿意合作的重要因素。她们在婚丧嫁娶等人生仪礼和日常的节日民俗活动中用布匹来维持自己与亲属、与朋友等之间的关系。这种合作并不仅仅局限于家族内部，有时候会打破家庭或家族的血缘圈。但由于合作社的合作方式是以织机为基础，织户合资购买织机，而出资的决策权一般在男性，男性自然选择以父系血缘为基础的家庭或家族合作方式，但这种合作方式并不一定适合与以女性社会关系为基础的织布劳动的合作。在田野调查中,被访者常常强调"合得来",而并非强调亲属关系。邹平的手工织布本来就是一项合作的工作,而非一个个体能完成的内容。但乡村建设运动中机织合作社的重点在织机的改良,而非织布的合作工作,所以会出现合作对象与实际使用者不相符的情况。

4. 合作目标与理论不一致

梁漱溟的乡建理论提出发展邹平经济以农业为主。他认为,在外来工业化的冲击下,邹平当地的手工棉纺织已经面临淘汰,以前在自给自足的农业社会,手工业(如纺织)是农业的补充,是家庭的副业,而到20世纪二三十年代西洋通商以后,家庭手工业已逐渐被破坏,只能依靠农业吃饭。因此,在邹平乡村建设运动中,首先发展的农业,而并不是手工业,这一点与费孝通当时在云南三村看到的情形不同。费孝通主张发展乡村手工业来带动经济发展。但合作社的目标则是改良织机,发展邹平乡村的手工织布副业,这一点在邹平乡村建设运动中也不是迫切或紧急的内容。[①] 研究院在邹平实验县的改革计划中有机织合作社,但并未在县级层面设立机织合作社总社,可见其力度一般。

可以说,机织合作社虽然初衷不错,民众最初兴趣浓厚,但在其实践过程中,因与地方的生产传统民俗文化之间有些冲突与不相符,在经济收益、管理制度、性别分工等方面失之偏颇,收效甚差,导致在成立一年多以后关闭。

从梁邹美棉运销合作社和机织合作社个案来看,梁漱溟乡村建设运动时期的经济合作组织具有一定的共性,他们与地方

---

① 费孝通、张之毅:《云南三村》,社会科学文献出版社2006年版。

经济民俗相关联。但在运行过程中，似乎很难处理好民间互助和官方（或称外力）主导合作之间的关系，结果呈现出阶段性兴盛和衰落的发展状态，很难成为梁漱溟所期望的能够参与国际竞争的团体组织。

梁漱溟在邹平发起的经济合作组织，强调依据当地的实际情况，比如在山地较多的地区组织林业合作社，在棉花种植区域组织棉业合作社、纺织合作社等。这些经济合作组织中也都尽量依靠当地人（通常是由村学的学董、理事等人负责）。按照梁漱溟的本意，村里的合作组织应当属于全村民众，村理事等人只是牵头组织，"干事"而已，但事实上，普通农民最后是被动参与这些合作组织，缺乏"主人翁"意识。当遇到有商贩故意以抬高收购价格或造谣等方式阻碍合作社的正常运行时，很多农民就不再跟合作社紧密合作。

从费孝通对开弦弓村蚕丝业合作社改革案例的描述和分析，我们能看到乡村经济合作改革对乡村的多种影响，同样，乡村传统文化和惯习也影响着乡村改革的步伐和村民的合作方式。[①] 该合作社项目与邹平乡建运动时期机织合作社的运营状况有很多共性。

正如费孝通在《乡土中国》一书中所描述的那样，中国传统乡土社会的基层结构是一种"差序格局"，是"一根根私人联系所构成的网络"[②]。每一个人或一户人家都是以自我为中心来形成逐渐向外推的社会网络，每个人与他人的合作都是以自己为中心辐射而组成的合作圈，每一户农民的与其他家庭

[①] 费孝通：《江村经济》，北京大学出版社2012年版，第177页。
[②] 费孝通：《乡土中国　生育制度》，北京大学出版社1998年版，第26页。

的合作也都是基于自家为中心的。这种合作圈通常以血缘和地缘为基础,与行政村并不一致。梁漱溟发起合作组织时虽然强调要发动农民自主、自觉,但以一个村和一个乡为单位的组织,仍然是跟政府组织的行政体系相似,是外力干涉下形成的群体,而不是农民那种以自我为中心而形成的合作网络。一般情况下,农民对类似政府行政体系的团体都只是被动参与,他们没有西方人的那种"团体与个人"的意识,不会把村集体当作团体,把自己个人作为是其中一份子。他们会因为这个行政体系不是以"我"为中心的,或者说不是以"我"的社会关系为中心,就认为它的经营是否成功跟"我"没有什么太大关系。周飞舟将这种现象称为"内外有别",即"对不同的对象使用了不同的行动原则,这恰恰是一套高级的伦理原则,是建立在家庭本位之上、按照人伦关系向外拓展的行动伦理"。[①] 而如何能激发农民的积极性,让其以"内"的原则参与合作社,这是最重要的问题,也是梁漱溟所说的"农民自觉"问题(本书第四章将继续讨论)。

第三节　后乡建时期的乡村经济合作

1937年抗日战争全面爆发后,梁漱溟领导的山东邹平乡村建设运动被迫结束。或许,乡村建设运动的直接成果,比如合作社、乡学村学等组织形式并未显性存留,但梳理新中国初期农业集体化的经济合作和改革开放后20世纪80年代乡镇企

---

① 周飞舟:《行动伦理与关系社会——社会学中国化的路径》,《社会学研究》2018年第1期。

业的合作模式，我们仍能感受到乡村建设运动与后两个阶段在经济合作模式上的关联，民间互助在三个历史阶段的乡村经济合作中有历史的延续。为了把后两个时期与20世纪30年代乡村建设运动时期进行延续性研究，本书将20世纪50年代农业集体化时期和20世纪80年代改革开放后合并称为"后乡建时期"。孙镇冯家村、码头镇李坡村和小田村在新中国成立初期农业集体化时期发展比较成功，而且在20世纪80年代的乡镇企业发展中也比较突出，本书将以这三个村为个案进行分析。

一 农业集体化时期的农业生产合作

邹平的农业生产集体化过程与国家政策是同步的。据县志记载，邹平农业合作化运动经过了农业生产互助组（1951年冬至1952年春）、初级农业生产合作社（1952年春至1955年秋）、高级农业生产合作社（1955年秋至1958年9月）、人民公社（1958年9月至1980年）四个阶段。[1] 从高级社开始，农村进入"生产队"的劳动组织形式，民众常常在回忆中用"生产队"来代替"集体化"这样的国家话语，指代集体化时期的劳作与生活。

(一) 冯家村

冯家村是邹平孙镇的一个行政村。孙镇隶属20世纪30年代乡村建设运动实验县的第六区，是邹平重要的植棉区域，也是梁邹美棉运销合作社总社所在地。乡村建设运动时期，冯家村积极参与乡村建设运动，曾拆除关公庙，改成村学的校舍。

---

[1] 山东省邹平县地方史志编纂委员会编：《邹平县志》，中华书局1992年版，第389页。

农业集体化时期，在村支书冯永喜①的带领下，顺利度过自然灾害，开办乡镇企业，并作为 20 世纪 70 年代山东农科院指定的种子基地，农业科技水平在全省领先，全村经济翻番，村容村貌整洁，村民凝聚力强，成为全县先进村。20 世纪 80 年代末 90 年代初，美国学者在邹平开展田野调查期间，冯家村作为美国学者的驻地和田野调查点向学者们开放，成为学者们重点关注的村落之一。ZL 是冯家村的老领导，自 1965 年担任冯家村团支部书记至 1999 年退休的长达 34 年的时间里，有近 30 年是跟老书记冯永喜合作共事，经历了农业集体化时期和改革开放时期冯家村的改革与变迁。②

冯家村于 1945 年 7 月 24 日解放，1946 年春土地改革。当时，全村共有土地 3000 亩，22 户地主、富农占有 1425 亩（地主、富农各 11 户）。而 56 户贫农仅有土地 136 亩，占总土地亩数的 4.5%，牲口 100 头，地主富农占有 52 头。大车 30 辆，地主富农占有 16 辆，贫农占 1 辆，其他占 13 辆，水井 9 眼，水车 4 部，为地主富农所占有。土改之后，平分土地，实行个体生产。土改后，1949 年人均土地达到 3.7 亩。1952 年村里组织了两个互助组。1955 年春建立初级社，同年冬建立高级社，与孙镇、张家、小陈三个村联合为孙镇高级社，全村所有户全部入社，当时冯永喜管副业。1958 年成立人民公社，

---

① 冯永喜是冯家村历史上有名的村支书，1955 年在冯家村建立党支部，1964 年任党支部书记，1995 年退休，曾是全国劳模，第五、六、七届全国人大代表，山东省第五、六、七届人大常委会委员。

② ZL，男，出生于 1946 年，高小毕业。1965 年他 19 岁时就开始在冯家村任团支部书记，1970 年加入中国共产党。1974 年开始任村党支部副书记，当时他 28 岁，后来任村副主任、村党支部书记，直到 1999 年退休。

1961年体制变动，改为冯家大队，分为八个生产队。冯永喜担任冯家大队大队长。1974年推行生产责任制，实行"四小"管理，包工定额（即小段计划、小段包工、小段管理、小段检查评比），全村分三个生产队；1978年实行包工到组，每个队长负责两个组，全大队3个生产队，18个生产组；1984年实行土地承包到组，联产计酬，每个生产队6个组，全大队3个生产队、18个生产组；1985年土地承包到劳力，实行四统一（耕种、施肥、浇水、牲畜）；1986年实行土地承包到人，人均2.3亩地，小型农具、牲畜、车辆按组使用，生产管理实行四统一。[1]

自1973年至1986年，冯家村的富裕有目共睹。村里给社员分的猪肉、棉油比附近别的村子多，还会分苹果，社员得到的工分折算成的工钱也比别的村高很多倍。以1976年为例，临近村庄上一天工能折算成几角钱的时候，冯家村村民上一天工能折算6元多。如果按照每月上工30天的话，那么收入可达每月180元，即使按照每年上工半年（6个月）来计算，年收入也可达1080元，而山东省农村经济调查资料显示，1976年山东省农民人均年纯收入仅100.23元。[2] 在生活水平上，别的村只能吃地瓜窝头的时候，冯家村人吃的是白面。社员生病了，生产队里可以支付一部分费用，还有车可以免费将社员送医。

---

[1] 张林：《冯家村志》，手抄本，1987。收集人：李亚妮。收集时间：2021年7月18日。收集地点：冯家村村委会办公室。
[2] 山东省农村社会经济调查队编：《山东省农村经济调查资料（1989）》，1990年版，第65页。

生病了咱有车，你需要上哪里去就上哪里去。每年苹果园有苹果，有菜，苹果分不少，又不卖，后来包了苹果园就卖。有的时候一个户都是两桶，个人去挑去。过年分肉，杀猪，后来就不这样了。高的时候到六块多钱一个工，别的庄上干上一天连一块钱都挣不上，挣五毛钱。别的村里都吃地瓜面窝窝头，这村里都吃面食。①

可以说，从农民的消费结构来看，20世纪70年代农民的消费以解决吃的问题为主，如1978年山东全省人均用于吃和烧的消费额度为61.66元，占生活消费总支出的65.81%。冯家村的生活水平远高于普通农民的生活水平。

（二）李坡村

李坡村所在的码头镇隶属20世纪30年代的齐东县第五区，不是梁漱溟乡村建设运动的区域。1958年，原齐东县6个人民公社并入邹平，成为今日之邹平县。②这六个人民公社包括九户、黑里寨、青城、花沟、码头、魏桥。20世纪80年代末90年代初，美国学者在邹平开展田野调查期间，码头镇李坡村作为田野调查点向学者们开放，成为学者们重点关注的村落之一。2020年李坡村常住人口450多户，1816人，耕地面积总共2000亩左右。从20世纪90年代初开始以种韭菜为主。因为一直种蔬菜，所以收入不错，一亩菜地的收入大约是

---

① 笔者于2021年7月18日与冯家村村民ZL的访谈资料。
② 山东省邹平县地方史志编纂委员会：《邹平县志》，中华书局1992年版，第37—40页。

种玉米、麦子的三倍，平均一亩地最低收入能达到七千元到一万元。①

与冯家村相似，李坡村的发展也得益于一位能干的党支部老书记张树林。现任李坡村的支部委员 LSB 讲述，在老书记的带领下，李坡村曾经兴办工厂，首先建了榨油厂，后来又建了窑厂、砖瓦厂。张树林上任后发动全村人种树，发展林业，主要是自产自销。有了这些基础之后，村里从 1978 年底开始统一规划建设，为每家每户盖新房，6 年完成所有房屋的修建，用的木料基本是村里自己种的树。20 世纪 70 年代的李坡村村民"吃的用的"都"相当不错"。李坡村在集体化时期，拥有其他村所没有的"发达"的机械设备。那时，拥有很多农业机械的李坡村还建起了农机站，有东方红链路车和 55—28 型拖拉机，而码头镇全镇只有这一个农机站。

小清河是穿过李坡村的母亲河，承担着灌溉李坡村农田和航运往来的任务。但自 20 世纪 50 年代集体化时期，小清河的水就被污染了，村里人饮水就要靠打井取水。在老书记的带领下，李坡村发展了韭菜种植产业。据 LSB 和其他村民讲述，李坡村发展韭菜产业并不简单，经历了波折。1994 年发展之初，村里派人到寿光参观学习，甚至强制农民种韭菜。但有些人还是不愿意种韭菜，而愿意种粮食。经历过饥饿年代的村民们担心粮食不够吃，认为种太多韭菜并不能当粮食吃，所以不愿意种韭菜。也有村民不敢明着违反村里的规定，仍然暗暗抵制，把韭菜种子炒熟了下种而不让韭菜发芽。不过，这样的冲突持续并不长久，两三年之后，村民看到种韭菜比种粮食收入

---

① 笔者于 2021 年 7 月 19 日与李坡村村民 LSB 的访谈资料。

高的结果，于是开始纷纷加入种韭菜的队伍。现在村里将近四分之三的土地种上了韭菜，剩余耕地种小麦玉米供村民自己吃，种棉花的已经微乎其微。经过近 30 年的发展，李坡村已经拥有了自己的韭菜交易市场，外地商人都到交易市场来采购韭菜。附近几个村庄，甚至邻近的魏桥镇也有村民参与韭菜种植。农户们自己到市场销售。承包韭菜市场的书记最近刚刚牵头组织了一个以种植大棚无公害韭菜、面向高端市场的合作社。县、镇、村给予了政策、资金、宣传等方面的支持。推广种植韭菜初期农民不愿接受反而出现抵抗的现象，与梁漱溟乡村建设运动时期推广棉种遇到阻力的情况类似。农民通常是在明确看到有收益之后才决定是否参与，符合"理性小农的特征"①，对不符合他们认知的事物多采取观望态度，很少愿意冒投资风险，也缺少抗投资风险的能力。

（三）小田村

同李坡村一样，小田村也是码头镇的一个行政村。与李坡村一同于 1958 年划归邹平县。

TDA 是小田村人，爷爷和父亲都曾任过小田村干部，他本人担任过码头镇文化站站长。他讲述了小田村在集体化时期的劳动力分配与劳动收益。当时，小田村按工分分红，最高的时候能够达到日薪 1.5 元。但为了照顾到每个人，不能让没有劳动力的人饿死，所以分配粮食并不是只按工分，而是按人口占 70%、劳动力占 30% 的比例来计算分红标准，简称"人七劳三"。这就保证了没有劳动能力的老人、病患和孩子都能分

---

① S. Popkin, *The Rational Peasant*: *The Political Economy of Rural Society in Vietnam*, University of California Press, 1979.

配到集体劳动的成果。同时，在工分上的差异可以保证男性和干重活的人能够分配得多一些。①

> 那时候分红，俺村里的工分最高了一块五，农民的工资到了一块五。70 年代末 80 年代初，一个工资一块五。很高，要不然他抵触大包干。不可能全年都干活，但是家家户户都能分到钱了。家里劳力多的多分，劳力少的少分。到了 70 年代末 80 年代初，我们这个村分的那麦子吃馒头已经够吃的了，就是说他这吃平均数，能吃平均数的一个人就分 500 斤小麦。啥叫平均数？人七劳三。按人口占 70% 的分，不能饿死人，按劳力占 30% 的人。②

除此之外，生产队每年会在农产品收成之后按人口数量分配。比如收获的花生按人口分配平均每人 50 斤。

> 现在咱吃的这油吃不到俺那油坊榨的那种香的油。那时候不是棉花油，是花生油、大豆油，那时候不榨棉花。生产队里也不是光种粮食，种花生、种地瓜、种棉花，种了花生分给俺家里一口人 50 斤花生，一斤花生出 7 两油吧，大队里说给我 6 两半就行，老百姓还能赚点花生米吃，交给大队里的花生米子就榨出油来卖油、卖花生。③

---

① 笔者于 2021 年 7 月 19 日与小田村村民 TDA 的访谈资料。
② 笔者于 2021 年 7 月 19 日与小田村村民 TDA 的访谈资料。
③ 笔者于 2021 年 7 月 19 日与小田村村民 TDA 的访谈资料。

TDA 家庭条件较好，拥有私家石磨。其父从 1955 年任初级社的会计开始，相继担任公社大队长、村长、村支部书记，至 2000 年退休，共在小田村任职达 45 年之久。1955 年，TDA 家里劳动力算是比较多的，哥哥去当兵，队里按照一个整劳力来记工分，两个姐姐也都能挣工分。那些在榨油厂、弓坊从事副业工作的人也是按天计工分。除了磨坊这类常年需要的工坊，其他工坊只在秋收后农闲的时候才开始工作。这类工坊的操作人员，在农忙时节也跟其他社员一起参加农业劳动。①

20 世纪 70 年代末小田村已经基本实现农业机械化。全村 1000 多亩土地，70 年代初，村里拥有 12 马力的拖拉机，后来有了 25 马力拖拉机、50 马力拖拉机、小麦收割机、小麦播种机，还有两个 75 马力的东方红链路拖拉机。但包产到户之后，这些机械反倒用不上，逐渐被废弃。

TDA 对村里的第一个机械（12 马力的拖拉机）印象深刻。因为这台拖拉机不是直接购买的，而是"换来的"。当时村集体还没有很多此类农用机械，只拥有一台 90 马力的机械。这台 90 马力的机械在农忙时主要用来从小清河提水灌溉村集体的农田，在农闲时则用于磨面，服务于农户。而当时小清河里面航行的船只，主要配备 90 马力的机械作为牵引动力。所以这台机械被一个船主看中，多次上门想要购买。但村集体不想卖。后来船主提出可以"以物换物"，答应用多台农用机械作为交换。对村里来说，多台机械是有吸引力的，于是交易达成。后来，小田村逐渐拥有了包括播种机、脱粒机等在内的大型机械，让耕种和收割都变得容易一些，节省了劳动力用于办

---

① 笔者于 2021 年 7 月 19 日与小田村村民 TDA 的访谈资料。

工厂等其他事项。

以上三个村的个案中,被访谈人的叙述为我们展现了邹平民间互助在农业集体化时期,在以血缘和地缘为基础的民俗空间中是有生命力的。

一是民间互助是新中国成立初期农业生产互助组的基础。TDA 讲述了农业合作化运动初期互助组的必要性。他爷爷与附近几个没有牲畜的家庭结成互助组,缓解了生产劳动的压力。这种互助是源于传统民俗中的生产劳动互助(如第一章第三节),基于劳动力或劳动生产资料的互相补充。

> 为啥叫互助组合作社?虽然打倒地主分了地了,他可没那么多牲畜、没那么多农具呢。我是一个贫雇农,一下分给了我五亩地,我使啥种?耕地我没牛、没犁,他家是中农,他啥也有,俺就搞互助组。他地比我多,我分的地少,我和他干点活,我使使他的农具,这叫互助组。俺爷爷跟我说,俺家是中农,俺就互助了几家,附近好几个没有牲畜的,都是靠着使俺的牲畜,俺就是一个互助组。自由组合。①

LNX 是农业集体化时期互助组的组织者,也是梁漱溟乡村建设运动的亲历者。

LNX,1930 年生人,祖辈都生活在邹平,世代务农。他出生一百天的时候父亲去世了,母亲独自抚养他弟兄两人。由于家贫,LNX 只在 14 岁的时候上过半年学,15 岁即跟随村里的

---

① 笔者于 2021 年 7 月 19 日与小田村村民 TDA 的访谈资料。

师傅学习木工和瓦工。他于1952年加入中国共青团，1953年担任郎君乡团总支书记。1952年，他与村里的一位老党员一起组织成立木业互助组，一年后，于1953年秋季成立初级社（北社），并担任社长。1955年冬季合并为碑楼高级社，担任高级社社长。1958年成立人民公社，实行军事化管理，碑楼村编为一连、二连。1959年，人民公社开始推行"三级所有，队为基础"的管理体制。碑楼村与贺家村因财产纠纷分家，LNX留村任大队主任。1980年，全县实行家庭联产承包生产责任制。1981年碑楼村包产到户，他任村支部书记。1986年发展乡镇企业。1987年，建窑瓦厂，LNX任厂长。1989年，他从村支部书记职位上退休，并卸任窑瓦厂厂长这一职务。[①]

据LNX回忆，碑楼村的传统民间互助主要是生产合作、婚丧合作和置业合作三类。1950年，邹平完成土地革命之后，农民拥有了土地，但由于小农经营模式的薄弱与分散，生产力不足，需要互相帮忙才能完成生产生活。如在农业生产或盖房或婚丧嫁娶的仪式中，需要村里的其他人来帮忙。老百姓称之为"插伙组"，是民众根据日常生产生活需要，以血缘或地缘关系为基础组成的互助组。这是邹平传统社会民间互助传统的延续。也是在这个时期，有组织的互助组开始成立，LNX组织了村里的第一个木工组。这个组有8位组员，5位会木工的，3位不会木工的，组成了技术、管理、联络等一体的一个合作组，大家一起接单、制作、销售、分红等。该木工组成立一年后，1953年秋，人民公社初级社成立，农户按照自愿的原则参加。当时的初级社只有10户，其中有6户来自木工组，

---

① 笔者于2015年8月2日与碑楼村村民LNX的访谈资料。

LNX 是初级社社长（主任），第二年（1954 年）增加到 30 户，1955 年增加到 35 户，占全村的 1/10 左右。① 初级社仍然有民间互助的形式。

孙镇党里村 LSM 也是一位经历过农业集体化的老村长，他讲述了互助组成立的基本原则，即地近原则，包括空间距离近（"离得近"）、心理距离近和熟人原则（"脾气对得上"）、条件相仿。互助组内部是带有感情的互助，能做到相互谦让，否则互助组就不能维持。

> 先是互助组。咱两个离得最近，脾气也对，条件差不多，咱就组织一个。你兵强马壮，我兵强马壮，还得带着个赖货②，他没有牲口。自愿的带。互助组是互相商量着干活。你那地该耕，先耕你那个，我那庄稼熟了，先割我那个。互助组都是基于一种感情。也有干着干着恼了的。咱四家子，我强，啥活我也占先，人家不乐意，拆了伙了，不捣鼓了，再另组织一伙。③

WZS 比较了民间互助组和 1949 年后农业合作社的区别。他认为，民间互助比较好，是左邻右舍之间的互相帮助，没有报酬，但重人情，是靠人情来融合，大家互相不计较。而加入农业合作社之后，工分就是衡量的标准，不重情而重钱。队长如果有私心，社员就会容易心散。空间距离上的地缘关系，心

---

① 笔者于 2015 年 8 月 2 日与碑楼村村民 LNX 的访谈资料。
② 赖货，邹平方言，指条件差的。
③ 笔者于 2015 年 8 月 3 日与党里村村民 LSM 的访谈资料。

理距离上的熟人原则,与前文提到的梁漱溟对团体组织的期待在一定程度上是相通的。梁漱溟认同的中国式的团体生活是在传统的风俗习惯基础上"养成一种商量的风气、相让的习俗"①。

二是民间互助精神在集体化时期的延续。20世纪50年代开始的农业集体化是自上而下的合作化运动,从高级社开始,入社率高。特别是1958年人民公社的成立,从制度上将国家行政力量正式渗入农村,并建立了较为完备的社会结构,包括社会保障和福利系统。据李乃贤回忆,碑楼村的福利和保障措施主要体现在对鳏寡孤独老人、生育妇女的粮食照顾,病人的医疗救助和为劳力不足的家庭提供粮食赊欠等。

> 社里有一条原则:你只要粮食不够吃的,或者分给你的少,你就写单子借粮。没有好的,就是地瓜干、谷子、棒子,那时候麦子很少。那时候麦子,80斤,90斤,一般上级连100斤都不让你吃。最高吃90斤。借社里的钱。再把粮食给你。你这些劳力长起来,干的工多了,挣的钱多了,再还上。这个账就长期了。这个政策就是将就这些穷苦难过的老百姓,对穷农民有个帮助。②

妇女生孩子按牌价照顾粮食30斤,单身无子女的老人一年可以定量供应360斤粮食。社会福利保障还与当地民间习俗

---

① 梁漱溟:《乡村建设大意》,载中国文化书院学术委员会编《梁漱溟全集》第1卷,山东人民出版社1992年版,第701页。
② 笔者于2015年8月2日与碑楼村村民LNX的访谈资料。

相衔接，如在清明前，要给鳏寡孤独老人送去 10 斤小麦粉；婚丧嫁娶的家庭可以领 1 斤油等。

> 那时候，女人生孩子，社里照顾 30 斤谷。大队开条子，支援你 30 斤谷。你不够的话，你再拿着别的粮食来换。那时候，没有"五保户"。也没有这个名字。这些人叫"三定户"。三定户，就是定口粮、定消费指标，给他点钱、补助。这都是一些单身的，老娘子、老头子。正是现在五保户的对象。给他们定的口粮就是三百六十斤。因为他/她没有带头①，没有小孩子。保证给他们三百六十斤。这些人过节的时候，咱比如说，过清明吧，清明上坟，给他们每人十斤麦子。②

这样的互助形式和互助精神，是将传统的邻里互助范围扩大化，由亲缘或业缘关系的互助以固定的地缘关系来稳定，并以制度化形式执行。这种基于传统民间互助的形式在集体化中也是一种福利。冯家村和李坡村的集体福利房就是一种互助的结果，这两个村的集体福利房是用本村的木料、本村的劳动力、本村的水电等集体出资出力出人建成的，是一种本村集团内部的共同福利。房屋的流动也是限定在集团内部。小田村的 TDA 对农业集体化时期有些眷恋，他认为那时候很多事情是集体帮忙解决，人们的生活压力不大，不焦躁。这种对集体化时期生活的留恋是对互助合作的一种认同与期盼。

---

① 带头，邹平方言，指孩子。
② 笔者于 2015 年 8 月 2 日与碑楼村村民 LNX 的访谈资料。

二　农业集体化时期的副业生产合作

除农业生产外，副业生产是集体化时期乡村经济的另一抓手。1955年通过的《农业生产合作社示范章程草案》[①]中明确规定，"在不妨碍参加合作社劳动的条件下，经营家庭副业"[②]。到了高级社时期，这一规定被写入1956年6月30日正式公布的《高级农业生产合作社示范章程》中。副业生产与传统生产民俗相结合，呈现多样化形态。ZHW所在的抱印村就是典型的副业生产多样化的村落。

ZHW，男，生于1935年，世代在邹平务农。1953年，他18岁时带头成立抱印村的第一个互助组，并担任组长；1954年抱印村成立初级社，他19岁，担任初级社会计；1955年，崔家村、抱印村和李家村合并成立高级社，他担任高级社会计。1981年抱印村实行包产到户，1988年，他担任村长，1992年退休。

1955年高级社时期，抱印生产队成立副业组，有木工组、粉坊、林业队和养蚕小组。1959年全部解散。

木工组由一些会木工的技术人员组成，做成木质家具，到木作集市上售卖。木工组服从生产队的统一安排，集体搞副业。生产队派人去销售，收入统一交回生产队。所有人按工分

[①] 1955年11月9日全国人民代表大会常务委员会第24次会议通过的《农业生产合作社示范章程草案》后经1956年3月17日全国人民代表大会常务委员会第33次会议照原案通过，成为正式章程。《农业生产合作社示范章程草案》(1955年11月9日)，载中共中央文献研究室编《建国以来重要文献选编》第7册，中央文献出版社1997年版，第357—395页。

[②] 《农业生产合作社示范章程草案》，载中共中央文献研究室编《建国以来重要文献选编》第7册，中央文献出版社1993年版，第363页。

核算，技术人员工分稍微高一点。普通村民干农活是七八工分，技术人员是 10 工分。

> 社里把一些会木工的技术人员组织成一个木业组。根据群众需要，打了木器去集上卖。集上有木作市。那时候是集体性搞副业，不是个人搞。队里派人去卖木器，卖了钱回来交社里。技术人员工分稍微高点。人家是技术工，你不高点，人家不干。当时，一个农民刨一天地是七八工分。他们这些人一天得 10 工分。①

粉坊是将土豆加工磨成糊后做成土豆粉条售卖。抱印村一位地主的粉坊土改后归公经营，收入归入生产队集体核算。与其他人一样，粉坊的工作人员也是挣工分的。每日记 10 个工分。

> 那时候成立副业组，木匠、粉坊。社里原来有这个基础。俺庄里地主原来有那套家具。他开粉坊。后来土改归公了，归了集体。社里利用他这个基础，这个手艺开的粉坊。把土豆磨成糊做粉皮。做出的粉皮不孬，炖不烂啊！②

林业队是由生产队队长直接领导，专门在山里管理林业，共有七八百亩的山场。林业人员将桑树嫁接成枣树，卖枣获得

---

① 笔者于 2015 年 8 月 6 日与抱印村村民 ZHW 的访谈资料。
② 笔者于 2015 年 8 月 6 日与抱印村村民 ZHW 的访谈资料。

收入。收入归生产队集体核算。林业队的工作人员也是挣工分的。每日记 10 个工分。

> 社里有林业队。由队长领着，也是计工分。林业队专门在山管理林业，桑子树嫁接枣树。山上桑子树很多。剪了以后嫁接枣树。那些枣树这几年都没了。当时枣树长的枣不小。①

养蚕小组是由有养蚕经验的人员组成，多数是女性。生产队开辟了二十多亩地，专种养蚕的桑树。养蚕小组的成员在养蚕室养蚕。收益归生产队集体核算，养蚕小组的成员记工分。每日记 8 个工分。

> 农业社有养蚕的。村里专门划一部分地，种专门养蚕的桑树。种了桑树以后，长那种桑条子，桑叶挺大。俺庄里种了二十多亩桑树。村里专门一个小组养蚕。你组织一帮人养蚕，队里给你计工分。②

由上所述，抱印村所在的崔抱李高级社成立木工组、粉条组、林业组和蚕业组四个副业组。这些副业组与邹平的传统合作和行业是有关联的。林业组和蚕业组取自当地的自然禀赋和地理优势，与梁漱溟乡村建设运动时期的林业发展和蚕业发展一脉相承。

---

① 笔者于 2015 年 8 月 6 日与抱印村村民 ZHW 的访谈资料。
② 笔者于 2015 年 8 月 6 日与抱印村村民 ZHW 的访谈资料。

抱印村属于梁漱溟乡村建设运动时期的印台特别区。该特别区共有五个村，其中郎君村、抱印村和崔家村属于乡村建设运动前第二区的三个村，李家庄和景家庄属于乡村建设运动前第三区的两个村。邹平民众根据各区的地势地形及生态环境等自然特点，以及交通条件等，依据"靠山吃山靠水吃水"的原则，七个区形成七种不同的副业特点。其中，第二区因山多树多，以林业为主，兼以开山推石为副业；第三区则因靠近周村，有发展丝绸商业的便利，因此以蚕业为主要副业。据1931年乡建研究院学员刘浦斋回忆，抱印村曾接待过研究院的养蚕实习生。"一九三一年八九月份，我们训练部二班学员下乡实习一次。我们三个同学下到城南的抱印村实习养蚕。养蚕的房舍、工具由村内承担，喂蚕用的桑叶由农民采摘。我们三人养蚕的数量不多，只有三簾子。这次主要是实习养蚕技术。"[1]

将ZHW的访谈与刘健飞和刘浦斋的资料联系起来看，自1931年至1958年前，时隔27年，农业集体化时期成立的林业队和养蚕小组是抱印村传统优势的延续，与其自然禀赋密切相关。邹平传统合作社的模式还在延续，而且与新中国成立初期农村集体化改革并行，没有冲突。2018年的调查中笔者仍看到村里有不少桑树，也有个别农户家里养蚕，但已不再是家庭经济的重要来源。

小田村的TDA也曾强调副业的存在。他认为，没有经历过集体化时期的人，往往得不到全面信息，会对当时的生产经

---

[1] 刘浦斋口述，郭蕊晨整理：《我参加乡村建设研究院训练部和从事乡建活动的经过》，载政协邹平县委员会文史资料办公室编《邹平文史资料选辑》1990年第5辑。

营情况产生一些误会，以为当年的集体化就只有种地。实际上，当时的生产队并不是没有经营性的经济活动，不是只有统一耕种，而是以粮为主、多种经营的模式，农林牧副渔，有副业。小田村副业很多，生产大队里有属于大队的副业，有榨油的油坊、弹棉花的弓坊、染布的染坊、磨面的磨坊，还有烧砖用来盖房屋的窑厂，以及养猪养羊，加工制作粉皮、豆腐等，这些都是副业。经营这些副业就会有收入。只不过当时经营副业的收入不是直接归经营者个人所有，而是用于集体的公益事业或者通过集体分配给社员个人。当时不允许个人做这些经营性的副业，而是由集体统一规划安排，从而避免了个人经营与集体生产的矛盾。除了这种集体经营的副业，生产队还曾经允许村民在自家养猪、养鸡、养鸭，规定每户人家一年可以养一头猪。可以少量养鸡、养鸭，但是不允许多养，因为养多了以后就会影响个人参与集体劳动。[1]

从以上个案可以看出，集体化时期的副业发展不是凭空而来的，而是与本村原有的传统生产民俗相关。有相当一部分传承自村里原有的副业。比如村里原来的地主家的油坊，到了集体化时期就被纳入集体村办企业或社办企业；原来村里有几位木匠，就能组建起木工坊；村里有家户养蚕的传统，就容易组成集体养蚕小组。

三 改革开放后传统行业的经济合作

1978 年改革开放后，邹平经济发展迅速，特别是棉纺业的发展突飞猛进，出现了一些新型的合作模式。以棉纺业为

---

[1] 笔者于 2021 年 7 月 19 日与小田村村民 TDA 的访谈资料。

例，传统的手工棉纺织开始了多种经济合作模式。下面以当地两个手工织布作坊为个案进行分析。

（一）苗家老粗布作坊

2012年7月，邹平明集镇西闸村苗家老粗布作坊成立，法定代表人是孙春香。孙春香于1991年初中毕业后，进了明集镇一家纺织厂当纺织女工，负责整经工作。1999年结婚后，她与丈夫一起创业，但最初几年并不顺利。2012年，她想到以前明集的家家户户都手工织布，自己以前也在纺织厂干过，就成立了织布小作坊。随着作坊逐渐扩大，在镇政府和妇联的帮助下，于2016年注册了"汉家老苗"品牌。当时明集镇工业园区租给他们一亩地，位于当街比较显眼的位置，每年租金几千元。孙春香从明集镇搜集了20多台传统手工织布机，联络了40多位有手工织布经验的农村妇女，都是65岁以上的，其中年纪最大的80多岁。一开始，传统图案的老粗布市场销路并不好，于是她开始设计新的图案和花色，迎合城市人和年轻人的需求，逐渐打开销路。

苗家作坊通过建立品牌的经营方式，获得知识产权保护，也收获了宣传效果。从滨州市妇联发展部2020年的一份材料看，苗家老粗布工坊已为本村及邻近村庄300余名农村妇女提供就业，其中60岁以上的妇女达到一半以上，70岁以上的有30余名，帮助她们实现了在家门口务工的愿望，工坊被评为"巾帼居家创业就业脱贫示范基地"[①]。2016年，孙春香被授予

---

① 滨州妇联：《孙春香：从纺织女工到脱贫致富带头人的蜕变》，澎湃在线，2020年4月23日，http://www.bzwomen.org.cn/news_show.php?id=1558，2021年11月13日。

邹平县级非物质文化遗产传承人的称号,并先后荣获邹平第四届创业大赛"创业新星"、山东省最美乡村女致富带头人、农村致富模范带头人等荣誉称号,其经营的"汉家老苗粗布坊"荣获邹平市巾帼居家创业就业脱贫行动"大姐工坊"、滨州市巾帼居家创业就业脱贫行动示范基地等称号,入选文化和旅游部2019年度乡村文化和旅游能人支持项目。

苗家作坊没有雇请专职工人,作坊里的工作人员主要是孙春香夫妇和婆婆。三人的大致分工是:孙春香负责花样设计及日常事务,接待、快递发货等事项,是这个作坊日常的主要经营者。丈夫负责对外联络,形象宣传以及牵机和体力活。牵机环节是较重的体力事情,所以主要由丈夫来完成。孙春香的婆婆做一些辅助性工作。

苗家工作坊提供两种合作方式。第一种是在工作坊内生产,即没有雇定期的工人,有需要时才临时请人来工作坊织布。目前长期在作坊织布的是一位63岁的老年织工,每天到工作坊来织布,可获得75元薪酬,不提供工作餐;而且织布时间也相对自由,家里有事情就可以请假。这位老人也是在接送孙辈上学和干完家务之余来这里当织工。生产现场并没有一般工厂那种忙碌和严格有序的管理。

第二种是在工作坊外生产。有较大订单的时候,他们会将织布任务分给村里的一些老人去做。他们统一提供加工好的线,把控成品质量。这种合作正是基本延续了传统农业社会时期商人与农民的合作方式,双方都容易接受。目前参与这种合作织工也不多,仅三四位。最多的织布者则是无偿借用织机的。需要织布的妇女,可以在这里买线牵线后,无偿使用这里的织机为自己织布,织布时间基本由自己掌握,只要在工作坊开放的时间都可以来。WHY 就是到这里来免费试用织布机织布的人之一。

WHY，女，出生于 1969 年，邹平明集镇西闸村人。十岁左右学会了织布，在家用传统织机织布。2006 年之前一直在家务农照顾孩子，偶尔打零工。2006 年到村子附近的泰升纺织有限公司工作。2010—2013 年在家照顾孙女。2013 年底到村子附近的永嘉纺纱厂工作。

WHY 在家附近的纺纱厂上班，节假日空闲时间会用传统织机手工织布。WHY 说，她既可以自己在家里织，也可以在苗家老粗布作坊去织。但她自己家里没有织机，如果在同村能借到织布机，就在家里织。如果借不到或者有时候嫌在家里借织布机比较麻烦，就会到离家不远的苗家老粗布作坊制作。到苗家作坊借用作坊里的传统织布机织布，不用缴纳租金或者使用费，而且可以在作坊里直接购买已经加工好的线，她感觉很方便。①

此外，还有一些其他乡镇的妇女来这里买织布用的线或小工具，如穗子、棕等。村民无论是为何种用途织布，都可以免费借用这些机器。

苗家作坊分成前后院，前院摆放着二十多台从当地村民家中购买来的传统织布机，每台织布机都有编号，颇似一个传统纺织机械的展览场所。但此处跟博物馆等展示场所不同的是，这些织机都能真正投入使用，每台织机都有一个编号，分别用来织特定的花样。后院集中了办公室、刷机场所、展示空间和库房的功能。后院大厅墙上挂着关于手工棉纺织的流程图，具

---

① 笔者于 2018 年 10 月 3 日与西闸村村民 WHY 的访谈资料。

有突出的宣传展示作用。

虽然成立时间短,但作为当地相对比较"有名"的传统手工织布作坊,苗家作坊还是能找到一些商机。对于大多数老年农村妇女而言,传统手工床单是他们熟悉的"拿手"作品,所以很多人做床单,手工床单的价格根据线的粗细不等,有 70 元和 80 元之分,大多数是 80 元一张床单。但用传统手工织成的布凉席,却能卖到两百多元的价格。类似凉席这样的产品,主要出产于像苗家作坊这样的商业作坊,很少村民会主动制作凉席用以出售。

(二)老高家老粗布作坊

"老高家"作坊是位于明集镇西闸村的另一家手工织布作坊,路口牌子写着"老高家",店面在一个小巷里,并不显眼。"老高家"作坊是织布作坊,也是一家销售纺织用的线和棉织品的商店。这家作坊里面没有老式木织机,但院子里有不少织布机的配件,其中一间工作间里还放着一台机械化的抽纱机。据负责人介绍,他们的产品主要靠朋友推荐给消费者。有些推荐者还能从中赚一些佣金或者差价。

> 有大厂子,只要达住质量,就有要的。靠朋友相互推荐,一些送礼的。有的朋友发给外地寄销的,有朋友来了,叫我给他发,有时候那个朋友在中间再赚上点。[①]

与苗家老粗布作坊一样,高家作坊也会给附近的村民提供线和工具,村民在家里织完之后交回来领工钱。一般情况是织

[①] 笔者于 2018 年 10 月 3 日与西闸村老高家老粗布作坊负责人的访谈资料。

一床的人工费是三四十元。织布工可以一天织一床，也就是收入40元左右。参与的人数和时间都不固定，目前有四五个年龄在60岁以上的妇女参与织布。显然，这种提供原材料和代购代销的模式，是小作坊经营者和当地村民（中老年妇女）双方都比较容易接受的合作方式。

高家老粗布作坊与梁漱溟乡村建设运动时期的机织合作社在管理模式和合作方式等方面均有不同。

邹平乡村建设运动时期机织合作社的合作内容既包括资金合作，如合买织机和线，又包括劳动合作，两人一组共用一台织机或三人一组共用一台织机。村民加入合作社的最直接目的是提高织布技术与效率，增加经济收益。但是，对于机织合作社的社员来说，其入社后纺织的成本增加，与其预期的经济收益并不直接匹配或短期内不直接显现。

"老高家"手工织布作坊则采用的是提供原材料和代购代销模式，这种合作方式是小作坊经营者和当地村民（中老年妇女）双方都比较容易接受的合作方式。一方面，因为参与织布的中老年女性在家中或者邻居中找到织布机并不难；另一方面，更多的织布参与者是利用自己零散的时间织布，所以在家工作比较方便。而对于工作坊来说，提供原材料和回收成品布匹的方式，既可以避免组织生产的麻烦，又可以有效规避资金垫付、销路不畅等方面的风险。没有严格的合同、时间、产量等约定，从而使织布者可以有效利用自己的闲散时间并且兼顾自己的身体状况和照顾家庭的事务，同时又让经营者不必背负经营压力。因此崔家村的妇女常常到高家来买线，来回路程2小时。以前她们在邹平大集上买线，现在邹平大集上没有卖的了，都在高家买线。

苗家与高家这两种工作坊的经营方式，也是迎合了附近妇女参与模式的不同。如果说苗家作坊是展示型的合作模式，那么老高家则是交易型的合作模式，两者获益的方式也有差别。调研发现，很明显在老高家买线的村民比在老苗家的多，而在老苗家织布或买成品床单送人的则多一些。

苗家工作坊中，大厅墙上挂着关于手工棉纺织的流程图，用于宣传，现场的展示意义大于生产意义。该工作坊是结合当地非物质文化遗产保护政策开展业务的，走的是符合当前非遗保护政策支持的路线，以非遗文化传承为主要任务，依靠政府支持（包括宣传和场地、资金等方面的支持），以对老粗布的工艺文化进行宣传、展示为主，销售老粗布为辅。或者说，因为走的是政策路线，所以他们比较重视形象问题以及粗布产品的类型、风格设计，除了工作坊的展示形象，也注重老粗布的纹样、色彩开发以及包装、品牌。主要销售方式是为政府和各类机构、人员提供特色礼品。库房里已经织好的产品，与我们在当地村民家里见到的粗布产品不同，还特意制作了精美的包装盒。他们的粗布产品样式不同于当地一般村民按照传统样式织出来的简单花色，甚至可以为顾客提供定制产品，允许顾客自己选择花色。在他们的产品中，颜色素雅、灰色调的产品也比较多，更适合作为高档礼品。他们实际上不怎么关注日常的生产活动，为邻里免费提供织布机也是因为符合自己工作坊的展示需要。他们并不给参与织布的人提供技术方面的服务，甚至提供给织布妇女的棉线，也有可能是从市场上购买过来的，不是自己纺制的。这种合作的方式是松散的、自由的，主要是以劳动生产为核心的合作内容，没有资金和设备投资等的合作。

小　结

梁漱溟乡村建设理论中的经济合作是乡村建设的入口。他认为，中国社会过于散漫，亟须培养团队精神，提倡互助互通的交往模式，引入科学技术等外部资源。通过经济合作发展农业经济，同时建立中国式的团体组织，从而"养成一种商量的风气、相让的习俗"，不同于西方的以个人权利为主的团体组织。同时，邹平的乡村建设运动中的乡村合作也关注到了民间互助的实际与基础，建立的各类合作社与邹平民间的生产生活互助有所关联，但由于并未充分利用民间互助的实际与精神，未能充分调动农民积极性。

20世纪50年代农业集体化时期提倡的互助合作，是在民间互助的基础上发生，但又有超越民间互助的激进因素；在副业方面的合作则是在一定程度上呈现了民间互助的文化特征和精神特点，这一点也延续在后来的乡镇企业发展中。

改革开放后，与快速成长的大型经济体相伴随的民间小型经济合作，再次呈现了民间互助的特点，突破亲缘（家族）范围，增加了市场化的性质，为乡村经济增添了更多活力。

第四章

农民角色

梁漱溟始终强调乡村建设中农民自觉的重要性。农民自身在乡村建设中的角色和态度决定着乡村建设事业开展的各个方面。这与农民理应是乡村民俗文化的主体承担者的事实相一致。本章阐释梁漱溟乡村建设理论中的农民自觉,分析乡村建设运动中农民群体的社会角色以及主体性的发挥,兼论20世纪50年代农业集体化时期和改革开放后传统行业农民角色的转换,挖掘其对当今乡村振兴战略中坚持农民主体性的价值与意义。

第一节 梁漱溟乡村建设思想中的农民角色

"农民自觉"是梁漱溟乡村建设运动理论的要点之一。梁漱溟将其作为"乡村建设顶要紧的"两个方面之一,并对此进行了阐述。

一 农民角色的理论基础

梁漱溟在《吾人的自觉力》一文开头即说"一个人缺乏了'自觉'的时候,便只象一件东西不象人,或说只象一个动物而不象人。'自觉'真真是人类最可宝贵的东西"。① 他认为,"自觉"是人区别于动物乃至其他任何物的关键,对人具有极其重要的意义。但是他又说,"人类之可贵在其清明自觉,人类之可怜在其不能清明自觉,但自今以前的人类社会,能够清明自觉者,实在太少了"。② 由此看来,梁漱溟所期望的"清明自觉"应该是一个很高的境界,所以他会感叹"想使人人能够清明自觉,实在是一大难事"。③ 虽然难以做到让人人自觉,但并不意味着我们不应该努力去追求自觉的目标。而且"人若只在本能支配下过生活,只在习惯里面来动弹,那就太可怜了"。④

梁漱溟提出,乡村建设最要紧的事情有两方面,一是农民自觉;二是乡村组织。

> 照我说顶要紧的有两点:1. 农民自觉;2. 乡村组织。乡村建设所包括的事情固然很多,而顶要紧的则在这两点。有了这两点一切事情才好办;如果没有这两点,乡村建设简直没有法子谈。⑤

---

① 梁漱溟:《吾人的自觉力》,载中国文化书院学术委员会编《梁漱溟全集》第2卷,山东人民出版社1992年版,第45页。
② 梁漱溟:《吾人的自觉力》,载中国文化书院学术委员会编《梁漱溟全集》第2卷,山东人民出版社1992年版,第46页。
③ 梁漱溟:《吾人的自觉力》,载中国文化书院学术委员会编《梁漱溟全集》第2卷,山东人民出版社1992年版,第46页。
④ 梁漱溟:《吾人的自觉力》,载中国文化书院学术委员会编《梁漱溟全集》第2卷,山东人民出版社1992年版,第46页。
⑤ 梁漱溟:《乡村建设理论》,载中国文化书院学术委员会编《梁漱溟全集》第1卷,山东人民出版社1992年版,第616页。

梁漱溟认为，这两项的重要程度甚至超过了组织合作社、改良农业和办乡村教育等具体层面的问题。农民自觉是在人力资本的层面，从乡村发展的主体角度来认识的，从"生机"和"活力"的哲学层面来分析的。

梁漱溟给"农民自觉"的解释是："所谓农民自觉，就是说乡下人自己要明白现在乡村的事情要自己去干。"① 农民单靠政府和官员是不行的，而是自己靠自己去解决问题。

> 单靠官府替乡村办事，往往是祸害乡村的。所以现在等候谁都不成，必须我们自己起来想办法，去打算，必须自己去干。乡下人如果能明白了这个意思，这便叫做农民自觉；乡下人如果真能照此去干，这便叫做乡村自救。农民自觉，乡村自救，乡村的事情才有办法；所以我们说乡村建设顶要紧的第一点便是农民自觉。②

虽然梁漱溟也提过乡村建设要内外相通（详见第三章第一节），但单靠乡村以外的人可不行。虽然梁漱溟动员知识分子下乡，但并不是让知识分子替代农民搞乡村建设，而是让知识分子与乡村居民一起形成合力，最终引导乡村居民建设乡村（详见第二章第一节）。

这是在 20 世纪 30 年代内忧外患的民族危机存亡的社会大背景下，对政府与农民关系的一种态度，也是发动农民自救、

---

① 梁漱溟：《乡村建设理论》，载中国文化书院学术委员会编《梁漱溟全集》第 1 卷，山东人民出版社 1992 年版，第 618 页。
② 梁漱溟：《乡村建设理论》，载中国文化书院学术委员会编《梁漱溟全集》第 1 卷，山东人民出版社 1992 年版，第 618 页。

唤醒农民自觉的理性认识。

梁漱溟在比较中西文化差异时指出，中国文化在物质生产方面，尤其是农业生产方面，主要依靠"老农老圃的心传"，而不是像西方文化中的"讲究种地有分门别类的学问"，中国文化重"手艺"，西方文化重"科学"[1]。这里所说的"老农老圃的心传"就是农民在农业生产生活方面的智慧，如《邹平民间文艺集》中所搜集的农谚，就包括对二十四节气与天气变换的认知和农事的预测与判断。也就是说，中国传统的农业生产，离不开农民自己的智慧、知识和手艺，依赖农民个体主体性的发挥。

在梁漱溟的乡村建设理论中，注重对农民自觉性的调动，也希望唤起农民自救的意愿。"农民自觉"不仅在乡建时期具有重要意义，在后来的各个阶段，只要有利于参与者积极主动性的发挥，农村改革就有明显成效。一旦自主性和积极性不能被调动，就成"机械"的了，就会出现组织效率低下，发展滞后甚至难以为继的情形。

二 农民角色的核心内容

梁漱溟思想体系中关于农民角色的核心内容有三个方面：一是思想意识中的农民自觉；二是民俗文化惯习中的农民自觉；三是女性农民的自觉。

思想意识中的农民自觉，即"内心清明自觉"。梁漱溟在这里强调的"内心清明"，不单单指农民，而是指所有人心里

---

[1] 梁漱溟：《乡村建设理论》，载中国文化书院学术委员会编《梁漱溟全集》第2卷，山东人民出版社1992年版，第361页。

都应该清楚明白，对事情有自己的见解，而不是机械性的、不自主的。梁漱溟在1936年某次早会上发表演讲时这样解释自觉性对一个人的意义：

> 只有在我的心里清楚明白的时候，才是我超越对象、涵盖对象的时候；只有在超越、涵盖对象的时候，一个人才能够对自己有办法。人类优越的力量是完全从此处来的。所以怎么样让我们心里常常清明，真是一件顶要紧的事情……我们要开发我们的清明，让我们正源的力量培养出来；我们要建立我们的人格。失掉清明就是失掉了人格。①

梁漱溟所说的思想意识的自觉，是对自我行动、决策等的驾驭和自主，也包括对社会形势的反应，不只是恪守陈规的机械化。这里的"自觉"思想也体现他对旧有社会制度改革的态度和看法，认为农村的社会制度中，特别是陈旧腐朽的陈规陋俗是乡村生活败蔽不堪的文化因素，需要有"自觉力"来改造，从而创造新文化。

民俗文化惯习中的农民自觉，是希望农民认识到改变传统习俗以应对社会变革的重要性。农民千百年来都是在民俗文化的秩序中生产生活，但当遇到战争、灾难或社会变革时，农民需要在民俗文化惯习中应对变化。梁漱溟在1934年对邹平联合会壮丁开展讲演时说道：

---

① 梁漱溟：《朝话：吾人的自觉力》，《乡村建设》1936年第6卷第2期。

> 现在单在乡下老老实实过日子不够了,现在世界大势一直影响我们,我们不能像以前那样好好的过日子……这就是说这些年来不太平,从前过的是太平日子……这不太平是使庄户人不能老实安然过日子的。就是能过日子,而捐项太多,花销太重,不像几十年前交了钱粮就算完事。①

梁漱溟强调了内战对农村生活的影响,捐税负担重,物价飞涨,如《邹平民间文艺集》中收录的民歌中所唱的内容:"手拿一吊多,出门碰见李大哥。大哥!大哥!听俺说:杂拌面条一斤涨到一吊多。"② 这些政治经济的变化,最终都会影响到农民日常生活的变化,从而影响到传统民俗文化的变化。梁漱溟认为,农民应该自觉改变一些传统的民俗文化。梁漱溟在这里说的风俗习惯的自觉改变,则主要指乡村建设运动时期力争要改造的民风民俗,如早婚、赌博、缠足等。

女性农民的自觉,是女性个人问题,更是社会制度对女性的结构性不平等。比如有关妇女未被解放的问题,梁漱溟曾在《晨报》上发文指出,其根源在于妇女自身不主动寻求解放,妇女解放的意识并没有觉醒。

> 许多妇女并不要求妇女解放,这都是麻木。麻木就是处于情感的反面。他自己既不要求,你便怎样指点问题,

---

① 梁漱溟:《咱老百姓得练习着自己作主办事》,《乡村建设》1935年第4卷第16—17期。

② 薛建吾:《邹平民间文艺集》,台北茂育出版社1948年版,第1页。

乃至把解决问题的道路都告诉他,他只是不理会,简直全不中用!现在重要在怎样使妇女界感觉他们自身种种问题?①

由此次演讲我们能感受到,梁漱溟对当时女性"哀其不幸、怒其不争"的态度。1936年梁漱溟进一步将妇女解放问题归结为社会问题,是社会制度的结构性问题。在一篇谈论妇女问题的文章《对人类女性的认识》中他指出,那些歧视妇女的旧俗应该是乡村社会改造的方面。比如他认为妇女缠足不是妇女个人的问题,而是社会问题,是社会的责任。

例如中国妇女缠足,为求好看而残害自己身体,这就是由于知觉痛痒的错乱而来的,这是一种错误,但这错误,能让妇女个人负责吗?!不能,这是社会的责任。妇女缠足,不是妇女个人的错,而是社会的错。②

这不是否认"女性自觉"的重要性,而是对"女性自觉"社会层面的揭示,指出社会制度对女性的结构性不平等。在乡村建设的实践中,梁漱溟发现如果没有女性自觉,就很难改变这些弊风陋俗,比如在劝缠足的女性放足时,常常碰钉子,"我缠我的足,又没缠你的足"③,而当女性及女性家长自觉行

---

① 梁漱溟:《乡村建设理论》,载中国文化书院学术委员会编《梁漱溟全集》第1卷,山东人民出版社1992年版,第517页。
② 梁漱溟:《对于人类女性的认识》,载中国文化书院学术委员会编《梁漱溟全集》第5卷,山东人民出版社1992年版,第883页。
③ 成学炎整理:《梁漱溟先生谈山东乡村建设》,载山东省政协文史资料委员会、邹平县政协文史资料委员会编《梁漱溟与山东乡村建设》,山东人民出版社1991年版,第84页。

动的时候，旧俗改造就比较顺利。但从整体来看，移风易俗是乡村建设运动中最难有成效的地方，也证明了重视研究民俗、发动农民自觉对乡村建设的重要意义。

第二节 邹平乡村建设运动中的农民角色

本节结合个案，分析梁漱溟乡村建设运动中农民群体的社会分层和女性农民群体的民俗承担者角色，勾画乡村建设运动中农民自觉与不自觉的图景，分析乡村建设运动时期作为传统民俗文化主体承担者，农民在乡建运动中的参与和能动反映。

一 农民群体的社会分层

山东邹平乡村建设运动被后人诟病较多地方之一，就是认为乡村建设运动中的政治、经济资源依然掌控在地主和富农手里，社会分层依然延续，而贫农没有土地的问题并未被重视。[①]

如果按照社会分层理论把20世纪30年代邹平乡村的农民分成精英群体和非精英群体的话，那么，在梁漱溟乡村建设运动中，有以下几类精英群体。

一是乡学或村学中的学董、理事、学长等人。学董一般是指村中或乡中有办事能力的人，学长则是村中或乡中德高望重的人。

[①] 持这种观点的学者比较多，朱汉国：《梁漱溟乡村建设研究》，山西教育出版社1996年版；郑大华：《民国乡村建设运动》，社会科学文献出版社2000年版。

二是在各类合作社中担任理事或副理事者。这部分精英有时与学董是同一批人,互相兼任。

三是参加乡村建设研究院的服务训练部青年人才,是教员的主要力量。他们一般是世代居住在邹平乡村、曾经接受过初中教育水平、年龄在20—35岁的年轻人。

四是参加研究院壮丁训练者。一般是本村18—45岁的男性青壮年,从研究院接受训练后在村里组织男性青年参加自卫队训练。

五是其他精英,如村里私塾老师、医疗卫生等专业技术人员。

这些精英群体在邹平乡村建设运动中发挥着组织者、管理者、协调者和执行者的角色,也是梁漱溟乡村建设理念的实践主体。除精英群体之外的非精英群体主要指普通农民,他们也被纳入乡村建设运动体系中。

精英群体仍然是乡村民众中的少数,在发动过程中依靠精英群体,或者以精英群体作为乡村建设的组织者和带头人,从路线上不能算完全错误。但如果最后结果只是发动了精英群体的自觉性,而普通农民的自觉性没有被调动,即普通农民不动,就仍然做不到实现全体或大多数农民自觉。大多数农民的主体性无法呈现,乡村建设仍然存在明显问题。

1935年10月25日梁漱溟在研究院讲演时将乡村建设运动的状况总结为"两大难处",一是"高谈社会改造而依附政权";二是"号称乡村运动而乡村不动"。[①] 他指出在参加全国

---

① 梁漱溟:《我们的两大难处》,载中国文化书院学术委员会编《梁漱溟全集》第2卷,山东人民出版社1992年版,第573页。

性乡村工作讨论会的代表中,没有农民代表。乡村建设运动的主体应该是乡村的农民,但乡村不动,农民不动,这是乡村建设运动"与农民应合而合不来"的状况。梁漱溟进一步分析为何会出现这种情况:

> 我们是走上了一个站在政府一边来改造农民,而不是站在农民一边来改造政府的道路……这样,则我们与农民处于对立的地位;他们是被改造的,我们要改造他。譬如定县从贫、愚、弱、私四大病,而有所谓四大教育;很显然地贫、愚、弱、私是在农民身上,我们要用教育改造他。这怎能合而为一呢?……总之,从心理上根本合不来,所谓"号称乡村运动而乡村不动",就因为我们在性质上天然有和乡下人不能一致之处。这个问题最苦痛了![1]

梁漱溟分析"乡村运动而乡村不动"的原因,他指出,一方面是物质上无法满足农民的要求,比如无力减轻苛捐杂税的负担,无法分给农民土地等;另一方面也与农民存在心理上的隔阂,无法与农民进行发自内心的沟通。[2] 梁漱溟所说的与农民心理上的隔阂,主要是因为一方面乡村建设运动是站在改造农民的立场上,农民会有抵抗戒备心理;另一方面则是城市与乡村文化、精英群体与普通农民群体间存在难以逾越的巨大

---

[1] 梁漱溟:《乡村建设理论》,载中国文化书院学术委员会编《梁漱溟全集》第2卷,山东人民出版社1992年版,第581页。
[2] 梁漱溟:《乡村建设理论》,载中国文化书院学术委员会编《梁漱溟全集》第2卷,山东人民出版社1992年版,第583页。

差异，其中也包括对民众在精神信仰、民俗心理方面的鸿沟。

虽然梁漱溟在此处并未明确指出这种文化和阶层上的差异，但他已经感觉到文化心理区隔带来的无力。梁漱溟在乡村建设运动结束50年后的1986年接受邹平政协文史办访问时提道：

> 所说的"乡村不动"是指我们所做的事与老社会不同，要改，但是农民不是都了解的，如劝妇女放足，不愿接受劝告。早婚、迷信、赌博、贩卖毒品等弊风陋俗都要改，但农民接受很勉强，不受欢迎。[1]

也就是说，普通农民对乡村建设运动中文化深层的改造并没有自觉接受。这部分人群对乡村建设运动的态度是观望，他们是缺乏社会资本（如资金或土地等生产资料）的底层农民群体，也是乡村社会民俗文化的主体承担者。乡村建设，离不开他们的自觉自主。

二 女性农民群体的角色

以往的乡村建设研究和文献记载中很少涉及对女性农民群体的关注，但是，毫无疑问，作为承担家庭角色的广大女性农民，她们在乡村建设运动中依然是民俗文化的承担者。下面将从生产民俗、商贸民俗和生育民俗三个方面来分析女性农村在

---

[1] 成学炎整理：《梁漱溟先生谈山东乡村建设》，载山东省政协文史资料委员会、邹平县政协文史资料委员会编《梁漱溟与山东乡村建设》，山东人民出版社1991年版，第86页。

乡村建设运动中承担的民俗文化角色的变迁。

（一）生产民俗承担者

邹平乡村建设运动中，女性农民的名字很少出现在相关史料记载中，但并非她们就没有参与，而是以一种合作者或主内者的身份隐性参与。不论是美棉运销合作社，还是机织合作社，抑或是蚕业合作社、信用合作社，其合作社的入社原则都是以家户为单位，而非以个人为单位，因此不会出现一个家庭中两人入社的情况。社员名单上是男性，但女性却是许多生产生活民俗的实际承担者。

在梁邹美棉运销合作社中，最早一批会员是以邹平实验县区内各村乡农学校的优秀学员作表证农家，逐步在邹平其他乡村推广的。[①] 而根据当时的资料记载，邹平各乡农学校的学员大多是男性，女性很少，或只是旁听者而不是正式学员，因此，梁邹美棉运销合作社的社员基本是男性。同样，在机织合作社中，如前文所述，购买织机的家庭户自然地成为合作社社员，但从购机者的名单来看，明显以男性为主，而且往往是以家族为单位联合购机组成合作组，购买纺织物料（棉纱）和出售织好的布，都是由户主（通常是男性）来完成。又如在蚕业合作社中，崔家村参加蚕业合作社的有蚕户28户，蚕种59张（蚕种一张约出蚕蛾一钱），各庄蚕户按居处接近者分为一段，数目不必一定。崔家村三段，其三位段长均为男性。[②]

[①] 乔政安：《本院农场改良脱字美棉推广报告》，《乡村建设》1933年第4卷第10—11期。

[②] 三位段长分别是：崔守怀、崔金洞、赵文现。马资固、漆方如、孟晓阳、徐兴五、薛鸿涛：《特别区印台乡农学校工作报告》，《乡村建设》乡农学校专号，1932年第1卷第21—30期。

也就是说在各合作社的社员登记中,基本上为男性,他们参加社员会议、参与合作社各项事务的讨论以及家庭户与合作社有关事务的决策。孙镇辉里村一位老者回忆到,当时棉户与梁邹美棉运销合作社签订合同时,需要捺手印。去完成捺手印这个仪式性活动的都是年长的男性。

> 签上字,那时候没有章,就摁上手印。都是男老的去。那时候都重男轻女,女的没去的。①

但是,在合作社社员家庭户内部的具体劳作中,我们会发现另一番景象。

首先,在棉业合作社中,棉花种植方面,虽说是"男耕女织",但植棉是一项复杂的劳动,男性往往会承担耕地、选种、播种、打药等劳作,女性承担打叉、摘棉花、晒棉等劳作。棉花质量的好坏并不只是与选种播种有关,与棉花生长的各个环节都有关系。当时棉农送棉花到合作社,合作社的工作人员需要向棉农说明棉花分级的相关要求,包括种纯棉、分期收花、拣棉、晒干及其他。②虽然女性不是名单登记中的社员,但也是合作社社员家庭中的一分子,是以具体劳作者的合作身份参加。

其次,在机织合作社中,女性的贡献更加突出。邹平的传统纺织分工中,女性是主要承担者,从纺纱到织布的全部流程

---

① 笔者于2015年8月8日与辉里村村民LDZ的访谈资料。
② 巫茂材:《赴山东邹平梁部美棉运销合作社举行棉花分级之经过》,《乡村建设》1935年第4卷第19—21期合刊。

基本由女性完成，农村社会对女性农民也有纺织的高期待。在乡村建设运动期间的1936年，山东省立十二校师范女生在研究院受训期间下乡对448名农村妇女的访谈显示，有59.4%的人穿衣用布是自己织的，有11.8%的人是半买半织，只有28.5%的妇女穿衣用布不是自己织的。① 在机织合作社中，社员入社申请、社员大会等行政性工作都是男性参与，承担的具体工作主要是购机和售布两个环节，中间的生产环节主要由女性完成。

同样，在蚕业合作社中，男性主要承担领取蚕种、售卖蚕茧等，而女性承担着具体的桑叶摘选、切碎、喂蚕（包括夜间喂养）等日常工作，占用时间长、工作量大。还有一个值得注意的现象是，蚕业技术指导在乡农教育的课程中也有设计，但是听课者大多是男性农民，而具体负责喂养蚕的多是女性农民，因此，这些课程中的技术很难真正传达给喂蚕者，也不能起到很好的指导作用，加之传统的"男女授受不亲"观念，研究院的男教师也不方便到养蚕社员家中指导。这一点，乡建研究院的工作人员也意识到了。印台特区乡农学校的工作人员曾建议："若有女教师组成妇女部，多召成年妇女听讲，口授养蚕新法，当易收效，育蚕时，教师到各家指导，效力尤大。"②

邹平的农家生产分工模式是男耕女织，但实际情况则是农村妇女既要参加田间劳作生产，也要织布做饭和家务等。传统

---

① 张玉山：《邹平农家妇女访问的尝试——山东省立十二校师范女生下乡实习工作之一（续完）》，《乡村建设》1936年第6卷第8期。

② 尹明甫：《邹平印台乡农学校报告》，《乡村建设》1933年第2卷第21期。

上女性家务繁重，她们的日常生活状态是，"整年围着锅台转""磨台（抱着磨辊推磨）——锅台（刷锅做饭）——炕台（缝缝补补、抚养孩子）"① 这一点也与 30 年代全国其他地方的情况相似。如 1929—1933 年金陵大学农学院农业经济系对乡村人口的职业类别统计显示，被调查的 42615 名女性中 28.6%从事农业劳动，几乎全部女性承担家务劳动。② 也就是说，虽然在史书记载或文献中看不到女性的名字，但在实际的生产生活民俗中，女性都以合作者甚至主角的身份出现。

（二）商贸民俗承担者

20 世纪 30 年代的邹平乡村，已打破了完全自给自足的小农经济，出现了以小农经济为主、其他商业经济为辅的现象。女性成为商贸民俗承担者的身份有所显现，但依然是被代理的状况。

一是买入物品，男性充当女性的代理者身份。由于女性有着"大门不出二门不迈"的禁忌，平日赶集比较少，而且缠足的妇女行动也不方便，通常由丈夫或家中其他成年男性代为购买，如棉纱或纺织所用的物料等。

二是出售物品。杨庆堃在市集调查中也关注到卖者的性别差异。妇女是土布和手工布鞋等的直接生产者，也会直接参与交易活动。女性的售卖者主要集中在县城的城关市集上，其他市集上女性售卖者更少。这一点在田野调查访谈中有提及，被访者提到的都是父亲去集市上买或卖，而母亲基本都是在家内

---

① 山东省地方史志编纂委员会编：《山东省志·民俗志》，山东人民出版社1996 年版，第 105 页。

② 侯杨方：《中国人口史》（第六卷），复旦大学出版社 2002 年版，第 535 页。

的生产者。

在没有很大的土布市的集上,卖者全都是男人。但在土布和衣服市很大的时候,集上就有大批的卖者。这样卖者间的性别分配便成一可注意的现象。在城关集中,妇女的卖者占22.1%。在明家集则占39.7%。原来在中国的公共社会经济活动中,妇女是没有重要地位的。邹平县南的市县中有那么多的妇女参加,一部分的原因是,邹平社会的风俗对男女的界限并不持得很严肃。妇女因此可以应着社会经济的需要,去参加一切适当的活动。但除此之外,仍有一较基本的背景在这事实的后面。在城关集的280个妇女中,有130人是卖土布的,99人是卖手工造的布鞋的,51人是卖织布线和缝纫材料等物的。在明家集的322人,有296人是卖土布的,3人卖手工制的布鞋,23人卖其他零用品。在自给自足程度还高的情势中,交易活动并不很平凡和复杂。①

妇女参与市集活动较少,仅限于出售自己织的土布,或购买与织布相关的一些物品,如棉纱等。女性在孩童时期可能会随大人去赶集,但当妇女成家后,妻子却很少有机会随丈夫去远处赶集。施坚雅的研究反映了人们借助市集作为社会交往的手段②,这一点对女性来说并不适用,他的研究更多的是在男

---

① 杨庆堃:《邹平市集之研究》,硕士学位论文,燕京大学,1934年,第121页。
② [美]施坚雅:《中国农村的市场和社会结构》,史建云、徐秀丽译,中国社会科学出版社1998年版,第40页。

性视角下，并没有在性别视角下去关注。女性的社交场合大多在庙会而非集市。正如杨庆堃先生所说，妇女出售土布仍是作为家庭事务之一，没有被分化为专门的商业活动。妇女出售自己织的土布，她们往往选择附近一两个固定的市集去出售，是非流动的。但是卖洋布的不同，他们则是流动的、职业化的行为。①

从杨庆堃的调查可以看出，当时妇女织布的数量并不少，对当地的生产和消费产生了一定的影响，而且受到外来工业化的洋纱洋布侵入影响。妇女主要售卖的物品是土布、鞋子、衣服、鸡和鸡蛋，这些都是妇女自己生产制作或养殖的产品，还不是一种职业，是有季节性的，只是用来补贴家用。

> 市集上的卖鸡和鸭的，以及卖土布的多半是妇女，在散集后，她们的主要职业就是理家，赶集对于她们是如同养鸡织布一样，是家庭经济生活责任中的一部分。至于有铺子的摊子，则有集时就赶集做买卖，不逢集时也是做买卖。②

职业化与非职业化的主要区别在于：流动性与非流动性。这里的职业化，也不同于现在城市经商的职业化。大部分是家里还有耕地的。有铺子的则是职业的，散集后继续经营自己的

---

① "卖洋布的也是一种流动的商人。他们逢集期时就赶集。不赶集时就推着车子往各村庄发卖布匹。"杨庆堃：《邹平市集之研究》，硕士学位论文，燕京大学，1934年，第123页。

② 杨庆堃：《邹平市集之研究》，硕士学位论文，燕京大学，1934年，第127页。

铺子。

在杨庆堃所调查的十一个市集中，卖鸡和鸡蛋、织染线、土布的妇女占约9%，她们散集后仍以家务为主业。

这些女性卖主中，主要是卖自己织的自家用不完的土布和手工做的鞋等，这一点不同于欧美专业从事商业活动的妇女。"农村妇女之参加交易活动，是表示这种交易功能并未从家庭单位的经济生活分化出来。在欧美的都会中，有大量的女性人口参加交易活动，然而这些妇女已抛弃了她们的家庭任务，而专门投身于这种活动之中。这种活动已经完全地从家庭生活中分化出来，成为一种专门的事业。但邹平的妇女还是每日管孩子煮饭洗衣服推石磨织布做衣服等，千百纷繁。交易活动不过是这些事务之一种。"[1] 也就是说，邹平妇女参加集市售卖是没有专业化分工的，只是家务劳动的延伸。

（三）生育民俗承担者

在接受教育、风俗改良和医疗卫生改革中，她们往往作为被教育、被动员的对象而显性在线。梁漱溟在1936年山东省立十二校师范女生乡村服务训练处讲话时说："妇女问题，也是社会问题中或说是文化问题中的一个问题。它是跟着社会大改造、文化大转变的问题而来的……在社会上妇女的地位、妇女的生活有改善的必要。"[2]

兴办医疗卫生事业、促进民众身心健康也是邹平乡村建设运动的工作之一。1934年成立邹平县政建设实验区卫生院，

---

[1] 杨庆堃：《邹平市集之研究》，硕士学位论文，燕京大学，1934年，第122页。
[2] 梁漱溟：《我们在山东的工作》，载中国文化书院学术委员会编《梁漱溟全集》第5卷，山东人民出版社1992年版，第884页。

主要开展的工作是三方面：一是诊疗工作，包括免费门诊和住院治疗；二是卫生保健和疫病预防等工作，包括妇婴卫生保健、新法接生、传染病防治和预防接种等；三是培训卫生保健人才，举办卫生助理员训练班。

当时国家整体的医疗水平不高，婴幼儿死亡率和孕产妇死亡率居高不下，也是危及人口的一个重要因素。邹平也不例外，当时邹平沿用旧法接生，新生儿破伤风的很多，"如11乡一妇女7个孩子都得破伤风死了"[1]。因此，邹平实验县卫生院于1935年在首善乡成立妇婴保健会，随后各乡设立分会。妇婴保健会的干事中除专业的医院公共卫生护士和助产护士以外，还吸纳了当地热心妇产事业的妇女志愿者，负责本乡的妇婴卫生工作。妇婴保健会成立后，开办了新法接生训练班，并"对孕妇一一登记，叫她们及时通知我们派人去义务接生"[2]。2015年的调查中，也有民众回忆到新法接生的情况。"那时候，农村生小孩，很缺接生的。俺家里有个妇女生小孩难产了，最后请研究院来接生。"[3]

卫生院也一直在不断宣传新法接生及新生儿疾病预防等知识。但从被访者提供的信息来看，当时妇女和家庭对新法接生持观望状态，并不积极主动，只是在危急状况出现的时候才去请县卫生院的人来。"接生，它宣传啊！可是没有去的。那时

---

[1] 牛席卿：《我在邹平乡建期间所从事的卫生工作》，载山东省政协文史资料委员会、邹平县政协文史资料委员会编《梁漱溟与山东乡村建设》，山东人民出版社1991年版，第177页。

[2] 牛席卿：《我在邹平乡建期间所从事的卫生工作》，载山东省政协文史资料委员会、邹平县政协文史资料委员会编《梁漱溟与山东乡村建设》，山东人民出版社1991年版，第177页。

[3] 笔者于2015年8月6日与抱印村村民ZHW的访谈资料。

候,老百姓不大接受这个。不去。都是在家里。那些老女人接生。"① 当然,不论是积极主动还是犹豫观望,在生育风险这件事上,女性农民都是处在风口浪尖的弱势人群,她们在邹平实验县卫生医疗事业的发展中都是受益者。

无论是被代表而遭忽视还是被关照而受益,女性农民的角色都是被赋予的,是被动的。女性农民的自觉也只能在这个被赋予的角色空间范围内实现。笔者在此处以女性农民为例,并非认为男性农民就不受先赋角色空间的限制,只是因为女性农民的角色空间问题更突出。

第三节　后乡建时期的农民角色

新中国成立后,特别是改革开放以来,随着社会政治制度的稳定,经济制度的开放,与梁漱溟乡村建设运动时期相比,农民自觉意识有所增强,农民的身份角色有了更多转换的机会和空间。在传统行业领域,农民的角色转换也是民俗文化变迁的表现。本节以传统木匠行业和手工棉纺织行业为个案,分析在新中国成立后集体化时期和改革开放后农民角色的转换空间及农民的能动选择。

一　木匠行业农民角色

邹平的传统工匠有木匠、铁匠、小炉匠和瓦匠等。这些匠人们以农业生产为基础,兼业工匠。匠人通常掌握某门手艺,常常会被别人请去帮忙,所以一般匠人在当地乡村社会的地位

---

① 笔者于2015年8月7日与郭庄村村民WZS的访谈资料。

相对于普通农民来说比较高。那么，在不同历史时期，不同社会制度和经济制度下，从事传统工匠行业的农民是否会发生角色转换？邹平崔家村由于靠山，耕地少，村里的木匠较多。本节以崔家村的两位木匠为个案进行分析。

（一）CCY 个案

CCY，男，出生于 1952 年，邹平崔家村人，父亲是老木匠。1967 年，当时他 15 岁，从附近郎君村的完小毕业，成绩不错，考上了邹平县第一中学，但正好赶上"文化大革命"，就没有继续上学，回到生产队务农。1972 年，他 20 岁左右开始跟着父亲学木匠。1980 年以前，主要在生产队做木工。1980 年后，他经常被人请到附近村镇去做木工。1994—2004 年到邹平附近的淄博市周村区做木工。2004 年退休回家。CCY 有一个女儿和一个儿子，儿子曾经跟着学过木匠，后来改做装修。

CCY 之所以跟着父亲学木匠，是因为当时木匠相对于一般村民来说，社会地位较高，甚至胜过了当兵、当医生、进工厂等其他职业选择，尤其是在婚姻市场中有绝对优势。CCY 的父亲就是农业社时候生产队的老木匠，在生产队有较高的地位。

> 那个时候生产队里，有点手艺很了不起，有点手艺很好了，这当木匠好找媳妇。艺不压身，一说，当木匠，当兵的、当医生的、当工人的，她都不如找个当木匠的。农业社就在生产队里，离了这样的人不行。在生产队里也有建设、盖屋、盖仓房、盖猪栏，离了木匠不行。①

---

① 笔者于 2018 年 10 月 2 日与崔家村村民 CCY 的访谈资料。

CCY跟父亲一同为生产队做过一些生产用具，如洋锹、大耙之类。要说做木匠的好处，除了在生产队的地位比较高，还在于能通过做木工赚取一些别人无法得到的额外收入，尤其是在年节的时候，做一些老百姓日常使用的物件，比如蒸干粮用的箅梁、纺线的棉花纺车之类，可以比普通农民多挣一些日常开支用的钱。

> 到年底没有钱花，用个树枝子那么楔楔，做成箅梁，年前拿着去集上卖，卖了箅梁子，买点年货什么的。那个时候做了几个箅梁子，背着去赶集卖。早些时候在大锅里蒸干粮，用箅梁子。箅子底下有两根帐子，两头有抓手。那个时候卖几毛钱一个。①

CCY制作和销售手摇纺车的时间是在1974年前后。一辆纺车能卖3.5元，但在他所在的生产队做工，一个工折算现金才不足0.2元，后来虽然有所上涨，但也没有超过0.4元。制作一辆纺车只需要两天，做纺车的材料成本也不高，除了轱辘子必须使用榆木，其他部位只需要用一些不算很好的木材，所以做纺车利润不薄。靠制作售卖纺车这样的物件能改善过年时没钱置办年货的窘迫状况。

> 在生产队里一毛多钱一个工。到了后来，两毛钱，做到后来到了三毛多钱一个工，干一天活就是三毛来钱。7毛2一斤猪肉，国家牌价，谁也不许多卖，多卖不行。那

---

① 笔者于2018年10月2日与崔家村村民CCY的访谈资料。

时候物价就是稳定。那时候 7 毛 2 一斤猪肉，吃上顿饺子就很高兴。①

一般情况下，木匠也就只能在过年期间挣一点这样的额外收入，平常想要赚取这份"外快"并不容易，因为这种私自制作物件并售卖的行为在集体化生产中是不被允许的。尤其在种麦子这样的农忙时节管得更紧，木匠会被要求将制作工具交到生产队统一管理。哪怕是给家里的铁锹上个楔子这样的事情，也要到生产大队去弄，免得在家里弄出声响被发现。②

因为民众对木工有刚性需求，所以即使是当时被禁止私自做木工家具售卖，木匠在家私自做家具要担心被人举报，也还是会有人请木匠到家里去做一些物件。被请的木匠可以一天挣 1.5 元外加三顿饭食，这样的酬劳是在生产队劳动收入的很多倍，算是很可观的"零花钱"。只不过这样挣钱的好机会只能发生在冬季农闲的那几天，不会很多。

> 孩子有结婚的，做桌子、做椅子、做箱子，还能不用吗？那个时候冬天农闲，我和崔玉喜给人家娶媳妇的干一天，人家管三顿饭，一天挣一块五毛钱，就挺高兴。那个时候没有电刨子，都是手工，拉大锯。③

改革开放后，CCY 经常被人请去做木工，薪酬也不断上

---

① 笔者于 2018 年 10 月 2 日与崔家村村民 CCY 的访谈资料。
② 笔者于 2018 年 10 月 2 日与崔家村村民 CCY 的访谈资料。
③ 笔者于 2018 年 10 月 2 日与崔家村村民 CCY 的访谈资料。

涨。由20世纪70年代的日薪1.5元上涨到2.5元，外带三顿饭，而且更加自由。他经常被邹平其他乡镇的人请去做木工，范围逐渐扩大。社会对木工的需求已经悄然发生变化，除了桌、椅、箱子，盖屋、做门的也多了起来。制作售卖到市场上的木工制品也有了变化，不再是生产队时期很受欢迎的棉花纺车和在大锅里蒸干粮用的箅梁子，变成了制作豆腐的豆腐模子和架子。原来家家户户都需要自己纺线织布的情形已经逐渐消失，缺小麦等精细主粮时经常要蒸高粱馍或者地瓜干之类杂粮、干粮的生活方式也改变了。①

CCY明显感受到改革开放带来的好处，他甚至成了该村在20世纪80年代"最先富起来"的农户之一。1980年他买了自行车，整个村子当时也没几个人能买得起。20世纪90年代到21世纪的前10年，更可谓是木匠崔传一的"黄金时代"。他1994年到附近周村的一个家具工厂做工。他计算自己1995年收入能达到一万多元，而1995年全国职工的平均工资为5500元/年，② 山东省的职工平均工资为5145元/年。③ CCY的年收入远高于山东省乃至全国职工的平均工资。到2001年，他已经在周村给自己一家人盖了新房，新房里还添置1000元一把的水曲柳材质的、名为"富贵鱼"的联邦椅。④

---

① 笔者于2018年10月2日与崔家村村民CCY的访谈资料。
② 国家统计局社会统计司、劳动部综合计划司编：《中国劳动统计年鉴1996》，中国劳动出版社1996年版，第276页。
③ 国家统计局社会统计司、劳动部综合计划司编：《中国劳动统计年鉴1996》，中国劳动出版社1996年版，第355页。
④ CCY说椅子是2002年购买的，同样是在2002年，他的女儿出嫁，陪嫁也送了"全莲子木做的联邦椅"。而据统计，直到2004年，邹平农民的全年人均所得也只有4149元。另外，根据《中国劳动统计年鉴2003》，2002年山（转下页）

CCY 制作过纺车，帮人修过一些织布机，但没有制作过织布机。CCY 说他父亲做过很多纺车，主要是为青阳镇客户做的，青阳镇家家户户纺线、织布，但 CCY 并没有亲眼见过父亲做织布机。CCY 修的织布机多数是附近村民的，因为年代久了难免有些部件需要修理更换，织布机的一些部件很精细，修理的时候必须很小心。他认为，修织布机主要是给同村乡亲帮忙，不是为了挣钱，有时候甚至是主动帮人维修。

> 织布机我和人家修得不少不少的，修了好几回了。那几年，他们有织布织得不行了，给他们修修。那边镶那个柱她镶不上，我使个小锁给它修了修，得慢慢的，它都是一些槐木的，那个木头太老了，若干年了，你不慢慢地，就很容易给它弄坏了。①

不过，旧式织布机兴盛的时代毕竟过去了，使用织布机的人越来越少。CCY 说，很多人家把长期不用的旧织布机拆掉，一些部件当普通废柴烧了，或者把拆下来能用的木材改制成别的物件。CCY 就曾经有过帮人把一个旧织布机改成床的经历。之所以把织布机改成床，一方面是因为织布机用处不大了；另一方面也是因为缺少制作家具的好木材，而

（接上页）东农林牧渔业的平均劳动报酬是 8562 元，平均生活费是 1641 元。劳动报酬的资料来源：国家统计局社会统计司、劳动部综合计划司编：《中国劳动统计年鉴 2003》，中国劳动出版社 2003 年版，第 450 页。平均生活费的资料来源：国家统计局社会统计司、劳动部综合计划司编：《中国劳动统计年鉴 2003》，中国劳动出版社 2003 年版，第 456 页。

① 笔者于 2018 年 10 月 2 日与崔家村村民 CCY 的访谈资料。

旧式织布机的木材还主要是榆木和槐木之类的硬木材料，比较难得。①

从1994年到2004年的前后共11年，是CCY到附近的周村镇②从事商业性木工制作的阶段，作为流水线式生产家具的一个制作环节参与批量制作供市场售卖的家具，主要做各类椅子，如联邦椅、餐椅、麻将椅、躺椅等。令CCY记忆特别深刻的是周村工厂的工艺要求非常高，对产品质量的检查也非常严。比如制作一把椅子，做成后要放到一个专门平台上检查，只要任何一条椅腿稍微有一点点不能着地就会被扔掉。除了工艺上的挑战，CCY还见识了工业化流水线的生产方式，他只负责制作椅子的木结构，其他部分，如棉垫、雕刻等部位由别人负责制作完成。③

由于市场变化，传统的木工活计走向没落。在木工行业面临转型的情形下，当时已经52岁的CCY退休回家。

> 到2000年以后，农村盖屋就很少了。用不着了。檐枋也不做了，给他娶媳妇，桌椅也不时兴了，箱子也不时兴了，大橱都是去买，去家具店里买。④

---

① 笔者于2018年10月2日与崔家村村民CCY的访谈资料。
② 1925年3月1日，胶济铁路与津浦铁路开办货物联运，周村是其中15个车站之一。周村早在光绪三十年（1895年）已开辟商埠，是山东省的贸易中心之一。而且，在胶济铁路开通之后和津浦路筑成之前（1912年），周村是舟通小清河，车接胶济路的水陆交汇之地，邹平全县大部分货物都是由陆路向东南之周村运输，再由周村转运外地。吴炳乾：《"旱码头"周村的地名来历与兴起》，《中国地名》2010年第9期。
③ 笔者于2018年10月2日与崔家村村民CCY的访谈资料。
④ 笔者于2018年10月2日与崔家村村民CCY的访谈资料。

CCY 的女儿 2002 年出嫁，洗衣机、锁边机①、缝纫机、电视机等家电由男方买，嫁妆中包括全莲子木做的联邦椅，之所以选莲子木材料，是因为莲子有"恋子"的谐音，带有吉祥祝福的寓意。

> 给了她联邦椅，全莲子木的，联邦椅，一大两小的联邦椅，还带着茶几，那个时候全部是莲子木，莲子木做檐枋相当好，莲子，恋子、恋子。主要做椅子，有莲子木了。那个时候大兴莲子木，做联邦椅。为什么呢？那种木头木纹好，好看。②

CCY 的儿子 16 岁辍学，也跟着学了木匠，但现在做的不是父亲当年的活计，而是做装修工。CCY 对儿子从事装修的工作也挺满意。他认为，装修工一般在室内做事，可以不淋雨不吹风，天热有电风扇、空调，还有免费午餐，能被尊称为"师傅"，是技术活。③

从 CCY 个案来看，木匠行业在当地社会的地位较高。一是木匠在农业社时期的生产队是很重要的角色，不少农业生产器具的制作和维修都离不开木工。既有稳定的工分，又有额外的收入。农闲时候能获得一些额外收益，即便有时候需要"偷偷摸摸"地进行，木匠师傅的手艺还是有额外的价值。因

---

① 锁边机大概是邹平这边当时结婚家电中的特色。实际上并不是每家都需要使用锁边机，CCY 在访谈中也说"2003 年结的婚，要上锁边机了，锁边机她使不着"。

② 笔者于 2018 年 10 月 2 日与崔家村村民 CCY 的访谈资料。

③ 笔者于 2018 年 10 月 2 日与崔家村村民 CCY 的访谈资料。

为木匠制作售卖或者被顾客请到家里做的物件，都是为了满足老百姓实际生活需要。虽然额外收入不多，但相比其他除了靠出苦力挣工分没有额外收入来源的农民，日子会好过得多。二是木匠作为传统的行业，木匠技术具有唯一性和不可替代性，其社会地位高于一般的普通民众。在一段时期，木匠娶媳妇甚至会比医生、工人都还要有优势，也充分体现出木匠的地位是得到公认的。

CCY家木匠传承三代，但每一代人做的有关木工的工作内容都有变化。CCY当年跟着父亲学木匠，在生产队做了一些生产工具，如锹把、耙之类。但父亲做过很多织布机，CCY从来没做过，只帮别人修理过。CCY做了长达12年的椅子类家具，"联邦椅"是他从事商业制作后的重要作品，也是他儿子跟着他学手艺期间做的主要物件。作为承上启下的木匠崔传一经历了父亲那时"工匠"的阶段，也经历了批量化工业生产过程中作为家具制作之一环节的"标准化生产"阶段。CCY的儿子学会木工手艺之后，从事的主业也不是父亲当年的主要活计，而是做装修，在木工的实现方式、工艺手段和要求方面与之前有很多不同之处。用CCY的说法，儿子其实只学会了做"联邦椅"，并不会做其他家具。也就是说，如果按照传统木匠的要求，他的儿子并未出师，但这不影响他儿子从事装修这种"不孬"的工作。木匠是为人们实际生活需要服务的师傅。这样一家三代传承的木匠，手艺的本质特性一样，但工作内容发生了翻天覆地的变化。相应地，对他们的手艺要求也一定有所不同。传统行业在变迁中传承。

（二）CYH个案

CYH，男，出生于1946年，土改前家里有少量属于自家的土地，划分成分时被划归为"中农"。CYH 说自己家算得上书香门第，他的爷爷、大伯和父亲都是"文化人"，哥哥学习好，考上了师范学校，没毕业就去参军了。弟弟中学毕业后当了教师。CYH 不善读书，只是小学毕业。1967 年 CYH 与同村姑娘 LXZ 结婚。LXZ 是初中毕业，担任小学教师。育有两个女儿一个儿子。

1965 年，CYH19 岁时，父亲去世。不久后他开始跟着同村的李师傅学木匠。CYH 之所以学木匠，是因为在农村，木匠手艺算是一门技艺，比没有手艺的农民收入更高，也能得到更多尊敬。农村青年要么学木匠、瓦匠手艺，要么去当兵。CYH 本来想去当兵，但验兵时查出来是色盲，没通过，所以就打算学点手艺。CYH 算过一笔账，当时木匠等手艺人在生产队之外做事，每天能得到 1.5 元的收入，而在生产队做事，每天挣 10 工分才能换来 0.15—0.3 元的收入，可谓差异悬殊。

CYH 说自己当学徒的时候，已经没有了过去那些复杂的拜师仪式。CYH 应该属于学习能力不错、悟性较好的人。他说，学木匠一般需要三年的学徒期，学徒期满后，还要帮师傅干三年，才能自己单干。但 CYH 当学徒的那个时候"改进了"，他的学徒期只用了一年，一年后就可以自己做家具、卖家具了。其他同期学习的学徒并没能一年毕业，说明 CYH 是学得比较快的，所以后来他在村里木匠中也算是能力较强、影响较大的一位。[1]

CYH 当学徒工时没有工资。一年之后他出徒了，开始跟师傅一起做小板凳、椅子、小橱子等小型家具上周村赶集去

---

[1] 笔者于 2018 年 10 月 3 日与崔家村村民 CYH 的访谈资料。

卖。师傅会支付报酬给 CYH。师傅给他每天 1.5 元的工资，与前文提到的 CCY 说的去别人家干活给的薪酬一样。出徒之后一个月能挣 45 元工资（每天 1.5 元，按照每个月 30 天计算），这个数额不算少，因为他的师傅是五级工，当时每月的工资也仅有 75 元。①

在学徒手艺还没学到家的时候，容易犯一些错误。学木匠的学徒容易造成木材浪费。CYH 说，他做学徒的时候，师傅看到徒弟做坏了，浪费了师傅的木材，心里会不高兴，但不会像他听说的旧社会师傅对徒弟那样又打又骂。②

20 世纪 70 年代，CYH 自己开始带徒弟，也基本上只让他们在自己这里学，第一年不给工资，学徒浪费木材算是他的，但收入也是他的。

徒弟也是和我白帮忙，我的木头，就任他去糟，反正做成了家具去卖了，赚了钱是我的，也不给他开工资，这一年。明年就不来了，我就不叫他来了，叫他自己在家里做活。③

2004 年，CYH 58 岁时，不再做木工了。一方面是年纪大了，当时得了不太严重的脑血栓；另一方面是为了照顾外孙和孙女。④

CYH 当学徒的时候，师傅同时带了十来个徒弟，其中三

---

① 笔者于 2018 年 10 月 3 日与崔家村村民 CYH 的访谈资料。
② 笔者于 2018 年 10 月 3 日与崔家村村民 CYH 的访谈资料。
③ 笔者于 2018 年 10 月 3 日与崔家村村民 CYH 的访谈资料。
④ 笔者于 2018 年 10 月 3 日与崔家村村民 CYH 的访谈资料。

个本村的，其余是外村的。CYH自己当师傅后，总共带了七八个徒弟，其中四五个本村的。2018年访谈时，CYH自己带的徒弟都不做木工了，转行当司机、做装修等，收入也不低。至于徒弟们也都不做木工的原因，CYH认为，其一是现在做家具都用电动工具，不需要那么多人工了；其二是因为现在木材也少了；其三是现在住楼房，盖房已经用不着木工了。①

CYH并没有让子女们继承自己的木匠手艺。按照他的说法，如果儿子能读书"学文"，自己必然是支持的，但儿子初中毕业后就没考上高中，考大学的路就算断了。没考上高中的儿子去读职业中学，学了家电，CYH觉得并非学有所成，于是不顾其他人的反对让儿子去当兵"锻炼锻炼"。这也许跟他自己当年想去当兵因为色盲没当成的遗憾有关联，送儿子去参军算是帮他完成了这个愿望。可见，相对于读书、当兵的选择，做木匠并非崔玉瑚的理想职业。

但是，与CCY一样，CYH由于学了木匠手艺，在婚姻市场上也占有优势。小学毕业的CYH能娶到初中毕业的教师，与他是木匠，而且是个能干的木匠有很大关系。"好找媳妇"是手艺人的优势之一。

> 她1964年开始教学，她中学毕业以后就当了教师。那时候文化人少。中学毕业后，村里就叫她去教小学，那个时候在本村。在村里，后来去了邻村郎君村小学。在郎君村小学退休。那个时候，要是没有点手艺，不会瓦匠、不会木匠的，不好找媳妇。好不容易找上媳妇，找

---

① 笔者于2018年10月3日与崔家村村民CYH的访谈资料。

的媳妇年龄也大了。家里老人们不管男方女方,他都喜欢那孩子……你念不住书,当不上兵,考不上高中、考不上大学,你就学手艺,学手艺就好找媳妇,也能顾了生活。主要是能养家。①

除了娶媳妇比较容易,CYH认为手艺人的好处还在于能得到尊敬,因为手艺人总是能为大家帮忙做一些事。这种也是生产互助的另一种形式。通过"换工"形成互助合作的模式。

那个时候,说实在的,有了手艺的,人家还尊敬你。不但好找媳妇,这个村里的人还尊敬你,能和他帮忙。就是说比如他家有个男孩,大了,开始盖房子,咱就和他去干木匠活,盖起房子来,再和他做家具,做桌子、椅子。②

CYH提到,1959年前后在生产队时期自己干木工挣钱但需要给生产队交钱换工分。在外干木工这样的"业务"是需要经过生产队许可的,而且需要向生产队交回一部分钱折算工分,因为外出干木工耽误了生产队的劳动。折算的价格按照当年工分折算的价格,有的时候是0.15元可以换10个工分(据碑楼村LNX说,0.15元是最干旱的那一年的价格,应该是1961年前后,而收成好的时候最高是0.7元可以换10个工分)。其他经过生产队同意在外做事挣工资的人也同样要向生产队交

---

① 笔者于2018年10月3日与崔家村村民CYH的访谈资料。
② 笔者于2018年10月3日与崔家村村民CYH的访谈资料。

钱，包括代课教师。

> 那时候上工地上去干活，一天1块5，挣工分，再交钱向队里。向队里交上……我忘了交多少钱了，记10工分。代课老师也是，代课老师也是向队里交钱，给记上工分，交上多少钱。打个比方，你去挣这1块5毛钱，不能你自己花了，你得向村里交，要不不让你出去。那时候木匠、瓦匠随便自己出去打工还不行，不让，你得向村里交钱。那时候社员干一天记10工分，10工分价值两毛钱。①

CYH 是 20 世纪 60 年代农业集体化时期拜师学艺的典型个案。CYH 并没有举行传统的严格拜师仪式，但学徒期的学习是比较严格的。师傅承担着学徒工学习的风险，比如浪费木材等。学徒期结束后，师徒关系依然存在，但同时又有工作关系，师傅会支付他相应的报酬。

关于当学徒的时长，一般说法是三年出徒。但从 CYH 的个案中，我们能发现实际授徒过程会有变通。学徒期的长短不仅受技艺传授过程的制约，还会影响到徒弟和师傅的经济收益。旧时有徒弟学三年后还要继续为师傅工作三年，名为"谢师三年"的做法。或者，有的师傅会有意保留某些核心技艺不肯传授，担心"教会徒弟，饿死师傅"。但 CYH 的师傅允许他缩短学徒期，这可能跟他们之间是亲戚关系有关。CYH 后来与师傅的侄女结婚，这层关系就更近了。师徒关系较早变成合作关系，或许正是因为感受到这种良性关系的积极方面，

---

① 笔者于 2018 年 10 月 3 日与崔家村村民 CYH 的访谈资料。

后来CYH对自己的徒弟，也多是让他们一年就出徒。

CYH个案是对农业集体化时期传统行业变迁的回应。从该个案来看，农业集体化时期将副业纳入集体经济收入的一部分。副业组可以外出工作，挣取收入，成为生产队积极创收的渠道。所以外出工作的人需要按生产队的要求给生产队交钱换取工分。缴纳的钱数与生产队分配给大家的报酬一致。也就是说，生产队给社员按照10工分0.15元分配酬劳，那么手艺人就要按每外出工作一天向生产队缴纳0.15元的标准换取10工分。生产队通过这样的管理方式，使得这些手艺人能够走出生产队为社会服务的同时，还保证了生产队的有序管理，包括劳动力价值核算，生产队内部分配的统一有序等问题都得到一定的保证。

改革开放后，CYH并没有进工厂做工，仍然是在村里做木工。CYH当木匠依然受别人尊敬，但并没有带来多大的经济效益。CYH说，以前做木匠总是给各家帮忙，包产到户后，不干木匠的人都出去做工挣钱了，但被人请去做木工的却只是请客吃饭作为酬谢，因为那时候"不时兴"给工资。表面上看是很受人尊敬，但拿不到合理报酬的CYH心里不痛快，毕竟在改革开放后，大家都开始设法挣钱，CYH因为感受到某种程度上的"不公"，但又无力改变当时的状况，所以不愿意让孩子继续这条路。

八几年的时候。那时候分田到户了。家家帮忙，那个又不要人家钱，人家就是管顿饭。我家家户户帮忙，光混饭吃。那个时候做什么也不时兴给钱。帮帮忙。你去给人家帮忙，人家还能说你孬吗？

将CYH与CCY对比，可以从传统行业的角度回应美国学者谈到的邹平农民在家庭联产承包责任制之后身份变化的现象。木匠行业的行业规范、社会地位等在农业集体化时期和改革开放以后都发生了很大变化。CCY在家庭联产承包责任制实施之后，走出自己所在的村落，走出熟人圈，在其他村镇甚至是本县之外的劳动力市场，所以能获得市场上明码标价的酬劳，回应了美国学者赴邹平调研组成员史泰丽提到的邹平农民的非农业活动收入。

> 邹平县的农业家庭经济已经发展得越来越成熟了。这些农户再也不是单纯地种植谷物和棉花，或者养几头猪。如今，农民家庭收入中一个很大的部分来源于非农业活动，家庭中有的成员通过给附近的工厂或者商业企业工作挣到工资，或者农户家庭经营自己的商业或贸易。由于农村家庭经济正在变成一种越来越复杂的商业活动，现在邹平县的农民已不再是单纯的农民，也成为经济的管理者。这样的发展对家庭有好处，对中国宏观经济也有好处。①

史泰丽认为，非农收入已使农民不再是单纯的农民，而成为复杂的带有市场化的经济身份。美国学者迈克·奥克森伯格（Michel Oksenberg），也是美国赴邹平调研组成员之一，他先后6次到邹平进行考察。在1996年的调查期间，《走向世界》杂志记者采访奥克森伯格先生时，他也提到了邹平农民在改革

---

① 王兆成：《乡土中国的变迁：美国学者在山东邹平的社会研究》，山东人民出版社2008年版，"序"第12页。

开放之后身份的变化。他说：

> 中文的"农民"，在英语中有两种译法。一种是"Peasant"，这是过去马克思用的，毛泽东的关于农民和农村运动的文章，也是这种译法，还有一个是"Farmer"。这在英文里区别很大：Peasant 是指一个自给自足的、自然经济的农民。而 Farmer 则是要面对市场的，可以理解成他不是自力更生的，他要借助化肥、水利、电力等。所以，现在中国的农民，特别是东部的农民不能用 Peasant，他们是 Farmer。而这十年间，我观察到的邹平的农民，是由 Peasant 到 Farmer 的演变过程。[1]

而这种复杂的多重身份在不同个案身上有不同体现，也回应了奥克森伯格所说的演变过程。CCY 做木工的经济收入远高于农业的经济收入，他的生活方式也已经打破了传统农民家庭的生活方式。而比 CCY 大六岁的 CYH，在包产到户之后，并没有走出熟人社会的交往圈，而是延续了传统熟人社会的关系和方式，以互助的形式，用木工活计赢得了尊重，但在经济收入方面远不如 CCY。在传统社会中，由于物质条件普遍不富裕，"请吃饭"被视为一种酬谢方式。不仅仅是木匠，只要家里请了专业人士来帮忙，都会以"请吃饭"的方式酬谢。但到了 20 世纪 80 年代以后，经济市场占有较大份额，特别是对于农户家庭来说，非农收入已占很大比重。这种传统的酬谢方式如果只是尊重而不能给予应有的酬劳时，手艺人就会有些

---

[1] 纪涛：《奥克森伯格先生访谈》，《走向世界》1996 年第 5 期。

失落。由于是在熟人圈中，CYH没有直接拒绝用自己的手艺去帮助周围的人，但他最终选择了拒绝让自己的子女继续从事这项工作，这是一种无奈却"合理"的选择。

同样是传统木工手艺，因为农民手艺人个体所处生活环境的差别，被赋予的角色转换空间也会有一定差异。

二 棉纺织行业农民角色

男耕女织是邹平的传统社会劳动分工模式，掌握棉纺织手艺的女性农民，其社会角色是否会有跟男性一样的转换空间？下面结合邹平从事过棉纺织行业的普通女性农民个案进行对比分析。

（一）LXZ个案

LXZ，女，出生于1946年，邹平黄山崔家村人，娘家在西董镇象伏村。娘家有兄弟姐妹六人，她是唯一的女孩。上过三年学。当过娘家生产队的妇女队长。1971年25岁，于该年结婚。1974年，28岁的她生了第一个孩子。共育有两个女儿一个儿子。

LXZ的传统棉纺织手艺是偷跟着母亲学的。LXZ是娘家唯一的女儿，也是家里唯一能学织布的孩子。但是，她的母亲并没有一开始就教她学习织布，而是让她干其他劳作，比如照料孩子、去地里干农活、择菜等。母亲愿意把织布的技术传承给自己的儿媳妇，但不愿意传授给自己的女儿。她认为，女儿是要嫁人的，学了织布的技术就带走了，而儿媳妇是自家人，可以为自己家劳动。

> 我娘不叫我学，她说你上人家家看不起，我教媳妇

子,我不教闺女,媳妇子是我家的。我娘就这么说。我娘教我嫂子织。我趴在门口这么看,看着我嫂子织,断了线头,那个时候是线缯,我娘就把那个掏过去,把这个勾过来。我看了看,我就记住了。我记住了,她吃饭的时候,我就跑到屋里快织上点,织得断了头,以前的时候还不断头,我就弄断个线头,这么掏掏线缯,再勾过来,再接住。有的时候,接的时间不够用了,我娘就出来说我。好几次偷着偷着,我就学会了。①

从 LXZ 的讲述中,能感受到她是一个心灵手巧的农村妇女。大约 10 岁时,在母亲教授邻居做衣服纽襻的时候,她也偷偷学会了做纽襻。其他的手工艺如织布、剪纸、纳鞋垫等也都会,用她自己的话描述就是"什么也难不住我"。而且,她自己还特别愿意钻研,看到别人家的花床单,就自己琢磨花样的织法,尝试成功。她愿意挑战织布中的难点。而且,她织布的速度也很快,用自己纺的线织可以一天织完一床床单,大约 1.2 丈。用现在买的机织线,可以一天织出两床床单。

LXZ 16 岁的时候,正值自然灾害困难时期,家里共有 13 口人。全家人的穿衣穿鞋主要是她做。过年的时候小孩每人一身新衣服,大人视情况而定。一般是男孩子穿蓝色的,女孩子穿带红色的。粗线布主要用于被子里、床单或棉衣里子等。LXZ 结婚后还包揽了娘家弟弟、弟媳们每年的衣服,常常带着孩子回娘家给娘家人做衣服。"什么样的衣裳我也做了,那种大氅、棉袄、棉大氅、西服裤子、国防服,都做了。我

---

① 笔者于 2018 年 10 月 4 日与崔家村村民 LXZ 的访谈资料。

就是剪。"①

传统手工纺织中的牵机是一项技术性要求比较高的工序。民间一般所谓"会织布"的人,往往并不掌握织布的全部工序,掌握牵机、刷机这类难度较高的工序被尊称为"机匠"或"匠人"。牵机是指将织布所用的线牵引在一起,根据织机的宽窄和长度两头固定,搭配线的花色;刷机是指将牵好的线梳理均匀,缠绕在柽子上,然后穿杼在织布机上。

被称为机匠的人,一般情况下一个村庄只有二三人。这些机匠常常会被需要织布的人请去帮忙,但一般没有劳务报酬,而只是以请吃饭或送小礼物的形式答谢。在农户家庭中,牵机和刷机之外的其他工序主要由女性家庭成员完成,不再另雇他人。

笔者在访谈其他人的时候,大家比较一致的说法通常是老年非常有经验的人才会"牵机"。但是,LXZ 在十多岁就学会了牵机。她用心观察别人牵机时的动作,甚至是边照顾弟弟边学牵机,靠自己的悟性和勤快学会了牵机。刚开始母亲并不相信她能牵机,担心她弄坏。后来她自己用实力证明了自己的能干。学会之后,她经常给村里织布的人帮忙,并且非常乐意,在这里感受到了成就感。

> 牵机,我看她牵机的时候,楔橛子干什么的,我就挺愿意学,叫我看孩子,我也在旁边看着怎么弄。后来上去咱就牵机,我就自己脑袋里挺清楚,知道干怎么弄。以后我就给她牵。刷机,人不够,叫我拿上柱,有劲。上柱

---

① 笔者于 2018 年 10 月 4 日与崔家村村民 LXZ 的访谈资料。

刷，还挺好弄，下柱，卖力气。拿下柱拿不下来。我眼睛好，那时候年轻，我就拾掇。我挺熟悉那一套。①

LXZ 在生产队劳作的时候就帮着生产队里农闲时织布的人刷机，结婚之后经常帮村里的或邻村人刷机。作为掌握织布全套技术的机匠，也被称为地方女能人，其子女会为此感到自豪和荣耀。LXZ 的大女儿崔群燕说起自己母亲的手艺时流露出发自内心的自豪。

（刷机）这一方面都去找我娘帮忙，这村里全找我娘，不管谁家，刷机、织布少不了我娘。她是最明白的了。她和那些有年纪的开始拾掇布什么的。都是互相帮忙，都是邻居，你看，谁家有事了，到那一天的时候，我定好了日子，到那一天你和我去帮帮忙刷机。②

机匠身份的出现打破了原来女性织布只是家内活动的局限，机匠的流动也是女性在农业生活中社会化的体现，为女性获得他人尊重、实现自身价值提供了角色转换空间。但与传统以男性为主体的木匠、瓦匠等相比，"机匠"为女性带来的角色转换空间仍然非常有限。比如同样是用传统手工艺为村民服务只能被招待吃饭而没有报酬，男性农民木匠 CYH 因为挣不到钱而感觉失落，58 岁就不再干了，也不让儿子传承手艺；而女性农民"机匠"LXZ 感觉很乐意，似乎实现了自身价值，

---

① 笔者于 2018 年 10 月 4 日与崔家村村民 LXZ 的访谈资料。
② 笔者于 2018 年 10 月 4 日与崔家村村民 LXZ 的访谈资料。

连她女儿也为此感到自豪和骄傲，这与女性长期缺乏角色转换空间有关。

（二）LJ 个案

LJ，女，出生于 1970 年，邹平码头镇李坡村人，于 1989 年通过招工考试进入码头镇李坡村毛巾厂成为纺织女工，一直到 2008 年毛巾厂关闭，中间因生育停过一年。

1988 年建厂之初，村里的毛巾厂招工，初中毕业生到码头镇的某学校参加文化课考试，考试合格者被招进工厂。[①] 第一批有 30 多人。这 30 多人中有 20 位左右是女性。LJ 就是其中之一。村里出资将这 30 多位年轻人送到魏桥棉纺厂去学习技术。半年后学成回到毛巾厂，毛巾厂开始生产。

1989 年，LJ 刚进本村毛巾厂时，虽然一个月的工资还不足一百元，但 LJ 觉得已经算是比较高的工资。她把工资收入都交给了父母，并不清楚家里的支出明细。父母在家种地，主要种小麦，也有少量棉花和玉米。土地上的收获，交完公粮，留下全家人的口粮，也就剩不了多少。每年种地的家庭收入连两千元都达不到，根本见不到通过种地获得的钱款，也没有其他收入。LJ 每月将近一百元的工资对家里来说非常重要，几乎成了家庭的主要收入来源。当时年轻人都很愿意到厂里工作，除了工资可观，还在于厂里主要是年轻人。LJ 在这个毛巾厂工作的时间很长，除了中间因为生孩子停止过，其他时间一直在这家企业工作，从工厂建厂一直工作到工厂被别人承包之后的几年。工资也从最开始（1989 年）的每月不到一百元变成了后来（2007 年前后）的七八百元、上千元。

---

① 笔者于 2021 年 7 月 19 日与李坡村村民 LJ 的访谈资料。

村级棉纺厂也会为职工提供力所能及的福利待遇。比如冯家村和李坡村的棉纺厂都为来自外村的职工提供宿舍。本村职工基本是回家住宿。同时，棉纺厂也为所有职工提供工作餐。劳保用品可算是纺织行业必备待遇，所有棉纺厂都会为职工提供劳保用品。包括有工作服、手套、围裙、洗衣粉等。但不同性质的企业，福利待遇各有差别。即使同为村办企业，离城远近不同，其福利待遇也不同。离城远的冯家村纺织厂会在农忙的时候给职工放忙假，工厂直接停产，但没有给职工上保险；而靠近城区的东关村棉纺厂，从职工进厂之初就给予了比较正规的保障，有保险，有每月两天的休息日，有产假工资等。

20世纪80年代研究邹平的美国学者魏昂德曾对当年棉纺厂的性质和福利政策作过描述，指出1988年县棉纺厂是当地唯一一家解决职工编制和福利待遇问题的国营企业。但是，魏昂德的论文中并未提及女性及职工性别的问题。

在全县约30万人的成年人口中，整个工业基地在1988年仅雇用了13121人。这些工人中有许多来自经营私人企业或仍从事农业的家庭。这一点是在1988年该县6月小麦收割期间进行的一次研究访问中观察到的。在收割期间，我参观了该县约三分之一的企业。除一家企业外，所有其他企业被关闭或在处于半关停状态，以允许工人帮助他们的家人收割庄稼。邹平县唯一一家仍在营业的企业，即邹平县棉纺织厂，也是该县唯一具有与城市单位同样特征的企业，其3186名员工中有很大一部分生活在工厂大楼内并享有宽泛的福利。1988年，其余46家县级企业的10000名员工像大多数中国乡镇居民一样居住在自家的房子里并且没什么福利。只有在这个纺织厂，能够为职工提供非盈利的（nonfinancial interests）福利待遇，与大多数城市企业相似。①

魏昂德所指的"宽泛的福利"（extensive benefits）是指包括工资、带薪假期、住房、医疗、教育、养老等在内的福利制度。县棉纺厂的职工享有相对完备的福利内容，保障了职工的工作和生活，也大大提高了职工的社会地位。福利和社会保障最为完善的县棉纺厂和第一油棉厂的正式职工都是非农业户口，而村镇级的棉纺厂职工基本都是农业户口，得不到类似的社会保障待遇。

在职业晋升和培训机会方面，李坡村毛巾厂在建厂初期，开工前半年先招工和开始进行人员培训。招工考试通过的人员到魏桥毛巾厂参加为期半年的培训。参加者是从村里选拔的人员，费用由村集体出。其中女工占一半多，有挡车工、整经工等工种。②

从职业晋升来说，纺织女工的晋升空间比较小，通常可以晋升为班长、副班长、操作员、车间主任，很难进入厂部的管理层。一位在魏棉纺织厂工作过17年的35岁纺织女工，曾在魏棉换过岗位，月收入4000元左右，属于普通岗位的纺织女工。因为纺织技术提升，投梭机已改成无梭机，女工在车间的劳动强度增大（相当于平均每天需要跑30公里），自感体力

---

① Andrew G. Walder, "The County Government as an Industrial Corporation", in Andrew Walder（eds.）, *Zouping in Transition: The Process of Reform in Rural North China*, Cambridge Mass: Harvard University Press, 1998, p. 72.
② "免费培训"的意思是工人不用交培训费。

不支，所以计划申请换岗。

多位在纺织厂从事过管理工作的被访谈人认为，大概是在1980年前后，纺织厂女工的劳动报酬高于其他行业女性的工资，甚至高于大部分行业同龄男性的工资。因此，进纺织厂成了当时很多人的追求。纺织女工在择偶上也有优势。一般有三种情况，第一种是纺织厂内找对象；第二种是找党政机关或事业单位的工作人员；第三种是其他企业的职工。当时党政行政事业等单位工作人员工资低于同等级别棉纺厂职工的工资，所以这些部门的工作人员也很愿意找棉纺厂工人作为配偶。

> 这个棉纺厂工作的人，找对象好找，那时候女的多，那时候女的得占百分之八九十。双职工的很多，一般内部找。我们那时候双职工还有双职工房子，和单职工还不一样呢。双职工有不一样待遇。棉纺厂里的女工，不是双职工的就找外面一般各局的，公安局、事业单位，哪里都有，都沾光了。棉纺厂的工资比事业单位高。①

纺织行业属于以女性居多的劳动密集型企业。新中国成立后，纺织女工的地位有所改变。特别是在20世纪计划经济时期，邹平县域蓬勃发展的纺织业内，纺织女工的社会地位明显提高，相对完备的社会保障，让女工以社会劳动者的身份确立了其在劳动力市场和家庭、社会中的地位，也成为择偶的首选。她们依靠自己的劳动获取经济上的独立，也得到了社会各方更多认可。

---

① 笔者于2021年7月21日与原邹平县棉纺厂职工LYZ的访谈资料。

从 LXZ 和 LJ 的个案来看，在棉纺织的传统行业中，她们的个案都有代表性，是两条不同的发展路线，但又在一定程度上有可共同讨论的问题。

一方面是女性发展的自主性。两人的经历中都有一部分是角色的自主性。LXZ 自主学习和传承棉纺织技艺，LJ 自主学习工业纺织的技术，并传承。但另一方面是女性自主性被压制。比如 LXZ 想参与村集体事务，但遭到丈夫和公公这样来自男性力量的传统观念的反对。传统的民俗观念中认为应该"男主外女主内"，对 LXZ 参政议政则是一种民俗文化的樊篱。LJ 则不得不受到乡镇企业整体发展的影响，被迫中断对棉纺技艺的传承。

我们再从女性农民身份角色转换的角度分析。在看到 20 世纪 80 年代邹平女性农民在家庭经济和乡村经济中的贡献越来越大时，黄树民认为，"冯家村妇女承担的角色地位已经成为新的家庭耕作模式中不可缺少的部分。年轻妇女在工厂工作也将增加自我意识和自主。因此，我们在冯家村看到的这些不是一个简单的回归，也不是一个马克思主义毛泽东思想的新生事物，而是两者兼而有之"。[1] 任柯安对此也有关注，"我对 1988—1990 年邹平妇女是处于从属还是解放的政治意义和认识论上的可能性之间都很矛盾。因为我在邹平看到了女性主张自己权力的案例"。[2] 但美国学者更多注重从家庭结构和家庭发展的角度来分析女性在农业生产中发挥的作用和农业女性化

---

[1] Huangshumin & Stewart Odend'hal, "Feingjia: A Village in Transition", Andrew G. Walder ed, *Zouping in Transition: The Process of Reform in Rural North China*, Cambridge, MA: Harvard University Press, 1998, p. 114.

[2] Andrew B. Kipnis, *Producing Guanxi: Sentiment, Self, and Subculture in a North China Village*, Durham and London: Duke University Press, 1997, p. 78.

现象,是在宏观的国家经济政治改革的大体系中考察妇女的参与,而不是从微观的妇女自身的体验和感受角度考察。

LJ在毛巾厂工作,收入高于家庭的农业收入,有了很高的家庭地位。因此她结婚时的嫁妆也是中上水平的。但同时,由于传统的男外女内的分工模式和从夫居的居住模式都影响着李静在家庭中的决策权。

同时,邹平乡镇在20世纪80年代前后,从农业向工业化转型过程中,大量企业的建立和发展发挥了重要作用。明集镇是中小企业集中的地区,比较有代表性。正是这些中小企业,为村民离开土地耕作走进工厂提供了可能性和便利。"家附近的工厂"让邹平农民有了一种就地转型的优势,不至于像西部省份的农民需要背井离乡。相对而言,背井离乡的打工者似乎更难实现身份的转变,虽然远离了土地,但对土地和故土的牵挂让他们始终不会忘记自己的农民身份,而经济的窘迫和"外来者"的身份又让他们始终无法融入异地的城市环境。但"就地转型"的邹平农民不一样,在本村本镇的工厂做工,会有一种天然的优越感,"融入"对他们来说不成为问题,年轻一代在工厂的工作和在城里购"楼房"之后,俨然已经与农民身份失去了关联。

美国学者任柯安对邹平的研究中,认为邹平展现了一个中国城市化"起调节作用(intermediate)的案例",走了一种不同于西方资本主义城市化,但又不是完全孤立的,而是一种中间化道路。① 他认为,邹平的在地城市化"模糊了农村与城市

---

① [澳]任柯安:《位于中间的城市化——一个快速扩张和工业化的县城依稀可见的乡土痕迹》,白美妃译,《民族学刊》2016年第2期。

之区分以及农业与工业之区分的生活"①。在任柯安的研究中，还描述了不同的身份转换方式，比如有些稍微远离城市的农村地区，年老的农民仍然在家里耕种，年轻一代的子女却居住在城市，有时会回村帮助父母种地。② 前文提到的明集镇WHY个案也正是这样一个在地城市化的代表，或者说在家门口的工厂上班，其身份已经由农业生产的劳动者变成了非农就业的劳动者，呈现出了这样一个隐形的、渐变的过程，这个过程带来的结果是自然的，比较不会造成大城市近郊"失地农民"的那种失落感和危机。

不过，虽然今天看来，集体化和改革开放前后女性农民的角色转换空间仍然是受限的，但相对于新中国成立之前，女性的角色空间显然扩大了。毕竟，工分制的实施将农民妻子参与农业生产劳作的贡献以工分的价值可视化，在一定程度上以经济形式体现了妇女的贡献与价值，这是新中国成立后在鼓励女性走出家门参加社会劳动的突破。而改革开放为女性进入企业和从事多种身份角色的转换，提供了更多可能性和更大程度的空间拓展。

（三）LYH个案

当我们将个案LXZ与另一位女性农民个案LYH进行对比，就会发现，手艺为女性带来的这种角色空间有其多元化表现。

LYH，女，1935年生。邹平黄山崔家村人，娘家在邹平

---

① ［澳］任柯安:《位于中间的城市化——一个快速扩张和工业化的县城依稀可见的乡土痕迹》，白美妃译，《民族学刊》2016年第2期。

② ［澳］任柯安:《位于中间的城市化——一个快速扩张和工业化的县城依稀可见的乡土痕迹》，白美妃译，《民族学刊》2016年第2期。

西董镇。家中兄弟姐妹五人,一个哥哥、两个姐姐和一个妹妹。LYH未上过学,不识字。婚后育有三个儿子、一个女儿,曾被崔家村评为"好儿媳"。

谈到纺线织布,LYH表示自己不会织布,而且自己的母亲就不会织布。在她记忆中,她娘家所在的西董都很少有人织布。这一点与笔者调查的不一致。在西董的调查中,很多女性是自己纺线织布。可能是LYH家中母亲和母亲的母亲都不会织布,所以纺线织布在她的成长记忆中并不常见。

LYH在娘家的时候,由于母亲不会织布,家里人都省吃俭用,大人小孩都穿带补丁的破烂衣裳;或者找别人代布来做衣服,也就是别人帮忙,织好的布送给她家,不用给钱,她家会在其他方面帮助对方。

> 就跟着人家带上一丈布,然后做衣服。就是跟着人家带上一丈。我母亲她不会织机。早些时候,我姥姥那边不时兴织机。来了这里,就是跟着人家带上一丈、两丈的布,给我们这些小孩子们做点衣服。大人也是穿那样的破烂衣裳,都是些破烂衣裳,都是补丁衣裳。不会织机。①

LYH婚后到了崔家村,曾跟着婆婆的母亲学习过织布,曾尝试做过穿梭的工作,但是并未掌握织布技术。她学纺线时,纺出的线非常粗糙,只能用来做纬线,而一位婶婶纺的线很细腻,可以做经线。

LYH的婆婆会织布,LYH丈夫的姐姐也会织布。所以,

---

① 笔者于2018年10月3日与崔家村村民LYH的访谈资料。

结婚后，丈夫的姐姐经常帮助 LYH 给孩子们做衣服。对此 LYH 很感激，觉得自己非常幸运。LYH 的婆婆勤劳能干，在集体化时期，LYH 参加生产队的生产劳动，婆婆则在家中负责做饭、照顾孩子，婆媳关系和睦。婆婆在世时，家里的纺纱织布和家务大多是婆婆在干，她和孩子们也不会穿得太差。她的婆婆七十多岁时去世，当时生产队已经解散，包产到户，LYH 以农业生产为主，家务活都是凑合着。

> 我婆婆那么能，我也不会，我闺女也不会。我就上坡。那个时候在生产队里，我刚结婚以后，正好在生产队里干活。我婆婆看孩子，做饭，给孙子、孙女们做衣服。我什么事也不管。我挺清心，我就摊了一个好婆婆。我就是不会做。我婆婆七十多岁去世的，那个时候生产队已经解散了。我还是不会。①

LYH 的婆婆去世后，家里的穿衣用布主要依靠亲戚和邻居的帮助。丈夫的姐姐、邻居们会赠送她一些布。LYH 说，当时衣服都穿得很破旧，衣服上有很多补丁。如果别人赠送两丈布，自己是不舍得用的，要留给孩子用。不会织布的人没有办法，就只能穿得差一点。而会织布的人一有空闲时间就会去织布。

LYH 在 2018 年被村里评为"好媳妇"，邻居对她的评价是：老实，干体力活卖力。

---

① 笔者于 2018 年 10 月 3 日与崔家村村民 LYH 的访谈资料。

> 我们那个奶奶说话行事都挺好。她就是身体好，能干了。我这个婶子娘家人说话挺老实，不会做什么活。跟了我这个叔叔，我这个奶奶人家挺能干，什么事不用她操心，不用她管，我这个婶子挺老实。我们孩子的衣服都是孩子奶奶给做。人家也织布，也给孩子们做衣服，做鞋什么，她不会做，我婶子不会。她娘不会，她就学不会。

LYH是一个在传统纺织生产盛行的村落里不会纺纱织布的个案。在她的家庭中，"布"是一个"消费"的概念，而不是"生产"概念。LYH与织布的关系，嵌入了集体化前后，虽然在她身上，手工织布不是一种生产性劳动，而是满足消费的需求，但其在家庭关系的维系以及社会交往方面的功能依然存在。LYH丈夫的姐姐以及邻居、朋友等为LYH一家解决穿衣的困难，而LYH用自己的其他体力劳动和真诚维系了亲属和亲邻之间的互助关系。

对比LXZ和LYH两个女性农民个案，会发现传统织布手艺虽然在农村生活中非常重要，因为它涉及每个人的穿衣问题，是必不可少的，但掌握这项技术和不掌握这项技术并不会对女性农民带来身份地位上的很大差别。即使是掌握全套技术的"机匠"，也不过是能得到一些被招待吃饭的机会和赞扬；不掌握这项技术的女性农民，从集体获得的"好媳妇"称号，在集体化时期可能更被看重。

进而分析，纺线织布这种传统手艺，在农业集体化前后对个人和家庭也呈现出不同的意义。

集体化之前，家庭纺织既是家务劳动，也是家庭生产。那时妇女纺织劳动的功能是多重的，兼具实用的生存功能和社会交换及经济功能，一部分是满足家庭成员的需要，另有剩余，则是作为社会交往的礼物或作为产品出售，补贴家庭经济需求。所以，当时的纺织被称为一种家庭副业。但在集体化之后，由于生产原料受限，加之劳动时间和劳动力受限，纺织生产只保留了满足家庭成员生理需求的基本功能，而其社会交往功能和家庭经济功能则难以明确体现。从劳动价值层面来说，手工棉纺织成为只在家中生产和只为家人生产的单一家务劳作。女性会在访谈中明显将集体化时期个人的事项与集体事项分开，特意强调织布是自己的活计，与集体的劳作不一样，而且主要在农闲的时候才织布。

> 农业社那时候村子里也没有专门织布给记工分的，都是自己织来自己家里用。各人织了自己家里穿、自己家里用。我没有出去卖布。都是自己家里用了。自己家用了。孩子们多，那个时候又没有钱买，就是穿布子的，都那样用了。①

这种"个人"与"集体"概念的明晰，不是简单的词语区分，而是在集体经济被强化的语境中，家庭妇女对"公"与"私"的认真区分。这种区分会让人想起梁漱溟当年对"团体"与"个人"关系的思考（详见本书第二章第一节）。在乡村建设运动时期，农民过于散漫，所以梁漱溟着力培养团体精神，打造乡村组织，希望能在乡村造就集体化的生产生活协作，形成他所期望的"团体生活"，但始终是"乡村不动"

---

① 笔者于 2018 年 10 月 1 日与高青县花沟镇郭坊村村民 ZLY 的访谈资料。

"农民不动"，令梁漱溟倍感失望。

到农业集体化时期，农民在集体化中获得的不仅仅是劳动报酬，还具有一种社会认同。在梁漱溟时期排斥集体的他们，这时候转变到到对集体化的认同。这个转变，既有思想政治工作的成果，制度规定和潮流趋势对个人的"塑造"，也有农户自身对集体认识的变化，对内外有别的认识。女性对"公"与"私"的认识，虽然从表面看是家庭妇女自主性或主体性的隐退，但实则是其主体性或自觉意识的萌发，她们在集体劳动生产中获得的那种共同轻松与愉悦，或者在劳动间隙与同伴精神交流的时间与空间，这些都是在个体经济中缺失的。

集体化时期，手工棉纺织在生产资料、生产力、劳动时间、劳动技术等方面都发生了变化，由可见的劳动生产逐渐变为不可见的家务劳作，隐退在家庭内部，其生产资料及生产力、生产技术等问题的解决都在家庭内部解决，成为与当时的集体化劳动相对立的非集体化家内纺织劳作。传统手工棉纺织手艺给女性农民带来的角色空间，仅仅是作为一种家庭消费和社会关系维护的意义。

小 结

农民自觉是梁漱溟乡村建设运动理论的核心点之一，在乡村建设运动的实践中通过民众教育、乡村经济合作等方式来启发或推动农民自觉，但由于城乡文化、精英文化与下层民众文化之间的差异等，造成"乡村运动而乡村不动"的两难境地。

在新中国农业集体化时期和改革开放时期，农民拥有了土地，特别是家庭联产承包责任制实施之后，农民的生产积极性大大提高。随着市场经济的发展和工作机会的多元化，民众的生活空间逐渐扩大，社会分层的生活民俗和性别民俗也随之变化。男女两性都在社会空间中变换身份，借助企业发展和教育等渠道获得身份地位，或者在传统的生活民俗中平衡家庭和社会双角色。特别是在改革开放以后，女性在家庭、社会、国家、市场中通过角色转换，寻求其在角色转换背后的文化恒定性与自我价值构建。

梁漱溟想要通过乡村组织带领民众"向上学好求进步"。而最后他认为自己没能发动农民"乡村运动而乡村不动"，但这并不意味着农民不希望"向上学好求进步"。从底层农民个体的表现来看，不同时期的农民，都在以各种方式转换自己的角色，努力向上。但对农民而言，他们努力向上转换角色身份的空间并不确定。农民角色的转换不仅仅由他们个人所决定，还与家庭和社会的影响有直接关联。

结　　论

本书以 20 世纪 30 年代山东邹平乡村建设运动为研究对象，从民俗学的视角切入，运用民俗学和社会学交叉研究的理论与方法，阐释乡村建设运动与地方民俗文化之间的关联。

梁漱溟的乡村建设是以民族自救和文化复兴为目的的乡村建设。梁漱溟选择邹平作为乡村建设研究院的院址，是将自己的乡村建设理论与邹平的自然环境和社会环境相结合来考量的。从民俗传承来看，邹平的村落互助民俗、棉纺业生产民俗和性别民俗都在一定程度上具有与山东乃至全国其他地方不同的特点，它能代表中国的普遍性，又有便于实验的特殊性，是梁漱溟对"乡村"和"乡村建设"概念的实践，符合梁漱溟乡村建设理论中将乡村建设作为社会建设和国家民族复兴道路的原理。

民众教育是邹平乡村建设运动的核心内容，也是他改造社会理论的实践之一。梁漱溟乡村建设理论中的民众教育是基于儒家教化思想和民间的乡约制度发展起来的，其教育的组织形式、内容和方式都带有明显的民俗特征。梁漱溟乡村建设中的民众教育是一场社会化的全民教育，把乡村所有民众都作为乡村建设的一分子，教育的内容不仅仅是识字与知识的传播，更重要的是对民众精神的引领，借助民俗的力量通过指导、劝导等教育手段来实施对乡村的提升。梁漱溟动员知识分子"要下乡间去"，这与20世纪二三十年代的民间文学运动"到民间去"有着异曲同工之处，终极目标都是知识分子关心国家命运之时，挖掘民间文化的力量，从而改革社会。

乡村经济是梁漱溟乡村建设运动中乡村自治的入口，乡村经济合作是他改造社会理论的实践之二。山东邹平乡村建设运动中的经济合作是在民间互助的基础上，通过建立各类合作社，实践梁漱溟社会改造理论的举措。这也是邹平乡村建设与其他实验区乡村建设不同的地方。20世纪50年代农业集体化时期提倡的互助合作，是在民间互助的基础上发生，但又有超越民间互助的激进成分；在副业方面的合作则是在一定程度上呈现了民间互助的文化特征和精神特点，这一点也延续在后来的乡镇企业发展中。改革开放后，与快速成长的大型经济体相伴随的民间小型经济合作，再次呈现了民间互助的特点，突破亲缘（家族）范围，增加了市场化性质，为乡村经济增添了更多活力。

农民是乡村民俗事象的主体承担者，是乡村建设的主体。梁漱溟始终强调乡村建设中农民自觉的重要性。在乡村建设运动的实践中通过民众教育、乡村经济合作等方式来启发或推动农民自觉，但并未充分了解民众和借助民俗的力量，造成了"乡村运动而乡村不动"的两难境地。在新中国农业集体化时期和改革开放时期，民众的生活空间逐渐扩大，社会分层的生活民俗和性别民俗也随之变化。男女两性都在社会空间中变换身份，借助企业发展和教育等渠道获得身份地位，或者在传统的生活民俗平衡家庭和社会双角色。特别是在改革开放以后，女性在家庭、社会、国家、市场中通过角色转换，寻求其在角色转换背后的文化恒定性与自我价值构建。

梁漱溟的乡村建设运动理论及邹平实践，在90年后的今天，我们依然能从中发掘出不可忽视的历史价值。但是，从民俗学角度来看，这场乡村建设运动也带有一定的局限性。比如对邹平乡村民间互助的基础利用不足，并未将合作社与民间互助的形式相结合；民众教育中有激发民众热情的内容（如农业展览），但也有些收效甚微的教育活动（如识字教育）；梁漱溟强调中国乡村文化中的伦理关系，但并未充分利用家庭中的伦理关系来参与乡村建设，也未能充分发挥女性农民的重要力量。梁漱溟最终也意识到造成"乡村运动而乡村不动"两难境地的原因很多，但也与自己的乡村建设理论过于理想化有一定关系。

由于本人现有能力水平及本论题所涉的现实条件所限，本书还存在以下不足。

第一，田野调查存在客观不足。这场乡村建设运动从肇始至今已逾90年，乡村建设运动的亲历者大多故去，健在者中在乡建运动时期也还是儿童少年，这为我追寻有关当年乡村建设运动的民间鲜活记忆带来了极大困难。虽然能找到不少文献资料，但无法聆听当事人的口述仍会对本书的写作造成缺憾。

第二，史实与记忆需要进一步辨析。本书涉及时间跨度长，邹平乡村经历了多次变迁，其中的阶段性变化比较明显，但过渡转换所牵涉的民俗事项纷繁复杂，尤其是民众的记忆常常与史实、传闻和想象杂糅。本书力求尽可能辨析民众记忆与历史事实的关联性，但仍有一些问题需要进一步讨论。

第三，对当代乡村振兴的借鉴有限。本书对梁漱溟领导的山东邹平乡村建设运动与当代乡村建设的关系,尤其是对当代乡村振兴的借鉴部分挖掘不够。而且,由于当代乡村社会除了与过去百年相似的某些特征之外,还面临着很多新问题,比如中国前所未有的"空心化"问题,又如互联网技术引发的乡村与外界互通模式的变化问题,以及在城镇化、非物质文化遗产保护中如何发挥民俗学者的作用等,这些还需要在今后进行进一步的研究。

附录 山东邹平田野调查被访谈人信息

本表汇总了在山东邹平 2015 年至 2021 年前后田野调查的部分被访者信息。排列顺序以调查中访谈时间先后排列。

表 1   梁漱溟山东邹平乡建运动试验区与相关村落被访谈人信息（2015 年 8 月 2 日至 2021 年 7 月 24 日）

序号	姓名	性别	出生年份	居住地	已婚女性娘家地址	访谈时间/访谈地点
1	LNX	男	1930	黄山碑楼村		2015 年 8 月 2 日/黄山碑楼村
2	ZYJ	男	1931	孙镇镇孙镇村		2015 年 8 月 3 日上午/孙镇镇孙镇村
3	SYJ	男	1931	孙镇镇孙镇村		2015 年 8 月 3 日上午/孙镇镇孙镇村
4	LSM	男	1931	孙镇党里村		2015 年 8 月 3 日下午/孙镇党里村
5	ZJM	女	1977	黄山郎君村		2015 年 8 月 4 日上午/黄山郎君村委会

续表

序号	姓名	性别	出生年份	居住地	已婚女性娘家地址	访谈时间/访谈地点
6	WWC	男	1918	黄山郎君村		2015年8月4日/黄山郎君村
7	CCB	男	1918	黄山崔家村		2015年8月6日上午/黄山崔家村
8	ZHW	男	1934	黄山抱印村		2015年8月6日下午/黄山抱印村
9	ZLY	女	1934	黄山抱印村	黄山东景村	2015年8月6日下午/黄山抱印村
10	WZS	男	1925	黛溪郭庄		2015年8月7日/黛溪郭庄
11	LDZ	男	1924	孙镇辉里村		2015年8月8日上午/孙镇辉里村
12	ZYY	男	1934	孙镇王伍村		2015年8月8日下午/孙镇王伍村
13	SLX	女	1938	孙镇王伍村	娘家在孙镇时家村	2015年8月8日下午/孙镇王伍村
14	HD	男	1962	西董聚仙村		2016年8月11日上午/西董聚仙村村委会
15	SJE	男	1951	西董聚仙村		2016年8月11日上午/西董聚仙村村委会
16	LNX	男	1930	西董聚仙村		2016年8月11日/西董聚仙村
17	WXY	女	1931	西董聚仙村	西董贺家村	2016年8月11日上午/西董贺家村

续表

序号	姓名	性别	出生年份	居住地	已婚女性娘家地址	访谈时间/访谈地点
18	LXY	女	1925	西董贺家村	西董贺家村	2016年8月11日下午 2016年8月14日上午/西董贺家村
19	LSC	男	1932	西董贺家村		2016年8月12日上午/西董贺家村
20	LWJ	男	1937	西董贺家村		2016年8月12日下午/西董贺家村
21	SXX	女	1928	西董贺家村	西董孙家峪村	2016年8月12日上午 2016年8月14日下午/西董贺家村
22	LCY	男	1930	西董会仙村		2016年8月13日下午/西董会仙村
23	LGZ	女	1936	西董会仙村	西董下娄村	2016年8月13日上午/西董会仙村
24	DGC	女	1921	西董会仙村	西董会仙村	2016年8月14日上午/西董会仙村
25	ZPH	女	1945	西董会仙村	西董西赵村	2016年8月14日上午/西董会仙村
26	WYX	女	1926	西董会仙村	西董北边村	2016年8月14日上午/西董会仙村
27	CGH	女	1918	韩店西王新村老年公寓	韩店镇小李家村	2016年10月4日/韩店西王新村老年公寓
28	GXL	男	1964	黄山贺家庄		2016年10月5日上午/黄山贺家庄村委会
29	HWS	男	1935	黄山贺家庄		2016年10月5日上午/黄山贺家庄村委会

续表

序号	姓名	性别	出生年份	居住地	已婚女性娘家地址	访谈时间/访谈地点
30	LYP	男	1951	黄山贺家庄		2016年10月5日上午/黄山贺家庄村委会
31	HHX	男	1962	黄山贺家庄		2016年10月5日上午/黄山贺家庄
32	HYJ	男	1936	黄山贺家庄		2016年10月5日下午/黄山贺家庄
33	WYH	女	1922	黄山贺家庄	黄山韦家村	2016年10月5日至6日/黄山贺家庄
34	LSX	女	1956	高青县花沟镇前石门村		2018年10月1日上午/花沟镇前石门村
35	WQY	男	1958	高青县花沟镇前石门村		2018年10月1日上午/前石门村
36	ZLY	女	1937	高青县花沟镇前石门村	娘家在花沟镇阐家（音）村	2018年10月1日上午/花沟镇前石门村
37	ZCY	女	1946	高青县花沟镇前石门村	花沟镇周家村	2018年10月1日下午/花沟镇前石门村
38	GX	女	1969	高青县花沟镇前石门村		2018年10月1日下午/花沟镇前石门村
39	LHB	男	1968	高青县花沟镇前石门村会计		2018年10月1日下午/花沟镇前石门村
40	WDX	男	1923	高青县花沟镇前石门村		2018年10月1日下午/花沟镇前石门村
41	CCS	男	1929	黄山崔家村		2018年10月2日上午/黄山崔家村

续表

序号	姓名	性别	出生年份	居住地	已婚女性娘家地址	访谈时间/访谈地点
42	WXR	女	1958	黄山崔家村	黄山贺家庄	2018年10月2日上午/黄山崔家村
43	MCW	男	1973	明集镇西闸村		2018年10月3日上午/明集西闸苗家老粗布作坊内
44	GQW	男	1965	明集镇高家村		2018年10月3日上午/明集高家村高家老粗布作坊内
45	WHY	女	1955	明集镇西闸村		2018年10月3日上午/明集西闸苗家老粗布作坊内
46	CYH	女	1981	黄山崔家村	崔家村	2018年10月4日下午/黄山崔家村
47	CYQ	女	1958	黄山崔家村	崔家村	2018年10月2日下午/黄山崔家村
48	CYQ	男	1928	黄山崔家村		2018年10月4日下午/黄山崔家村
49	SXY	女	1950	黄山崔家村	黄山石樊鲁村	2018年10月2日下午/黄山崔家村
50	CMX	男	1950	黄山崔家村		2018年10月2日下午/黄山崔家村
51	ZYF	女	1935	黄山崔家村	西关代尹村	2018年10月3日下午/黄山崔家村村口
52	ZAL	女	1940	黄山崔家村	西董丁家村	2018年10月3日下午/黄山崔家村村口
53	LYH	女	1935	黄山崔家村	黄山郎君村	2018年10月3日下午/黄山崔家村村口

续表

序号	姓名	性别	出生年份	居住地	已婚女性娘家地址	访谈时间/访谈地点
54	LFY	女	1952	黄山崔家村	黄山郎君村	2018年10月3日下午/黄山崔家村村口
55	MFQ	女	1953	黄山崔家村	西董东赵村	2018年10月3日下午/黄山崔家村
56	CCY	男	1952	黄山崔家村		2018年10月3日下午/黄山崔家村
57	CHX	男	1945	黄山崔家村		2018年10月3日下午/黄山崔家村
58	CYR	男	1941	黄山崔家村		2018年10月3日下午/黄山崔家村
59	CYH	男	1946	黄山崔家村		2018年10月2日上午/黄山崔家村
60	LXZ	女	1946	黄山崔家村	黄山郎君村	2018年10月2日上午/黄山崔家村
61	ZAQ	女	1949	黄山崔家村	邹平县城	2018年10月3日下午/黄山崔家村
62	ZYL	女	1943	黄山崔家村		2018年10月3日下午/黄山崔家村村口
63	XYY	女	1946	黄山崔家村		2018年10月3日下午/黄山崔家村
64	CAL	女	1955	黄山崔家村	西董崔家营	2018年10月4日上午/黄山崔家村
65	LXZ	女	1946	黄山崔家村	西董象伏村	2018年10月4日上午 2021年7月24日/黄山崔家村

续表

序号	姓名	性别	出生年份	居住地	已婚女性娘家地址	访谈时间/访谈地点
66	CSX	男	1945	黄山崔家村		2018年10月4日上午/黄山崔家村
67	CQY	女	1974	黄山崔家村	崔家村	2018年10月4日上午/黄山崔家村
68	ZQZ	男	1946	黄山崔家村		2018年10月4日下午/黄山崔家村
69	LXY	女	1943	黄山崔家村	孙镇大李村	2018年10月4日下午/黄山崔家村
70	CFX	男	1942	黄山崔家村		2018年10月4日下午/黄山崔家村
71	GCY	女	1978	黄山崔家村		2018年10月4日下午/黄山崔家村
72	WAX	女	1971	黄山崔家村	孙镇大李村	2018年10月4日下午/黄山崔家村村口家
73	GYX	女	1992	黄山郎君村		2018年10月6日下午/东升宾馆内
74	GZC	男	1950	邹平县城		2018年10月7日上午/地方史志办办公室
75	WXP	男	1946	高新东范村		2018年10月7日下午/东范村
76	WDC	男	1972	邹平县城		2018年10月8日上午/梁漱溟纪念馆内
77	CXY	男	1945	邹平县城		2018年10月8日晚/县城

续表

序号	姓名	性别	出生年份	居住地	已婚女性娘家地址	访谈时间/访谈地点
78	CG	男	1966	邹平县城		2018年10月8日晚/县城
79	LYB	男	1959	孙镇冯家村		2021年7月18日上午/孙镇镇政府办公室
80	FCF	女	1970	孙镇冯家村		2021年7月18日上午/孙镇镇政府办公室
81	ZXM	女	1966	孙镇周家村		2021年7月18日上午/孙镇镇政府办公室
82	LH	女	1971	孙镇孙镇村		2021年7月18日上午/孙镇镇政府办公室
83	ZYH	女	1968	孙镇冯家村		2021年7月18日上午/孙镇镇政府办公室
84	ZCF	女	1988	孙镇张家村		2021年7月18日上午/孙镇镇政府办公室
85	LXQ	女	1970	孙镇张家村		2021年7月18日上午/孙镇镇政府办公室
86	LWX	女	1970	孙镇张家村		2021年7月18日上午/孙镇镇政府办公室
87	MXX	女	1972	孙镇冯家村		2021年7月18日上午/孙镇镇政府办公室
88	WXJ	女	1968	孙镇坡庄村		2021年7月18日上午/孙镇镇政府办公室
89	CXQ	女	1972	孙镇冯家村		2021年7月18日上午/孙镇镇政府办公室

续表

序号	姓名	性别	出生年份	居住地	已婚女性娘家地址	访谈时间/访谈地点
90	ZL	男	1946	孙镇冯家村		2021年7月18日下午/孙镇冯家村村委办
91	LSB	男	1966	码头镇李坡村		2021年7月19日上午/码头李坡村村委办
92	LXF	男	1965	码头镇李坡村		2021年7月19日上午/码头李坡村村委办
93	LJ	女	1967	码头镇李坡村	码头镇李坡村	2021年7月19日上午/码头李坡村村委办
94	TDA	男	1964	码头镇小田村		2021年7月19日下午/码头小田村
95	WJS	男	1964	魏桥镇魏桥村		2021年7月20日下午/第一油棉厂原办公室
96	WBZ	女	1969	城关镇东关村	淄博市	2021年7月20日上午/东升宾馆
97	LYZ	男	1964	高新东范村		2021年7月21日下午/宏诚集团刘云贞办公室
98	LGR	女	1952	孙镇冯家村	孙镇冯家村	2021年7月22日上午/孙镇冯家村
99	ZGY	女	1957	孙镇冯家村	孙镇冯家村	2021年7月22日上午/孙镇冯家村
100	FXZ	女	1945	孙镇冯家村	孙镇冯家村	2021年7月22日上午/孙镇冯家村
101	FF	男	1956	孙镇冯家村		2021年7月22日下午/孙镇冯家村

续表

序号	姓名	性别	出生年份	居住地	已婚女性娘家地址	访谈时间/访谈地点
102	GGZ	女	1953	孙镇冯家村	孙镇冯家村	2021年7月22日下午/孙镇冯家村
103	LYY	女	1936	孙镇孙镇村	孙镇上坡村	2021年7月22日下午/孙镇冯家村

参考文献

一 著作

(一) 中文著作（按姓氏字母排序）

[美]阿兰·邓迪斯（Alan Dundes）：《世界民俗学》，陈建宪、彭海斌译，上海文艺出版社1990年版。

[德]艾约博（Jacob Eyferth）：《以竹为生：一个四川手工造纸村的20世纪社会史》，韩巍译，吴秀杰校，江苏人民出版社2016年版。

安作璋编：《山东通史》（现代卷），山东人民出版社1994年版。

[英]白馥兰（Francesca Bray）：《技术、性别、历史——重新审视帝制中国的大转型》，吴秀杰、白岚玲译，江苏人民出版社2017年版。

[英]白馥兰（Francesca Bray）：《技术与性别——晚清帝制中国的权力经纬》，江湄、邓京力译，江苏人民出版社2006年版。

[英]白馥兰（Francesca Bray）：《跨文化中国农学》，董晓萍译，中国大百科全书出版社2017年版。

[加] 宝森（Laurel Bossen）：《中国妇女与农村发展：云南禄村六十年的变迁》，胡玉坤译，江苏人民出版社 2005 年版。

滨州市统计局、国家统计局滨州调查队编：《滨州统计年鉴 2018》，2018，电子版。

滨州市统计局、国家统计局滨州调查队编：《滨州统计年鉴 2021》，2021，电子版。

[美] 卜凯（John Lossing Buck）：《中国农家经济》，张履鸾译，商务印书馆 1937 年版。

[丹] 曹诗弟（Stig Thoegersen）：《文化县：从山东邹平的乡村学校看二十世纪的中国》，泥安儒译，山东大学出版社 2005 年版。

陈序经：《乡村建设运动》，大东书局印行，1946 年。

成学炎主编：《梁漱溟——乡村建设运动的旗手》，人民日报出版社 2013 年版。

从翰香编：《近代冀鲁豫乡村》，中国社会科学出版社 1995 年版。

[美] 杜赞奇（Prasenjit Duara）：《文化、权力与国家——1900—1942 年的华北农村》，王福明译，江苏人民出版社 1996 年版。

方显廷：《中国之棉纺织业》，商务印书馆 2011 年版。

费孝通、张之毅：《云南三村》，社会科学文献出版社 2006 年版。

费孝通：《江村经济》，戴可景译，北京大学出版社 2012 年版。

费孝通：《乡土中国 生育制度》，北京大学出版社 1998 年版。

[美] 费正清（John King Fairbank）主编：《剑桥中华民国史：1912—1949》，中国社会科学出版社 1994 年版。

高原：《现代中国的乡村发展：微观案例和宏观变迁》，中国农业出版社 2018 年版。

谷永清：《近代青岛棉业研究》（1897—1937），博士学位论文，南京大学，2011 年。

顾颉刚：《吴歌甲集》，《顾颉刚民俗论文集》（卷一），中华书局 2011 年版。

顾秀莲主编：《20 世纪中国妇女运动史》，中国妇女出版社 2008 年版。

郭齐勇、龚建平：《梁漱溟哲学思想研究》，湖北人民出版社 1996 年版。

郭蒸晨：《梁漱溟在山东》，人民日报出版社 2002 年版。

国家统计局社会统计司、劳动部综合计划司编：《中国劳动统计年鉴 1996》，中国劳动出版社 1996 年版。

［美］贺萧（Gail Hershatter）：《记忆的性别：农村妇女和中国集体化历史》，张赟译，人民出版社 2017 年版。

贺雪峰：《新乡土中国：转型期乡村社会调查笔记》，广西师范大学出版社 2003 年版。

［德］赫尔曼·鲍辛格（Hermann Bausinger）：《日常生活的启蒙者》，吴秀杰译，广西师范大学出版社 2014 年版。

［美］洪长泰（Chang-tai Hung）：《到民间去：中国知识分子与民间文学，1918—1937》（新译本），董晓萍译，中国人民大学出版社 2015 年版。

侯杨方：《中国人口史》（第六卷），复旦大学出版社 2002 年版。

［美］黄宗智（Philip C. Huang）：《华北的小农经济与社会变迁》，中华书局 1986 年版。

李强：《农民工与中国社会分层》，社会科学文献出版社 2012

年版。

李强：《社会分层十讲》（第二版），社会科学文献出版社2011年版。

李景汉：《定县社会概况调查》，上海人民出版社2005年版。

李景汉：《中国农村问题》，商务印书馆1937年版。

李善峰：《梁漱溟社会改造构想研究》，山东大学出版社1996年版。

梁漱溟、艾凯：《这个世界会好吗？——梁漱溟晚年口述》，外语教学与研究出版社2010年版。

梁漱溟乡村建设理论研究会编：《乡村：中国文化之本》，山东大学出版社1989年版。

栾钟垚、赵咸庆、赵仁山编：《邹平县志》，（台北）成文出版社1931年版。

［美］马若孟（Ramon H. Myers）：《中国农民经济——河北和山东的农业发展（1980—1949）》，史建云译，江苏人民出版社1999年版。

［法］马塞尔·莫斯（Marcel Mauss）：《礼物——古代社会中交换的形式与理由》，汲喆译，上海人民出版社2002年版。

［美］明恩溥：《中国乡村生活》，午晴、唐军译，时事出版社1998年版。

任金帅：《近代华北乡村建设工作者群体研究》，博士学位论文，南开大学，2013年。

山东省地方史志编纂委员会编：《山东省志·妇女志》，山东人民出版社2004年版。

山东省地方史志编纂委员会编：《山东省志·供销合作社志》，山东人民出版社1995年版。

山东省地方史志编纂委员会编:《山东省志·纺织工业志》,山东人民出版社 1995 年版。

山东省地方史志编撰委员会编:《山东省志·民俗志》,山东人民出版社 1996 年版。

山东省妇联妇运史编辑室编:《山东妇女民歌选》,1986 年。

山东省妇联妇运史编辑室编:《山东妇女运动文献》(一),1982 年。

山东省妇联妇运史编辑室编:《山东妇女运动文献》(二),1984 年。

山东省妇联妇运室编辑室编:《山东妇女运动历史大事记》,1992 年。

山东省农村社会经济调查队编:《山东省农村经济调查资料(1989)》,1990 年。

山东省统计局编:《山东统计年鉴 2015》(网络版),中国统计出版社 2015 年版,http://www.stats-sd.gov.cn/tjnj/nj2015/indexch.htm。

山东省政协文史资料委员会、邹平县政协文史资料委员会编:《梁漱溟与山东乡村建设》,山东人民出版社 1991 年版。

山东省邹平县地方史志编纂委员会编:《邹平县志》,中华书局 1992 年版。

山东乡村建设研究院编:《梁邹美棉运销合作社第二届概况报告》,山东乡村建设研究院出版股 1933 年版。

山东乡村建设研究院编:《梁邹美棉运销合作社第三届概况报告》,山东乡村建设研究院出版股 1935 年版。

山东乡村建设研究院编:《梁邹美棉运销合作社第四届概况报告》,山东乡村建设研究院出版股 1936 年版。

山东乡村建设研究院编：《梁邹美棉运销合作社第五届概况报告》，山东乡村建设研究院出版股1937年版。

山东乡村建设研究院编：《识字明理》（甲集），山东乡村建设研究院出版股1934年版。

山东乡村建设研究院编：《山东乡村建设研究院概览》，山东乡村建设研究院出版股1935年版。

山东乡村建设研究院编：《山东乡村建设研究院及邹平实验区概况》，济南同志印刷所出版社1936年版。

山东乡村建设研究院编：《社会调查及邹平社会》，山东乡村建设研究院出版股，出版时间不详。

山东乡村建设研究院编：《乡农教育》，山东乡村建设研究院出版股1935年版。

山东乡村建设研究院编：《中国合作问题研究》，山东乡村建设研究院出版股1935年版。

山东乡村建设研究院编：《邹平农村金融工作实验报告》，山东乡村建设研究院出版股1935年版。

山东邹平实验县政府编：《邹平乡村自卫实验报告》，山东乡村建设研究院出版股1936年版。

［美］施坚雅（G. William Skinner）：《中国农村的市场和社会结构》，史建云、徐秀丽译，中国社会科学出版社1998年版。

王怡柯：《山东邹平实验县实验规程汇编》，邹平乡村书店、山东乡村建设研究院出版股1936年版。

王兆成：《乡土中国的变迁：美国学者在山东邹平的社会研究》，山东人民出版社2008年版。

吴顾毓编：《邹平实验县户口调查报告：民国二十四年》，中华书局1935年版。

萧克木编：《邹平的村学乡学》，邹平乡村书店1936年版。
熊吕茂：《梁漱溟的文化思想与中国现代化》，湖南教育出版社2000年版。
徐秀丽：《中国农村治理的历史与现状：以定县、邹平和江宁为例》，社会科学文献出版社2004年版。
许道夫：《中国近代农业生产及贸易统计资料》，上海人民出版社1983年版。
薛建吾编：《邹平民间文艺集》，（台北）茂育出版社1948年版。
严中平：《中国棉纺织史稿》，科学出版社1955年版。
[美]阎云翔：《礼物的流动——一个中国村庄中的互惠原则与社会网络》，刘放春、刘瑜译，上海人民出版社2000年版。
杨开道：《中国乡约制度》，山东省乡村服务人员训练处1937年版。
[美]杨懋春（Martin C. Yang）：《一个中国村庄：山东台头》，张雄、沈炜、秦美珠译，江苏人民出版社2012年版。
[美]杨庆堃（C. K. Yang）：《邹平市集之研究》，硕士学位论文，燕京大学，1934年。
杨效春：《乡农教育论文集》，黄麓乡村师范1935年版。
杨效春编：《乡农的书》，乡村书店1934年版。
袁植群：《青岛邹平定县乡村建设考察记》，开明书店1936年版。
张传勇主编：《邹平县霍坡村志》，天津古籍出版社2017年版。
张林：《冯家村志》，手抄本，1987年。
张思：《近代华北村落共同体的变迁——农耕结合习惯的历史

人类学考察》，商务印书馆 2005 年版。
章有义编：《中国近代农业史资料》第二辑（1912—1927），生活·读书·新知三联书店 1957 年版。
郑大华：《民国乡村建设运动》，社会科学文献出版社 2000 年版。
中共中央文献研究室编：《建国以来重要文献选编》，中央文献出版社 1993 年版。
中国文化书院学术委员会编：《梁漱溟全集》（第 1—8 卷），山东人民出版社 1992 年版。
中华全国妇女联合会妇女研究所、中国第二历史档案馆编：《中国妇女运动历史资料·民国政府卷（1912—1949）》，中国妇女出版社 2011 年版。
钟敬文：《建立中国民俗学派》，黑龙江教育出版社 1999 年版。
钟敬文：《民俗文化学：梗概与兴起》，中华书局 1996 年版。
钟敬文：《钟敬文民俗学论集》，上海文艺出版社 1998 年版。
[加] 朱爱岚：《华北农村社会性别权力与文化》，胡玉坤译，江苏人民出版社 2004 年版。
朱汉国：《梁漱溟乡村建设研究》，山西教育出版社 1996 年版。
邹平实验县合作事业指导委员会编：《合作丛刊》，山东乡村建设研究院出版股 1935 年版。
《邹平县棉花志》编写组：《邹平县棉花志》，内部发行，1988 年。
邹平县政协、邹平县文史资料委员会编：《邹平文史资料选辑》，第 1—7 辑，中国文史出版社 1985 年版。
《邹平县志》八卷，顺治十七年（1660）刻本。
《邹平县志》八卷，康熙三十四年（1695）刻本。

(二) 英文著作（按姓氏字母排序）

Andrew G. Walder, eds., *Zouping in Transition：The Process of Reform in Rural North China*, Cambridge, Massachusetts：Harvard University Press, 1998.

Andrew B. Kipnis, *Producing Guanxi：Sentiment, Self, and Subculture in a North China Village*, Durham and London：Duke University Press, 1997.

CSCPRC Receives New Funding, China Exchange News, 1985—1992.

Jean Oi, Steven M. Goldstein, *Zouping Revisited：Adaptive Governance in a Chinese County*, Stanford, California：Stanford University Press, 2018.

二 论文（按姓氏字母排列）

曹立朝：《整劳力、半劳力》，《档案天地》2009 年第 9 期。

陈冬生：《明代以来山东植棉业的发展》，《中国农史》1992 年第 3 期。

陈汝涌：《山东滨州市 2010 年棉花生产情况调查及分析》，《中国棉花》2011 年第 2 期。

陈汝涌：《山东滨州市棉花产业现状及发展对策》，《中国棉花》2009 年第 3 期。

成学炎：《三十年代梁漱溟对邹平风俗的改善》，《民俗研究》1986 年第 2 期。

高小贤：《"银花赛"：20 世纪 50 年代农村妇女的性别分工》，《社会学研究》2005 年第 4 期。

高小贤：《当代中国农村劳动力转移及农业女性化趋势》，《社会学研究》1994年第2期。

郭于华：《心灵的集体化：陕北骥村农业合作化的女性记忆》，《中国社会科学》2003年第4期。

侯杰、赵天鹭：《近代中国缠足女性身体解放研究新探——以山东省淄博市部分村落为例》，《妇女研究论丛》2013年第5期。

胡玉坤：《人民公社时期大田农作的女性化现象——基于对西部两个村落的研究》，《妇女研究论丛》2016年第3期。

胡玉坤：《正视"农业的女性化"》，《中国经济报告》2013年第7期。

黄英伟、李军、王秀清：《集体化末期农户劳动力投入的性别差异——一个村庄（北台子）的研究》，《中国经济史研究》2010年第2期。

［美］黄宗智（Philip C. Huang）：《发展还是内卷？十八世纪英国与中国》，《历史研究》2002年第4期。

纪涛：《奥克森伯格先生访谈》，《走向世界》1996年第5期。

蒋迪先：《山东省棉纺织品产销调查报告》（二），全国经济委员会棉业统制委员会《棉业月刊》1937年第1卷第2期。

金一虹：《"铁姑娘"再思考——中国文化大革命期间的社会性别与劳动》，《社会学研究》2006年第1期。

金一虹：《从"草根"阶层到乡村管理者——50例农村女性管理者成长个案分析》，《妇女研究论丛》2002年第6期。

李伯重：《从"夫妇并作"到"男耕女织"——明清江南农家妇女劳动问题探讨之一》，《中国经济史研究》1996年第3期。

李昌艮、淮兴隆：《浅谈棉花奖励政策》，《经济问题》1991年第 4 期。

李怀印、黄英伟、狄金华：《回首"主人翁"时代——改革前三十年国营企业内部的身份认同、制度约束与劳动效率》，《开放时代》2015 年第 3 期。

李慧英、田晓红：《制约农村妇女政治参与相关因素的分析——村委会直选与妇女参政研究》，《中华女子学院学报》2003 年第 2 期。

李强：《影响中国城乡流动人口的推力与拉力因素分析》，《中国社会科学》2003 年第 1 期。

李砚洪：《赤脚医生：一个特殊年代产生的"接地气"群体》，《北京日报》2014 年 6 月 27 日。

刘洋：《正确认识"棉花良种推广补贴"政策》，《中国棉花加工》2008 年第 1 期。

钱理群：《梁漱溟建设思想及其当代价值》，《中国农业大学学报》（社会科学版）2016 年第 4 期。

［澳］任柯安（Andrew B. Kipnis）：《位于中间的城市化——一个快速扩张和工业化的县城依稀可见的乡土痕迹》，白美妃译，《民族学刊》2016 年第 2 期。

社会学编辑部：《2003：中国社会学学术前沿报告》，《社会学研究》2004 年第 2 期。

石广海：《乡土中国的变迁——记美国学者在山东邹平的社会调查以及利用档案情况》，《中国档案》2012 年第 8 期。

吴炳乾：《"旱码头"周村的地名来历与兴起》，《中国地名》2010 年第 9 期。

吴承明：《我国手工棉纺织业为什么长期停留在家庭手工业阶段》，《文史哲》1983 年第 1 期。

伍野春、阮荣：《民国时期的移风易俗》，《民俗研究》2000年第2期。

许檀：《明清时期山东经济的发展》，《中国经济史研究》1995年第3期。

张志永：《错位的解放：大跃进时期华北农村妇女参加生产运动评述》，《江西社会科学》2010年第4期。

赵世瑜：《钟敬文、民俗学与民众教育》，《北京师范大学学报》2002年第2期。

周飞舟：《行动伦理与关系社会——社会学中国化的路径》，《社会学研究》2018年第1期。

朱冬梅：《乡村建设运动与女子和风俗改良》，《山东女子学院学报》2008年第5期。

祝灵君：《中国研究——美国政治学界的集中新视角》，《国外社会科学》2004年第2期。

邹秉文：《棉统会棉产改进工作概况》，《棉业月刊》1937年第1卷第1期。

后 记

2015年我回到母校，回到民俗学的课堂，一种熟悉的、接地气的气息扑面而来，充满着质朴的生活道理与智慧。民俗学专业带给我的不仅仅是学科知识，还有治学精神与学术传统。

在钟先生离开我们近20年之际，无比怀念。我曾在刚进入民俗学专业硕士生学习阶段时聆听过先生的授课，现在想来是得了上天的恩惠才有此机会。当时先生已年届98高龄，在寒冷的冬季给博士硕士们讲授论文选题与写作的要求，对每位博士生论文的选题都给予重要的、清晰的指导；也曾记得在炎热的夏季，一位年轻老师来我校做关于学风建设的报告，由钟先生主持，坐在教七楼从头听到尾（当时教室是没有空调的）并做总结讲话，强调扎实严谨的学术作风和诚信的做人原则；还能忆起先生最后在医院的病榻上每天不断修改自己的书稿（我们研究生们轮流念稿子，先生会将需要修改的内容告诉我们记下）；在去给先生送东西的时候，百忙之中的先生都会抽时间给我聊学习和生活，这些无不让我们后辈感动和敬佩膜拜。去年当我坐在国家图书馆一页一页地翻阅16卷30册的《钟敬文全集》时，这些仿佛就在昨日。

此前虽对梁漱溟乡建运动有所耳闻，但我以为不过是纸上的历史而已。当我于2015年踏上邹平的土地，与97岁目不识丁的王万成老人座谈时，老人家兴致勃勃、字正腔圆地说，"梁漱溟，为邹平办了好事，对老百姓不孬"，我才感受到这段历史如此真实地在我眼前重现。在陌生人进入村子调研已被高度警觉的时代，带有"梁漱溟"字眼的调研却被热情接纳。虽然当年乡村建设运动的亲历者已大多不在世，但后代的被访者仍然对这段历史有无限怀念，他们尽可能地搜寻记忆，从家中的储藏室中翻找历史图片，与我一起辨认或猜测曾经发生过什么。

在邹平，我跟农民一起感受社会变迁在生命个体和家庭生命历程中的印记。他们经历了乡村建设运动的历史事件，经历了近百年的社会变迁，他们以真诚、友好、热情的态度接纳我这样一个对他们来说陌生的求学者，回忆他们的人生，展示他们的技艺，陪我看旧址，找旧照。不管是在秋收的繁忙中，还是棚户区的杂乱中，他们都坦诚接待，从来没有拒绝过我无休止的提问。让我感动的是，九十多岁的老奶奶在我第二次出现在她面前的时候，迫不及待地讲述第一次没有来得及讲述的自己七八十年前的经历，生怕刚刚捡到的宝贝再次丢失；将近九十岁的奶奶会在我们第二次访谈中唱起五六岁学过的放足歌，那么精彩。

当地的知识分子群体不仅敬仰梁漱溟，而且用实际行动在纪念和传承梁漱溟的文化精神。郭蒸晨先生是我刚在查找邹平乡建运动研究资料时遇到的专家。初次拜访，郭老师直接约我到他的办公室，慷慨赠书，并让我寻找尽可能用到的资料。王大超老师是邹平梁漱溟纪念馆的副馆长，与我同龄，他对梁漱溟研究的投入精神也感动了我。在他的引介下，我认识了成学炎先生和作家成刚先生。他们毫无架子，为我提供各种资料和回忆的线索，并赠送了刚刚出炉的作品。在后期写作中，我为了核实一处资料，在朋友圈求助，成刚先生马上回应，并不厌其烦地给我一张张拍照。郭蒸晨和成学炎作为曾经拜访过梁漱溟的学者，以邹平文史资料搜集整理为平台，在纪念和传承梁漱溟精神文化方面做出了重要贡献，也为我的论文写作提供了重要的一手资料。成刚先生的长篇历史小说《苍穹下》描写了梁漱溟在山东邹平的经历，虽然是小说创作，但他对历史文献资料的挖掘让我钦佩，我们也常常交流新近获取的资料，相谈甚欢。

宋颖颖是我在邹平的第一个朋友，我们有着姐妹般的情谊，在我数次去邹平的调研中，都有她的陪伴与照顾，利用她的关系帮我联络访谈人、收集信息，同时她的聪慧和睿智，提出的问题也带给我新的思考。因为我每次去邹平都是在节假日，她也常常牺牲自己难得的休息和陪伴孩子的时间，陪我走访。感谢邹平县档案局、黄山街道办工作人员帮助我查阅和复印资料。感谢孙镇妇联主席李桂红和冯家村妇联主席郑银红帮助联系被访人员并组织座谈会。没有他们，我的田野调查工作无从谈起。

好学聪明的"90后"小助手周志浩告诉我，参与访谈让他想起了自己的奶奶，我又何尝不是呢，她们是一个个逝去的，又有着相同经历的身影。邹平的农村妇女们给我讲述的是她们的人生，不仅仅是为我提供资料，更是教我生活的智慧。她们的谈话内容常常会让我在我写作思路杂乱时受到启发，但是我的苍白的语言无法展示她们生活的丰富和睿智，也无法抵达她们内心的喜悦与自信。

  我很感激有这么一段纯粹的时光，任我挥洒，看窗外斑驳的阳光和茂盛的花草树木，它们在尽情恣意吸收成长，我们又何尝不是？本书的研究与写作，历经了最艰难的抗击新冠疫情，但我仍能徜徉在资料的海洋，在研究的氧吧深吸，我深知，岁月静好，一定是有人在为你负重前行。身为人母，身为有工作岗位的职员，身为学生，三种身份的角色转换，曾经让我困惑和焦灼过，课堂上也常常惦记着校门口着急等待妈妈的儿子；在忙完工作之后再去挑灯夜战专业书籍。在家庭中，我的爱人打破已有经验中的男权思维模式，从尊重与爱的角度出发，支持我，鼓励我，帮助我，为我撑起一把天大的伞，让我在风雨中还能静心思考。在我上课期间，他在忙碌的工作之余，还要承担家务，照顾孩子。寒风中上完课的夜晚，回到温馨的家里还能端起热乎乎的饭碗补充力量。因为工作性质的原因，我只能利用节假日去调查，每次儿子都会舍弃他与小伙伴玩耍的假期和爸爸一起陪我调查，从小学陪到初中，作业多了，就在车里完成作业；家庭共聚时光里也有我唠叨论文写作中的点滴收获与大片困惑。我的父母已届高龄，但他们依然支持我选择读书，完成我自私的梦想。我的兄弟姐妹们也曾帮我录入繁杂的资料，减少我的焦虑。

  有关乡村建设的研究我才刚刚起步，还有很多内容需要潜心钻研，这也将成为我下一步努力的方向。

李亚妮
2022 年 7 月
于北京百望山下